改訂版
住宅建築トラブル相談ハンドブック

編集　岡田　修一（弁護士）　　高橋　謙治（弁護士）
　　　山内　　容（弁護士）　　上床　竜司（弁護士）
　　　増沢　幸尋（一級建築士）　米田　耕司（一級建築士）

執筆　99建築問題研究会

新日本法規

改訂にあたって

　本書は、平成11年（1999年）に発足した弁護士と建築士の研究グループである「99建築問題研究会」のメンバーが、様々な形で発生する住宅建築トラブルの解決方法をＱ＆Ａ方式で解説したものです。

　多数の弁護士と建築士が執筆に参加したことで、法的問題と建築技術的問題が複雑に絡み合うことが多い住宅建築トラブルについて、欠陥現象が発生する技術的原因やその調査方法、法律上可能な請求権や具体的解決方法など、多種多様な紛争類型で参照いただくことが可能な、実践的解説書となっているのではないかと自負しております。

　本書の初版は平成20年4月に出版され、幸いにも、弁護士・建築士をはじめとする多くの読者にご利用いただくことができました。

　今般、民法（債権法分野）に関して、120年ぶりの大改正が行われ、令和2年4月1日の施行が予定されていることから、旧民法条文を改正民法の条文に改めることはもちろん、今回の大改正が住宅建築トラブルに及ぼすと予想される影響も視野に入れて、改訂を行いました。また、初版以降に新たに出された裁判例、建築関連法規の改正、近年よく見られる紛争なども踏まえ、新たなＱ＆Ａも複数追加し、記述全体のアップデートも行いました。

　本改訂版が、初版と同様に多くの方に利用され、住宅建築トラブルの適正な解決に資するものとなることを願っております。

　令和元年10月

編集代表　　岡田　　修一

は　し　が　き

　本書は、いわゆる欠陥住宅問題を中心に、法律上もしくは建築技術上問題となる論点について、Ｑ＆Ａ形式で解説し、主に、建築紛争に関わる弁護士、建築士の知識の助けとなることを目的として編集・執筆されたものです。

　建築紛争の難しさは、法的側面と建築技術的側面とが密接に絡み合っている点にあり、紛争解決のためには、法的アプローチと建築技術的アプローチの両面からの検討が必要不可欠といえます。

　本書の最大の特色は、欠陥住宅問題に携わる弁護士と建築士の研究グループである「99建築問題研究会」のメンバーが執筆に当たり、全ての記述に弁護士と建築士が相互にチェックし合い、法的視点と建築技術的視点の双方を組み合わせて解説を行っている点にあります。

　また、従来の類書では、必ずしも多くのページが割かれてこなかったと思われる、「雨漏りの原因」「結露のメカニズム」といった建築技術的側面の強い紛争形態についても、1章を割いて、詳細な解説を加えていることも、本書の特色の1つであるといえます。

　住宅建築に関わる紛争は、近年増加傾向にあるといわれています。特に、平成17年（2005年）11月に発覚した、いわゆる『耐震強度偽装問題』は、我が国の建築の安全性について、大きな社会的関心を呼んだことも、記憶に新しいところと思われ、住宅建築関係の紛争は、今後も、増加が予想されます。

　本書が、こうした住宅建築紛争解決の一助となることを願っております。

平成20年4月

編集代表　岡田　修一

編集者・執筆者一覧

　本書初版の編集・執筆は、下記の「99建築問題研究会」メンバーによって行いました。

99建築問題研究会（五十音順）
　http://www.geocities.jp/k99ken/

<弁護士>

皆	真希
今井	多恵子
上床	竜司
大橋	正典
岡田	修一（編集委員）
荻上	守生
小笹	勝章（編集委員）
柴田	亮子
髙木	薫
高橋	謙治（編集委員）
早津	花代
堀	招子
牧田	潤一朗
牧戸	美佳
山内	容（編集委員）
吉田	大輔

<一級建築士>

青木	清美
青木	義明
伊藤	正人
江口	征男
小野	加瑞輝
河野	進
柴	和彦
田中	丈章
平林	智徳
増沢	幸尋（編集委員）
松岡	浩一
山中	誠一郎
米田	耕司（編集委員）

編集者・執筆者一覧

　本書の改訂にあたっての編集・執筆は、下記の「99建築問題研究会」メンバーによって行いました。

99建築問題研究会 （五十音順）
　https://www.99ken.club/

＜弁護士＞

相髙　宏太	佐野　雄一
皆　真希	柴田　亮子
安藤　亮	関口　公雄
今井　多恵子	髙木　薫
上床　竜司（編集委員）	高橋　謙治（編集委員）
大橋　正典	田中　雅大
岡田　修一（編集委員）	辻　美和
荻上　守生	堀　招子
河村　啓太	牧田　潤一朗
菊池　秀明	牧戸　美佳
桐原　明子	山内　容（編集委員）
小松　淳一	

＜一級建築士＞

青木　清美	水津　牧子
伊藤　正人	増沢　幸尋（編集委員）
小野　加瑞輝	松岡　浩一
河野　進	山中　誠一郎
柴　和彦	米田　耕司（編集委員）

略　語　表

＜法　令＞

　本文中に使用する法令名は、原則としてフルネームで表記しましたが、根拠法令等は次の略記例および略称を用いました。

(1)　略記例

　　建築基準法第57条の2第3項第1号

　　　＝建基57の2③一

(2)　略　称

民	民法
改正民	平成29年法律第44号による改正後の民法
旧民	平成29年法律第44号による改正前の民法
割賦	割賦販売法
割賦令	割賦販売法施行令
行審	行政不服審査法
行訴	行政事件訴訟法
下水道	下水道法
建基	建築基準法
建基令	建築基準法施行令
建士	建築士法
建士則	建築士法施行規則
建設	建設業法
建設令	建設業法施行令
消費契約	消費者契約法
消防	消防法
消防令	消防法施行令
振動規制	振動規制法
振動規制令	振動規制法施行令
振動規制則	振動規制法施行規則
騒音規制	騒音規制法
騒音規制令	騒音規制法施行令
宅地建物	宅地建物取引業法
仲裁	仲裁法

特定商取引	特定商取引に関する法律
品確	住宅の品質確保の促進等に関する法律（本文中は「品確法」と表示）
品確令	住宅の品質確保の促進等に関する法律施行令
民執	民事執行法
民訴	民事訴訟法
民調	民事調停法
履行確保	特定住宅瑕疵担保責任の履行の確保等に関する法律（本文中は「履行確保法」と表示）

＜判　例＞

　判例の引用に当たっては、次の略記例および出典の略称を用いました。

（1）　略記例

　東京地判平11・1・28判時1681・128

　　＝東京地方裁判所平成11年1月28日判決、判例時報1681号128頁

（2）　略　称

民集	最高裁判所民事判例集
金判	金融・商事判例
判時	判例時報
判タ	判例タイムズ
欠陥住宅判例	消費者のための欠陥住宅判例
自保ジャーナル	自動車保険ジャーナル
労判	労働判例

目　　次

はじめに

ページ

第1　住宅紛争の流れ …………………………………………… 2

第2　民法改正の住宅建築紛争への影響 ………………………… 11

第1章　総　論

第1　住まい作りの流れ

1　工事請負契約書 …………………………………………… 28

2　建売住宅購入の注意点 …………………………………… 38

3　建築条件付き土地売買の注意点 ………………………… 44

4　工事監理契約 ……………………………………………… 48

5　設計監理契約 ……………………………………………… 52

6　建築確認申請 ……………………………………………… 59

7　増改築の建築確認申請 …………………………………… 69

第2　欠　陥

8　欠陥を生みやすい生産システム上の問題 …………… 76

第3　工　法

9　工法のいろいろ …………………………………………… 79

第4　性　能

10　建物の性能 ………………………………………………… 84

11　建築構成部位の技術的性能 …………………………… 92

12　建物の性能に関する基準 ……………………………… 100

第2章　契約類型別のトラブル

第1　請負契約

13 請負代金の決定……………………………………112

14 反対運動による着工の遅れ………………………115

15 建物の完成時期と完成建物の所有権の帰属……119

16 請負人の担保責任…………………………………123

17 契約内容不適合責任（担保責任）の判断基準……131

18 建築工事途中の契約内容不適合の判明…………135

19 建築基準法に違反する工事請負契約の効力……139

20 損害賠償の範囲……………………………………144

21 完成建物の解除の可否……………………………147

22 追加・変更工事のトラブル………………………150

23 請負人の担保責任の存続期間……………………155

24 品確法と担保責任…………………………………161

25 設計者に対する責任追及…………………………166

26 工事監理者に対する責任追及（名義貸し）……172

27 請負契約と不法行為責任…………………………178

第2　売買契約

28 売主に対する責任追及……………………………182

29 不動産仲介業者に対する責任追及………………189

30 中古住宅の売主に対する責任追及………………193

第3　リフォーム契約

31 リフォーム施工業者に対する責任追及…………197

32 リフォーム詐欺……………………………………201

第3章 欠陥類型別のトラブル

第1 雨漏り

33 こう配屋根からの雨漏り ……………………………… 208

34 マンションの雨漏り ……………………………… 214

35 陸屋根からの雨漏り ……………………………… 219

36 建具からの雨漏り ……………………………… 224

37 外壁からの雨漏り ……………………………… 227

第2 ひび割れ

38 基礎コンクリートのひび割れ ……………………………… 231

39 仕上げ材のひび割れ ……………………………… 235

第3 外壁タイルの浮き・剥落

40 マンションの外壁タイル落下 ……………………………… 240

第4 音

41 上階の足音が響く中古マンション（上下階のトラブル（固体伝搬音）） ……………………………… 245

42 ピアノの音が響くマンション（隣戸とのトラブル（空気伝搬音・固体伝搬音複合型）） ……………………………… 252

43 流水音および換気システム稼動時の騒音（固体伝搬音） ……………………………… 257

44 家の前の道路を通る車の音（交通騒音（空気伝搬音）） …… 261

45 用途地域と冷暖房室外機の騒音 ……………………………… 268

第5 揺れ・振動

46 大型車の通行、風等による建物の振動 ……………………………… 276

第6 軋み

47 床鳴り等の軋み ……………………………… 287

48 建具の軋み ……………………………… 292

第7 結露

49 開口部の結露 ……………………………… 295

4　　　目　　次

50 木造住宅の結露……………………………………………302

51 断熱工法と結露……………………………………………305

52 鉄骨造住宅の結露、熱橋結露……………………………312

53 配管・トップライトの結露………………………………317

第8　水漏れ

54 配管の腐食による水漏れ事故……………………………321

第9　排　水

55 排水口からの悪臭…………………………………………326

56 排水管の逆流………………………………………………330

第10　換　気

57 給排気の不具合……………………………………………335

第11　化学物質

58 シックハウス………………………………………………339

第12　地盤沈下・傾斜

59 基礎構造の種類……………………………………………347

60 建物の傾斜の測定方法と傾斜の修補方法………………354

61 液状化現象…………………………………………………361

第13　接合部

62 接合金物……………………………………………………367

63 金物の施工不良、大臣認定工法…………………………372

第14　その他

64 柱の割れ……………………………………………………377

65 構造計算……………………………………………………382

66 耐震強度……………………………………………………389

67 かぶり厚、筋かいの位置…………………………………393

68 制震・免震・耐震…………………………………………397

目　次　　5

第4章　建築法規の概要

69 建築基準法および建築基準関係規定の概要……………402

70 敷地の後退………………………………………………406

71 容積率……………………………………………………409

72 道路斜線…………………………………………………412

73 住宅性能表示制度………………………………………415

第5章　私道・近隣トラブル

74 隣地のマンション建設工事の騒音・振動………………424

75 境界線ぎりぎりの建物に対する対応…………………429

76 目隠しの設置要求………………………………………434

77 隣地使用権・導管設置権………………………………439

78 排水トラブル……………………………………………445

79 日照・通風トラブル……………………………………451

80 眺望トラブル……………………………………………459

第6章　建築紛争処理

81 紛争解決手段……………………………………………466

82 建設工事紛争審査会……………………………………470

83 指定住宅紛争処理機関…………………………………473

84 住宅性能評価……………………………………………475

85 弁護士会の仲裁…………………………………………479

86 建築関係訴訟……………………………………………485

事項索引……………………………………………………490

はじめに

はじめに

　本書は、いわゆる欠陥住宅問題に関して、法律上もしくは建築技術上問題となる論点について、Ｑ＆Ａ形式で解説し、主に、当該問題に携わる、弁護士、建築士の知識の助けとなることを目的として執筆編集されたものです。

　個々の論点については、第1章以下のＱ＆Ａを参照いただくとして、ここでは、まず、「住宅紛争の流れ」ということで、欠陥住宅問題の紛争処理の概略と当該問題に携わる弁護士、建築士が注意すべき点について解説します。

　また、それに加えて、ここでは、令和2年4月1日に施行予定の改正民法に関して、住宅建築トラブルに影響が大きいと予想される改正内容につきその概要を解説します。

第1　住宅紛争の流れ

　住宅の欠陥が争点となる紛争の流れと注意点について説明します。

　紛争処理機関の個々の説明は、「第6章　建築紛争処理」において詳しく述べておりますので、ここでは、特に、相談段階、交渉段階での注意点を中心に述べていきます。

1　相談段階

（1）　相談の前提として聞き取るべき基礎情報について

　欠陥住宅紛争の相談は、住宅にいかなる不具合が発生しているのかという、欠陥現象の話が中心になるのですが、相談の前提として、以下のような基礎的情報を得ておくと相談がスムーズにいくことが多いといえます。

① 　建築用途（戸建住宅かマンションか等）

② 　供給形式（注文住宅か建売住宅か等。当然ですが、注文住宅では、

はじめに　　3

請負契約の紛争となり、建売りであれば売買契約の紛争ですので、
適用となる法条も異なることになります。）

③　工事種別（新築かリフォームか等）

④　相手方（ハウスメーカーか、設計と施工が別になっているのか等。
ハウスメーカーの新築住宅であれば設計施工一貫が通常なので、当
該会社のみが相手方になりますが、設計者と施工者が別の場合、欠
陥が、設計者・施工者のいずれの責任に基づくのかによって相手方
が変わってきます。）

⑤　構造（木造か鉄筋コンクリート造か等）、工法（木造在来工法か、
2×4工法か、プレハブ工法か等）、階数（地下があるか、3階建てか
など階数によって構造計算が必要か等適用法令が変わります。）、床
面積（戸建住宅でも床面積が200m²を超えると法令上の制限が増え
ます。）

⑥　引渡期日・築後年数（特に、担保責任の除斥期間が契約上引渡時
を起算点とする場合や不法行為責任の消滅時効期間の起算点として
重要なチェックポイントの1つです。）

⑦　相談者が所持する関係書類の量・種類（契約書、設計図書等。特
に消費者側の相談を受ける場合、消費者は、こうした書面について、
交付すら受けていない場合もありますので、場合によっては、業者
側に対して交付請求をする必要が生じることもあります。）

　以上のように、欠陥住宅の相談では、相談の前提としてチェックす
べき基礎情報が意外に多いことがわかると思います。

　こうした情報を的確に得るためには、チェック項目のリストを事前
に作成しておき、相談者に事前に記載をお願いすれば、効率よく相談
を進められます。

　なお、第二東京弁護士会が実施している「建築問題法律相談」では、
相談付票（後掲参照）を用意して、相談前に相談者に記入をお願いす

る形を取っていますので、参考にしていただければと思います。

(2) 欠陥現象の分類

　また、相談の中心となる、欠陥現象についての聞取りについても、個々の欠陥現象を、例えば、以下のように分類しながら聞き取ると、聞取りのポイントが絞りやすく、今後取るべき方針も立てやすいのではないかと思われます。

① 絶対的欠陥：雨漏り等、少なくとも住宅の本来の性能から見て、問題が発生していること自体は明らかな欠陥現象。この場合は、当該現象の原因解明と補修方法の確定が主な検討課題となります。

② 相対的欠陥：傾き、傷、仕上げの不良等、その程度によって「許容範囲（受忍限度内）」か否かが争われる欠陥現象。この分類の欠陥現象では、正に"評価"が問題となりますので、人によって評価が異なってくる場合もありえます。そのため、誰が、いかなる基準で判断するのかが問題となります。

③ 法律的欠陥：容積率オーバー、消防法上の避難口の不設置等、純粋な法規違反が問題となる場合。この問題では、法規の内容・解釈が直接問題となります。

④ 契約上の欠陥：契約上、特別に合意された事項が守られていないことによって発生した欠陥現象。例えば、住宅の基本性能自体には問題は生じていないものの、グレードアップとして約された箇所が施工されていない場合などです。この場合は、"言った言わない"の問題になりがちなので、打合せ記録等の、合意の有無を証する書面の有無などが重要な聞取り事項になります。

　この点、例えば、建物の鉄筋不足が、絶対的欠陥でかつ法律的欠陥であるように、全ての欠陥現象が、前述の分類にきれいに分かれるわけではありません。

　ただ、相談の対象となっている欠陥現象について、どの点が特に問

はじめに　　5

題であり、今後いかなる調査が必要かといったことを検討するに当たっては、前記のような分類を念頭に置きつつ聞取りを行うことは、相談を効率的に進めるために有益ではないかと思われます。

2　交　渉

　住宅の欠陥が問題となった場合、すぐに訴訟等の紛争処理機関に移行することは必ずしも多くなく、居住者である消費者側と業者側（設計者・施工者等）で交渉を行い、補修工事の内容について任意の形で合意を行う形での解決の可能性を探ることが多いのではないかと思われます。

　こうした交渉段階で紛争を解決することができれば、訴訟等に発展する場合に比べれば、短期間での解決が図られ、かつ経済的なコストも少なくすむため、好ましいといえますが、往々にして、消費者側の主張する工事と業者側の主張する工事の内容が著しく乖離し、交渉を尽くしたものの、最終的に訴訟等に発展してしまうことがあります。

　また、一旦は交渉がまとまり、補修工事が完了したにもかかわらず、後日、同じような欠陥現象が再び発生し、むしろ、トラブルがより深刻化するケースも少なくありません。

　こうした事態を避けるためには、やはり、消費者側も業者側も、一足飛びにとにかく早く補修をしてしまおうという姿勢はできる限り避け、まず、問題となっている欠陥現象の原因が何かという点を、相応の手間と時間をかけて探り、原因を確定した後で、当該原因を排除するための方法は何かという形で補修方法を検討するという順序を踏む必要があります。

　このような原因究明は、本来は業者が率先してやるべきですが、残念ながら、安易な補修で済ませようとする業者は少なくありません。

　消費者側としては、そうした場合は、自己の選定する第三者建築士

を頼んで、調査をしてもらい、当該調査結果を踏まえて、業者と再度交渉を行うというプロセスを踏まざるを得ないことになります。

欠陥現象の原因を突き止めるためには、一定の時間や費用がかかりますし、場合によっては、建物の一部について破壊を伴う検査を行わなければならないこともあります。

そのため、特に、主に調査費用を負担する側となる業者側は、できる限り簡略な調査で済ませたいという気持ちに傾きがちになります。

しかし、一定の手間をかけることで欠陥の原因を解明できれば、再発を防止するための工事計画を組むことが可能となり、消費者にとってメリットがあることはもちろんですが、業者側にとっても、原因を解明することによって、何度も同じ工事をしなければならないリスクを回避できるというメリット、原因を踏まえて補修計画を組むことで、工事についての消費者側の納得を得られやすくし、訴訟等に発展するリスクを避けられるというメリットがあることを認識し、率先して原因究明を行う姿勢を持つことが必要ではないかと思います。

3　紛争処理機関の種類

前記のような交渉を経ても、欠陥自体の存否や行うべき補修工事の内容についての消費者側と業者側の意見が大きく食い違い、合意を見ることができない場合は、紛争処理機関による解決を図るしかないことになります。

代表的な紛争処理機関としては、①行政が設置している建設工事紛争審査会、②品確法によって各弁護士会等に設置された指定住宅紛争処理機関、③弁護士会の仲裁手続、④簡易裁判所による民事調停、⑤裁判所による訴訟手続の5つがあげられます。

こうした紛争処理機関における手続の詳細は、「第6章　建築紛争処理」を参照いただければと思いますが、以下では、各機関の手続の

概略について簡単に紹介します。

（1）　建設工事紛争審査会

建設工事紛争審査会は、各都道府県および中央に設置されており、斡旋、調停、仲裁の手続が用意されています。

対象となるのは、「建設工事の請負契約に関する紛争」（建設25①）に限定されますので、例えば、売買契約である建売住宅における売主・買主間の紛争は対象となりません。

また、当該手続と訴訟手続の大きな違いとして、特に、①慰謝料、弁護士費用等の請求はできないとされていること、②仲裁については、仲裁判断に確定判決と同一の効力が認められており、かつ当事者は、当該仲裁判断に対して原則として不服申立てができないことがあげられます。

（2）　品確法における指定住宅紛争処理機関

「指定住宅紛争処理機関」とは、品確法66条1項に基づき、国土交通大臣の指定を受けた機関で、現在のところ、全国の各弁護士会に設置されています。

紛争処理委員として、弁護士と建築士が関与し、斡旋、調停、仲裁手続を行います。

対象となる紛争は、品確法上の「建設住宅性能評価書」（品確5・6）が交付された、いわゆる『建設性能評価』を受けた住宅、住宅瑕疵担保責任保険契約が付された新築住宅の紛争処理（履行確保33①）を原則的な業務としていますが、『建設性能評価』付住宅以外の紛争についても取り扱う機関もあります。

（3）　弁護士会の仲裁

各地の弁護士会の中には、裁判外紛争処理機関として、いわゆる仲裁センターといった形で紛争処理機関を設けている会があります。各仲裁センターでは、比較的低額な手数料で、平日以外にも期日を設け

る等の柔軟な扱いをするなどして、適切迅速な手続を目指して活動がされています。

　対象となる紛争には特に限定がないのが通常であり、弁護士会の仲裁手続によって仲裁判断がなされた場合は、当該仲裁判断に確定判決と同一の効力が認められ（仲裁45①）、原則として不服申立てはできません。

　もっとも、仲裁手続を行うについては、当事者が、仲裁手続に服することを合意すること（仲裁合意）が必要になりますので、申立てがなされても、相手方との間で仲裁合意がなされなければ、仲裁判断をすることはできません（その場合も、当事者が出頭していれば、任意の話合いによる解決を目指すことはできます。）。

　そのため、弁護士会の仲裁の対象としては、当事者が仲裁合意に応じやすい、比較的少額の争いには向いていますが、欠陥についての当事者の対立が激しい事案や請求額が多額となる事案については、やや不向きといえるかもしれません。

（4）　簡易裁判所の民事調停

　簡易裁判所の民事調停は、前述の建設工事紛争審査会や指定住宅紛争処理機関とは異なり、対象となる紛争には限定がありません。

　また、調停委員に建築士等の専門家が指定された場合は、専門知識を活用した紛争処理が期待できます。

　ただ、調停の成立には、最終的に当事者間の合意が必要である以上、前述の弁護士会の仲裁手続と同様に、話合いによる合意が期待できないような、当事者の対立が激しい事案や請求額が多額となる事案については、不向きなことが多いといえます。

（5）　訴訟手続

　当事者の合意による解決が期待しにくい、当事者の争いが激しい事案や請求額が多額な事案では、訴訟を選択することが多いかと思われ

ます。

　訴訟については、建築訴訟は時間がかかるというイメージが持たれており、そのために、特に消費者にとっては、時間の面から、訴訟手続を敬遠し、最悪の場合、泣き寝入りをするようなケースもあったかと思われます。

　しかし、近年、大都市圏の裁判所では建築関係事件の集中処理部が設置されて計画的審理を推進していたり、審理の途中で、調停委員や専門委員として建築士の見解を審理に取り入れるなど、審理期間の短縮が努められ、一定の成果が上がっているのも事実ですので、特に消費者側においては、消費者が「訴訟では、5年、10年かかるのではないか」などという認識を持っている場合は、近年は、迅速化が図られていることについて説明をし、訴訟による解決について必要以上に悲観的にならないよう、配慮をするべきではないかと思われます。

10　　　　　　　　はじめに

■　第二東京弁護士会建築問題法律相談付票

－建築問題法律相談付票－

①担当建築士名
②相談期日
③相談者名
④相談対象建築物等の概要

建築用途　　［・戸建て住宅・集合住宅・併用住宅・その他（　　　　　　　　　　　）］
供給形式　　［・注文・分譲建売・売建、建築条件付き・中古売買・コーポラティブ］
所有形式　　［・自己所有・区分所有・賃貸］
　　　　　　［・事業用・自己使用］
工事種別　　［・新築・増改築・内装・外装改修・その他（　　　　　　　　）］
相手方　　　［・名称（　　　　　　　　　　　　　　　）］
　　　　　　［・設計者・工事監理者・ハウスメーカー・工務店・建設会社・内装工事会社
　　　　　　　・事業者（デベロッパー）・仲介不動産業者・管理会社・不明］
構　　造　　［・木造・ＲＣ・ＳＲＣ・混構造・その他（　　　　　　　　）］
工　　法　　［・木造軸組工法・木造枠組壁工法・ハウスメーカー工法・プレファブ工法
　　　　　　　・その他（　　　　　　　　）］
集合住宅該当部分
　　　　　　［・専用部分・共用部分］
階数　　　　［地下階数（　　　　）、地上階数（　　　　　）、瑕疵発生階（　　　階)］
床面積　　　［敷地面積（　　　　）延べ面積（　　　　）］
基礎工法　　［・杭基礎・直接基礎（・ベタ基礎、・独立基礎、・布基礎（底盤の有、無))
　　　　　　　・地盤改良（有、無)］
築後年数　　［竣工年月日（　　　　　）、引き渡し年月日（　　　　　）、取得年月日（登記　　）］
主な仕上　　［外部仕上　屋根（　　　　　　　）外壁（　　　　　　）］
　　　　　　［内部仕上（床　　　　　　壁　　　　　　天井　　　　　　）］

⑤書類等の有無

契約書　　　［・設計契約書・監理契約書・請負契約書・売買契約書・賃貸借契約書
　　　　　　　・その他・なし］
書類等　　　［・建築確認済証（添付図面）・検査済証・契約書（設計契約書、監理契約書、
　　　　　　　請負契約書、売買契約書、賃貸借契約書、その他）・契約約款（有・無）
　　　　　　　・見積明細書・設計図書・住宅金融公庫融資住宅（有、無）・保証書
　　　　　　　・住宅性能評価書・現場写真・その他（　　　　　　　　）］

⑥所見・メモ

はじめに

第2　民法改正の住宅建築紛争への影響

　民法（債権関係）の改正を内容とする「民法の一部を改正する法律」
（以下、本稿では「改正民法」といい、改正前の法文は「旧民法」と
表記します。）は、平成29年6月2日に公布され、令和2年4月1日に施行
されることが決まっています。

　改正された内容は多岐に渡りますが、本稿では住宅建築紛争に影響
が大きいと予想される改正内容についてその概要を解説します。

1　売買契約に関する改正

　消費者が建売住宅や分譲マンションを取得する場合、売買契約が締
結されることとなります。売買契約に関する改正事項のうち、住宅建
築紛争に影響が予想される改正として以下のような事項が挙げられま
す。

(1)　担保責任における法定責任説から契約責任説への変更

　旧民法における売主の瑕疵担保責任（旧民566）については、いわゆ
る法定責任説が伝統的解釈とされており、法定責任説からは、瑕疵担
保責任は契約に基づく債務不履行責任ではなく、法律が特に定めた責
任であるということになります。

　一方、改正民法では、法定責任説を否定し、担保責任は、契約内容
に適合しない場合の責任（いわゆる契約責任説）として捉えることと
しています。

　それに伴い、旧民法における瑕疵担保責任では「瑕疵」という概念
が用いられていたところ、改正民法においては、これに代えて「目的
物が種類、品質（又は数量）に関して契約の内容に適合しないとき」
（契約内容不適合）の責任として規定されることとなりました。

【実務における影響】

　上記改正に関しては、実務上影響はそれほど大きくはないと予想されます。

　建物売買においては、契約上明示で合意された事項でなくとも、建築基準関連法令に従った建物であること、一般的な建築水準に従って建てられた建物であることが契約の前提となっていることが通常といえ、そのような場合には、当該前提に反する建物は契約内容不適合と判断されますので、必ずしも当事者の明示の合意のみが判断基準になるものではないといえます。

　また、旧民法下においても、「瑕疵」を当事者の合意をベースに判断することが裁判所などの紛争処理機関における基本的な考え方になっていたといえ、従来の「瑕疵」に関する判断基準は、契約内容不適合の判断についてもほぼそのまま適用されると予想されます。

（2）　買主の追完請求権

（改正民法562条）
1　引き渡された目的物が種類、品質又は数量に関して契約の内容に適合しないものであるときは、買主は、売主に対し、目的物の修補、代替物の引渡し又は不足分の引渡しによる履行の追完を請求することができる。ただし、売主は、買主に不相当な負担を課するものでないときは、買主が請求した方法と異なる方法による履行の追完をすることができる。
2　前項の不適合が買主の責めに帰すべき事由によるものであるときは、買主は、同項の規定による履行の追完の請求をすることができない。

　旧民法では、売買の目的物に「瑕疵」があった場合に、買主が売主に対して追完（修補、交換など）を請求する権利を条文上は認めていませんでした。

はじめに

しかし、改正民法562条では、法定責任から契約責任への転換に伴い、目的物に契約内容不適合が存在する場合の買主の追完請求権が認められました。

改正民法562条1項は、引き渡された目的物に契約内容不適合が存在した場合は、まず買主が、「目的物の修補、代替物の引渡し又は不足分の引渡しによる履行の追完」を選択して売主に請求できること、ただし、「買主に不相当な負担を課するものでないときは」、売主において買主が請求した方法とは異なる追完ができることを定めました。

また、2項は、「不適合が買主の責めに帰すべき事由によるものであるとき」は、買主において追完請求ができない旨を定めました。

【実務における影響】

追完請求（例えば、購入した建物に欠陥があった場合に買主が修補請求をすることなど）自体は、旧民法下においても、当事者間の契約条項等に基づき実施されてきたといえますが、改正民法において法文上のルールが明示されたことによる実務への影響も大きいと思われます。

この点、特に解釈上問題となるのが1項ただし書における「買主に不相当な負担を課するものでない」との要件であり、具体的にいかなる場合がそれに当たるのかは事例の集積が待たれるところといえます。

もっとも、建物の欠陥が争点となる紛争の場合は、仮に買主が修補ではなく「代替物の引渡し」を要求したとしても、修補が物理的に可能であれば、売主が修補による追完を主張すれば「買主に不相当な負担を課するものでない」という要件は満たすものと解されることが多いとは予想されます。

（3）　買主の代金減額請求権

（改正民法563条）
1　前条第1項本文に規定する場合において、買主が相当の期間を定

めて履行の追完の催告をし、その期間内に履行の追完がないときは、買主は、その不適合の程度に応じて代金の減額を請求することができる。

2　前項の規定にかかわらず、次に掲げる場合には、買主は、同項の催告をすることなく、直ちに代金の減額を請求することができる。

一　履行の追完が不能であるとき。

二　売主が履行の追完を拒絶する意思を明確に表示したとき。

三　契約の性質又は当事者の意思表示により、特定の日時又は一定の期間内に履行をしなければ契約をした目的を達することができない場合において、売主が履行の追完をしないでその時期を経過したとき。

四　前三号に掲げる場合のほか、買主が前項の催告をしても履行の追完を受ける見込みがないことが明らかであるとき。

3　第1項の不適合が買主の責めに帰すべき事由によるものであるときは、買主は、前二項の規定による代金の減額の請求をすることができない。

　旧民法は、権利の一部移転不能および数量不足・物の一部滅失の場合（旧民563①・565）を除いて、買主の代金減額請求権は規定していませんでした。この点、改正民法では、売買の目的物の契約内容不適合一般について、買主に代金減額請求権が発生しうることを定めました。

　買主の代金減額請求権は、原則的には買主が追完請求を催告したが売主による追完がないときに発生するものとされ（改正民563①）、ただ、一定の場合は催告を要せず請求可能であることが定められています（改正民563②）。

　また、契約内容不適合が買主の責めに帰すべき事由による場合に買主が代金減額請求できないこと（改正民563③）は追完請求権の場合と同じです。

はじめに

【実務における影響】

建物の欠陥が争われる場合において、これまでは損害賠償請求の「損害」の範囲として争われてきた事案について、買主に新たな法律構成による請求権を認めたものであり、実務上の影響も一定程度あると予想されます。

この点、具体的にどの程度の減額が認められるのかは、条文では「その不適合の程度に応じて」（改正民563①）と定められ、事案ごとの解釈に委ねられていますので、事例の集積が待たれます。

また、買主側にとって、代金減額請求権と損害賠償請求権の双方が請求可能な場合に、どちらを選択する方がよりメリットが大きいのか、どのような場合に代金減額請求と損害賠償請求の双方を請求できるか（概念的には「減額請求ではカバーできない損害」の賠償請求は可能といえますが、具体的案件においてその区分けが必ずしも容易ではないケースも多いと予想されます。）といった点で判断に悩む場面も出てくるのではないかと思われます。

(4) 買主の損害賠償請求・解除権

（改正民法564条）
前二条の規定は、第415条の規定による損害賠償の請求並びに第541条及び第542条の規定による解除権の行使を妨げない。

改正民法は、担保責任を契約責任として構成することに伴い、売買目的物に契約内容不適合が存在する場合の損害賠償請求及び解除請求は、債務不履行の一般原則によることを定めました。

この点、まず、旧民法570条では、物の「瑕疵」に関して売主が瑕疵担保責任を負う場合を「売買の目的物に隠れた瑕疵があったとき」に

限定しており、「隠れた瑕疵」とは、買主が「瑕疵」について善意無過失であることを意味すると解されていました。

一方、改正民法では、当該「隠れた」との要件を廃止しています。

また、旧民法下で瑕疵担保責任に基づいて損害賠償請求をする場合、売主の過失は要件となっておらず、いわゆる無過失責任と解されてきましたが、改正民法では、一般の債務不履行と同様に売主における帰責事由の存在が要件となります。

そして、改正民法では、担保責任による損害賠償請求の範囲については、履行利益に及ぶと解されることになります（旧民法の瑕疵担保責任では損害賠償の範囲は信頼利益に限られると解されていました。）。

更に、解除については、旧民法は「契約の目的を達することができない」ことが要件とされてきましたが（旧民570・566①）、改正民法では解除についての同要件はなくなりました。

【実務における影響】

「隠れた瑕疵」との要件廃止により、改正民法では、買主側の主観的認識ないしは認識可能性は、「契約内容」を判断する一要素と位置付けられることになります。

そのため、少なくとも買主の故意・過失の存在が、即売主の担保責任否定という結論にならないため、売主が担保責任を負う場合は旧民法下よりも広がる可能性があります。

損害賠償について、無過失責任ではなくなったこと、損害の範囲が履行利益に及ぶことになったことは、主張立証の内容・程度や請求額に少なからず影響が出ると思われます。

解除については、一般原則においても軽微な不履行の場合は解除は否定されるため、例えば、建物の軽微な欠陥を理由とした解除が認められないことは従来と変わらないと思われますが、解除可能となる範

囲が旧民法上の実務に比べて広がるか否か、仮に広がる場合にどの程度広がるのかは事例の集積が待たれるところといえます。

また、解除に関しては、催告解除が原則となるなど、旧民法と手続要件が異なる点も出てくるため、注意が必要となります。

(5) 担保責任の期間制限

（改正民法566条）
　売主が種類又は品質に関して契約の内容に適合しない目的物を買主に引き渡した場合において、買主がその不適合を知った時から1年以内にその旨を売主に通知しないときは、買主は、その不適合を理由として、履行の追完の請求、代金の減額の請求、損害賠償の請求及び契約の解除をすることができない。ただし、売主が引渡しの時にその不適合を知り、又は重大な過失によって知らなかったときは、この限りでない。

旧民法では、瑕疵担保責任に基づく損害賠償または解除の期間制限として、「買主が事実を知ったときから1年以内にしなければならない」とされていました（旧民570・566③）。

一方、改正民法は、種類または品質に関する契約内容不適合について、「不適合を知った時から1年以内にその旨を売主に通知しないときは」担保責任追及ができない旨を規定しました（なお、数量に関する契約不適合には本条の期間制限は適用されないことになります。）。

旧民法では解除または損害賠償の請求を1年以内にしなければならないと規定されていたところ、改正民法では契約不適合を1年以内に売主に通知することを要件とした（解除・損害賠償請求に至らなくとも、不適合の旨を示せば足りるということ）点が異なります。

【実務における影響】

　旧民法における瑕疵担保責任の保存に関しては「具体的に瑕疵の内容とそれに基づく損害賠償請求をする旨を表明し、請求する損害額の根拠を示す」ことを必要とする最高裁判例（最判平4・10・20判時1441・77）があり、建物の欠陥を主張する場合も、損害額の根拠等を示さなければ保存が認められない可能性がありました。

　この点、改正民法では、契約内容不適合の事実を1年以内に通知することが要件とされたため、旧民法当時よりも、通知するべき内容は軽減されたと評価できます。

　ただ、「契約内容不適合」は評価的な概念であるため、単に欠陥現象を告げるだけでは足りないと解される可能性もあり、どの程度の内容を示した通知をするべきかは解釈に委ねられる部分もあります。

　一方で、例えば、欠陥現象は認識していたが原因がわからなかったというような場合に、そもそも「不適合を知った」とはいえず、1年という期間自体がスタートしないという解釈もありうるところであり、そうした解釈が成り立つ場合は、買主が担保責任を追及できる期間は相当に長期になる可能性もあるかもしれません。

　この点、新築住宅の売買契約に関しては、住宅の品質確保の促進等に関する法律（品確法）95条では、売主の瑕疵担保責任の特則規定が存在するところ、当該規定は改正民法施行後も維持される予定ということです。

2　請負契約に関する改正

　新築住宅の建築を注文する場合やリフォーム工事を注文する場合、請負契約が締結されることとなります。請負契約の改正中、住宅建築紛争への影響が予想される改正を紹介します。

(1) 中途終了の場合の報酬請求権

（改正民法634条）
　次に掲げる場合において、請負人が既にした仕事の結果のうち可分な部分の給付によって注文者が利益を受けるときは、その部分を仕事の完成とみなす。この場合において、請負人は、注文者が受ける利益の割合に応じて報酬を請求することができる。
一　注文者の責めに帰することができない事由によって仕事を完成することができなくなったとき。
二　請負が仕事の完成前に解除されたとき。

　請負契約において、請負人が報酬請求をするためには、原則として仕事が完成していることが必要となります。

　ただ、仕事完成前に解除がなされた場合について、工事内容が可分であり、当事者が既施工部分の給付に関し利益を有するときは既施工部分について契約解除はできないとするのが判例の立場であり（最判昭56・2・17判時996・61）、実務上もそのように解されてきました。

　改正民法634条は、当該判例法理を条文化したものです。

【実務における影響】

　従前から実務上確立していた法理を確認した条文であるため、改正による実務の影響はないといえます。

　建築請負契約に関して中途までの仕事がなされている場合、「可分」「注文者が利益を受ける」と評価されることが多いといえます（例えば、既施工部分に修復不能な問題があるような場合は別ですが）。

　また、建築の出来高評価は、評価者によって算定が変わりうるのが実情であり、実務では、「注文者が受ける利益の割合に応じて」に関して、当事者間で出来高の金額評価を巡って争いとなることが実務上多いですが、その点は改正民法下でも同様といえます。

(2)　担保責任に関する売買契約との統一

　旧民法では、瑕疵担保責任に関して、請負契約独自の規定を設けていました。

　しかし、改正民法は、一部の規定（改正民636・637）を除いて請負契約独自の規定は廃止し、売買契約の担保責任に関する規定を請負契約においても包括準用する形を取ることで（民559）、売買契約と請負契約における担保責任の統一化が図られています。

　廃止された条文は、請負契約の瑕疵担保責任の基本規定であった旧民法634条、「契約をした目的を達することができないとき」に契約解除を認める一方で「建物その他の土地の工作物」については解除ができないとしていた旧民法635条、瑕疵担保責任の存続期間について「建物その他の土地の工作物」に関しての特則を設けていた旧民法638条、担保責任期間の伸長合意に関する旧民法639条、担保責任を負わない旨の特約に関する旧民法640条となります。

　一方で、売買契約の担保責任の規定の準用により、瑕疵概念の「契約内容不適合」への転換、契約内容不適合が存在した場合における、追完請求、代金減額請求、解除・損害賠償請求に関する改正規定が、請負契約における請負人の注文者に対する担保責任規定として適用されることになります。

【実務における影響】

　請負契約実務（特に仕事の内容に欠陥があった場合の当事者の権利義務）に対する影響については、基本的に売買契約に関して述べた点と同じといえます。

　この点、旧民法635条ただし書によって認められなかった建物その他の土地工作物の完成後の解除も、条文上は、債務不履行解除の一般原則が適用されることになるため、可能となります。

　ただ、建物に欠陥があった場合、どの程度の欠陥であれば注文者は

はじめに　　21

解除が可能と解されるかは、今後の事例集積が待たれるところです。

(3)　担保責任の制限

（改正民法636条）
　請負人が種類又は品質に関して契約の内容に適合しない仕事の目的物を注文者に引き渡したとき（その引渡しを要しない場合にあっては、仕事が終了した時に仕事の目的物が種類又は品質に関して契約の内容に適合しないとき）は、注文者は、注文者の供した材料の性質又は注文者の与えた指図によって生じた不適合を理由として、履行の追完の請求、報酬の減額の請求、損害賠償の請求及び契約の解除をすることができない。ただし、請負人がその材料又は指図が不適当であることを知りながら告げなかったときは、この限りでない。

　上記のとおり、改正民法は、基本的に請負人の担保責任について、請負契約独自の規定を廃止し、売買契約の担保責任規定を包括準用することで担保責任規定の統一化を図っていますが、改正民法でもなお請負契約独自の担保責任規定として、改正民法636条と、後述の同637条を設けています。

　改正民法636条は、仕事の目的物に契約内容不適合が存在した場合も、「注文者の供した材料の性質又は注文者の与えた指図によって生じた」場合は注文者が担保責任を追及できないこと、ただし、請負人が材料・指図の不適当であることを知りながら告げなかったときは請負人は免責されない旨を規定していますが、基本的に旧民法636条の条文を、改正法の担保制度に平仄を合わせる形で変更したに留まり、内容的には旧民法636条と変わらないものとなっています。

【実務における影響】

　内容的には旧民法の規定を維持している条文ですので、実務における影響はないと思われます。

(4) 期間制限

（改正民法637条）
1　前条本文に規定する場合において、注文者がその不適合を知った
　時から1年以内にその旨を請負人に通知しないときは、注文者は、そ
　の不適合を理由として、履行の追完の請求、報酬の減額の請求、損
　害賠償の請求及び契約の解除をすることができない。
2　前項の規定は、仕事の目的物を注文者に引き渡した時（その引渡
　しを要しない場合にあっては、仕事が終了した時）において、請負
　人が同項の不適合を知り、又は重大な過失によって知らなかったと
　きは、適用しない。

　旧民法は、請負人の瑕疵担保責任の存続期間を「仕事の目的物を引
き渡した時から1年以内」（旧民637①）を原則とした上で、「建物その他
の土地の工作物」については引渡し後5年〜10年の期間に伸長する旨
の特則を設けていました（旧民638）。

　改正民法は、当該規定を廃止し、「注文者がその不適合を知った時か
ら1年以内にその旨を請負人に通知しないとき」は、注文者は担保責任
を追及できないとの規定を新設しました。

　これにより、民法上は、請負人の担保責任の存続期間の起算点が、
従前の「仕事の目的物を引き渡した時」から「不適合を知った時」に
変更され、期間については目的物が建物等である場合を含めて、一律
1年とされました。

【実務における影響】

　引渡し時という客観的な起算点が、「知った時」という主観的起算点
になったことで、担保期間の存続期間が、旧民法とは相当に変わって
くるケースも多いと思われ、注意が必要です。

　また、主観的要件である故、注文者がいかなる認識を持てば「不適
合を知った」と評価できるのかについて当事者間で争いが生じる余地

もあります。

一方、担保期間の保存に関して必要な「通知」の程度が、旧民法時よりも緩和されている点については、改正民法566条において前記したとおりです。

なお、民法上の建物に関する担保責任の特則は廃止されましたが、住宅の品質確保の促進等に関する法律（品確法）94条では、住宅の新築工事の瑕疵担保責任の特則規定が存在するところ、当該規定は改正民法施行後も維持される予定ということです。

3 消滅時効に関する改正

前記のとおり、改正民法566条および同637条では、担保責任の存続期間を定め、買主または注文者が担保責任を保存するための要件として「不適合を知った時から1年以内」の通知を必要と定めています。

ただし、期間内の通知によって担保責任を保存できた場合も、担保責任に基づく請求権については、目的物の引渡し時を起算点とする消滅時効の適用があると解されています（最判平13・11・27判時1769・53）。

そのため、担保責任が問題となる住宅建築トラブルについては消滅時効に関する改正も影響があります。

また、「工事の設計、施工又は監理を業とする者の工事に関する債権」の消滅時効期間を3年と定める旧民法170条の規定が廃止される点も住宅建築トラブルには関係が大きいところといえます。

更に、「建築された建物に建物としての基本的な安全性を損なう瑕疵があり、それにより居住者等の生命、身体又は財産が侵害された場合には」設計・施工者等は不法行為責任を負うという判例（最判平19・7・6判時1984・34）より、不法行為責任の消滅時効に関する改正も住宅建築トラブルには影響があります。

(1) 債権等の消滅時効についての改正

（改正民法166条）
1　債権は、次に掲げる場合には、時効によって消滅する。
　一　債権者が権利を行使することができることを知った時から5年間行使しないとき。
　二　権利を行使することができる時から10年間行使しないとき。
2　債権又は所有権以外の財産権は、権利を行使することができる時から20年間行使しないときは、時効によって消滅する。
3　前二項の規定は、始期付権利又は停止条件付権利の目的物を占有する第三者のために、その占有の開始の時から取得時効が進行することを妨げない。ただし、権利者は、その時効を更新するため、いつでも占有者の承認を求めることができる。
（改正民法167条）
　人の生命又は身体の侵害による損害賠償請求権の消滅時効についての前条第1項第2号の規定の適用については、同号中「10年間」とあるのは、「20年間」とする。

　旧民法167条1項は、「債権は、10年間行使しないときは、消滅する」と定めていました。また、商事債権については、従前、商法522条により消滅時効期間は5年と定められてきました。

　一方、改正民法166条1項は、「債権者が権利を行使することができることを知った時から5年間行使しないとき」または「権利を行使することができる時から10年間行使しないとき」に債権は時効によって消滅すると定め、併せて、従前の商法522条の規定も廃止されることになりました。

　更に、改正民法167条では、「人の生命又は身体の侵害による損害賠償請求権」について消滅時効期間を20年とする特則を新設しました。

【実務における影響】

　「債権者が権利を行使することができることを知った時から5年」と

いう主観的要件が新たに設けられたこと、商事時効が廃止になったこと等、実務における影響は極めて大きく、注意が必要です。

　この点、担保責任との関係では、「不適合を知った時から1年以内」の通知、「権利を行使することができることを知った時から5年」以内の債権行使、「権利を行使することができる時から10年」以内の債権行使という三重の期間制限が民法上に存在することとなりますので、権利を失わないために、どの時期に何をするべきなのかについて正確な理解が求められます。

　また、建築物が原因で人の生命身体が侵害されたような場合には、改正民法167条の適用の問題となることもありうるところです。

　(2)　短期消滅時効の廃止

　改正民法では、旧民法170条から174条に定められていた職業別の短期消滅時効を廃止しました。

【実務における影響】

　従前、建築紛争では、「工事の設計、施工又は監理を業とする者の工事に関する債権」の消滅時効期間を3年と定める旧民法170条が問題となることも珍しくなかったところ、今後は、改正民法166条が適用されることになり、設計・監理者、施工者の注文者に対する債権の消滅時効期間は旧民法よりも長期となったといえます。

　(3)　不法行為責任の消滅時効に関する改正

　（改正民法724条）
　　不法行為による損害賠償の請求権は、次に掲げる場合には、時効によって消滅する。
　一　被害者又はその法定代理人が損害及び加害者を知った時から3年間行使しないとき。
　二　不法行為の時から20年間行使しないとき。

（改正民法724条の2）
　人の生命又は身体を害する不法行為による損害賠償請求権の消滅時効についての前条第1号の規定の適用については、同号中「3年間」とあるのは、「5年間」とする。

　改正民法724条は、「知った時から3年」「不法行為の時から20年」という期間については旧民法724条の規定を変更しませんでした。ただ「不法行為の時から20年」の期間が旧民法では除斥期間と解されていたところ、改正民法では消滅時効期間であると定めた点が変更点となります。

　これにより、不法行為から20年以内に、時効中断等の時効障害事由を発生させれば、20年経過後も権利行使が可能となり、不法行為被害者の権利保護が強化されたと評価できるかと思われます。

　また、改正民法724条の2は、一般的に特に被害が深刻といえる「人の生命又は身体を害する不法行為による損害賠償請求権」については、消滅時効期間を長期とする特則を新設しました。

【実務における影響】

　建物の欠陥について不法行為責任追及が問題となる事案において、引渡し後20年の経過が近い場合に消滅時効期間の中断を実施したい事案や、欠陥に基づき生命身体が害されたような事案について影響があるといえます。

第1章　総　論

第1 住まい作りの流れ

1 工事請負契約書

相談内容

　住宅を建てるために建設会社に設計施工をお願いしました。設計が終わり工事の見積りもでき上がったので工事請負契約を締結しようとしています。契約書は建設会社が独自の書式のものを持ってきました。その契約書で契約しても大丈夫でしょうか。

回　答

1　消費者に不利な条項の可能性

　工事請負契約書にはいくつかの種類があります。ほとんどの契約書は、契約書に約款が添付されていて、契約上の細かい取決めは約款に記載されています。中にはそうでないものもあります。

　契約書と約款は書店などで販売されているものもあり、小規模な工事では使われることが多いようです。また、ハウスメーカーや大手の建設会社などでは独自の契約書と約款を作成して利用しています。

　問題となるのは、これらの工事請負契約書が消費者にとって公正なものになっているかどうかです。契約書や約款の文書はなかなか理解しにくいので、ついつい読まずに契約してしまうことが多いと思います。しかし、よく読んでみると消費者に不利な条項が盛り込まれていることもあります。トラブルが起きなければ契約書や約款はそれほど

第1章　総　論　　29

気にならないかもしれません。しかし、トラブルが起きてからでは遅いのです。事前によくチェックしてみることが大切です。

2　契約書・約款の比較例

　某ハウスメーカーの契約書と、民間（旧四会）連合協定工事請負契約約款を比較したものです。注意すべき箇所を網かけで表示しています。

編注
　民間連合協定契約約款（最終改正　平成29年12月）は、民間（旧四会）連合協定工事請負契約約款委員会の許可を得て転載したものであり、当該委員会の許可なく転載および複製をすることはできませんのでご注意ください。
　ただし、表現については当社の判断で要約等しています。

某ハウスメーカー契約書（A）		対応する民間連合協定契約約款（B）		備　　考
1〜4条	省略		省略	
5条	代金の完済までは所有権は乙が有する	26条	検査に合格したときは、乙は甲に引渡し、同時に甲は乙に請負代金の支払を完了する	（A）では、代金完済まで所有権が移転しないと明記している
6条	請負条件等　予測できない状況による施工内容、工事金額の変更の可能性がある			（B）にはない項目
	署名　注文者・請負者		署名　発注者・請負者・監理者	（B）では、監理者の権利義務が明示されている（9条）

某ハウスメーカー約款	対応する民間連合協定約款	備　　考
1〜10条 省略	1〜22条 省略	ほぼ同じ内容
11条 残工事確認 　工事が完成したときに、甲が立ち会って残工事の確認を行う 　立会いの結果、不審な点は速やかに補修し、甲の確認を受ける 　補修が軽微である場合は、甲・乙協議して引渡し後に補修することができるものとする	23条 完成・検査 　乙は工事が完了したとき、設計図書に適合していることを確認し、丙に検査を求め、丙は乙の立会いのもとに検査を行う 　検査に合格しないときは乙は期間内に修補または改造して丙の検査を受ける	（B）では、検査を行う監理者の立場が明確になっている
12条 引渡しと請負代金 　残工事の確認後、甲は請負代金の支払いを完了する 　乙は代金支払い後鍵を渡して甲の入居を認め、所有権を甲に移転する	26条 請求・支払い・引渡し 　検査に合格したとき、乙は甲に目的物を引き渡し、甲は請負代金を支払う	（A）は「支払い」後に「引渡し」となっているが、民間連合では「引渡し」と「支払い」を同時に行うとなっており大きな違いがある 　補修工事が残る場合など、入居後に工事を行う場合も
13条 請求・支払い・引渡し 　甲・乙は乙の指定す		

第 1 章 総 論

	る書面に記名捺印して引渡しの確認を行う			ある。支払いを一部留保できるようにする必要がある（B）には「部分使用」「部分引渡し」の条項（24条・25条）があるが、（A）にはない
14条	瑕疵担保責任 　保証期間：構造躯体5年 　防水・雨漏れ5年 　構造躯体以外の仕上設備等1年 　設備についてはメーカーの保証による	27条	瑕疵の担保 　木造：1年 　金属造、コンクリート造等：2年 　ただし乙の故意または重大な過失の場合は1年を5年、2年を10年とする 　設備機器・室内装飾・家具は引渡しのときに検査し、修補または取替えを求めなければ乙は責を負わない 　ただし隠れた瑕疵については引渡し日から1年とする	品確法94条1項により、構造躯体、雨漏れとも10年となっている
15〜18条	省略		省略	

第1章　総　論

19条	甲の中止権・解除権 ・甲の必要による場合 ……乙は受領済みの 代金を返還しない。 乙に損害がある場 合、甲は賠償する	31条	甲の中止権・解除権 ・甲の必要による場合 ……乙に損害がある 場合、甲は賠償する	（A）が受領済み の代金を返還しな いのは不合理（例 えば着工前に解除 する場合など）
	・乙に次の責がある場 合解除できる 工事未着手 工事の著しい遅れ 甲が工事の出来高部 分、工事材料を引き 受け、精算する		・乙に次の責がある場 合解除できる 工事未着手 工事の著しい遅れ 一括下請けや図面に 適合しない施工をし た場合等 甲は乙に損害の賠償 を請求できる	また、（A）は乙に 責任がある場合 に、甲が引き受け る工事材料が検査 済のものに限定さ れていない 甲が解除した場合 に乙に損害賠償を 請求できることが 明記されていない 乙が一括下請をし た場合に甲が契約 を解除できない 図面に適合しない 施工がなされた場 合が、解除理由と して明記されてい ないなどの点で、 乙に有利な条項と なっている
20条	乙の中止権・解除権 ・甲に次の責がある場 合工事を中止でき、	32条	乙の中止権・解除権 ・甲に次の責がある場 合工事を中止できる	（A）は乙に有利 な条項となってい る

工期を延長できる 代金支払いの遅滞 請負代金変更に応じない場合 用地が使えない場合 乙は請負代金を請求できる		代金支払いの遅滞 請負代金変更協議に応じない場合 用地が使えない場合 など 乙は甲に損害賠償を請求できる	請負代金を請求できるとすると過大な請求になる恐れがある
・甲に次の責がある場合契約を解除できる 甲の責で工事遅延・中止期間が工期の1/4以上または1か月以上になったとき 甲と連絡が取れなくなったとき　など 乙は請負代金を請求できる 乙が契約を解除したときは甲が出来高部分と材料を引き受け、協議の上精算する 乙に損害が出た場合は甲に賠償を求めることができる 乙が未着手の場合は、乙は受領済みの代金を返還しない 損害額が受領済みの金額を超えたときは超えた額を請求できる		・甲に次の責がある場合契約を解除できる 甲の責で工事遅延・中止期間が工期の1/4以上または2か月以上になったとき 甲が工事を著しく減少したため、請負代金が2/3以上減少したとき　など 乙は甲に損害賠償を請求できる	（A）は乙に有利な条項となっている 請負代金を請求できるとすると過大な請求になる恐れがある
	33条	解除に伴う措置 乙が契約を解除したとき、甲が出来高部分と検査済みの材料を引き受ける、協議の上精算する 31条によって契約解除し、精算の結果過払いがある場合、乙は過払い額に利子をつけて返還する	検査済みかどうかで大きな違いがでる

21〜24条	省略		省略	
25条	施工の委託 　一部またはすべてを指定業者に委託することができる	5条	一括下請負、一括委任の禁止 　予め甲の書面による承諾を得なければ、工事の全部または主たる部分、または他の部分から独立して機能を発揮する工作物の工事を一括して第三者に請負わせてはならない	建設業法22条（一括下請負の禁止）に関して、(A) はこの約款が「予め甲の書面による承諾」に当たるため巧妙に逃れているといえる 第三者に一括で丸投げして、現場管理をしないということが危惧される 監理者（管理者とは別です。）も兼ねるのだから、きちんと工事を見てもらわないとならない
26条	以下省略		以下省略	

3　具体的な違い

　某ハウスメーカーの契約書と民間連合協定の契約約款には、多くの箇所で違いがあることが分かります。もう少し具体的に見てみましょう。

　例えば、工事請負契約をして着工直後に、発注者（甲）にどうしよ

第 1 章　総　論

うもない事情ができ、工事を中止せざるを得なくなった場合を考えて
みます。某ハウスメーカーの契約書19条で甲の中止権は保証されてい
ます。しかし、契約書の同じ項目では、受領済みの代金は返還しない
となっています。着工時に例えば契約金額の3分の1を支払う場合が多
いと思いますが、ほとんど工事をしなくてもそのお金は戻ってこない
ことになります。それに対して民間連合協定工事請負契約約款の約款
31条では、「乙に損害がある場合、甲は賠償する」となっています。建
設会社では契約後直ちに材料を発注して工事の準備を進めます。それ
に要した費用は甲が賠償するということですから、実質的にかかった
費用だけを賠償するという規定になっています。

　また、某ハウスメーカーの契約書5条には、代金の完済までは所有権
は施工者（乙）が有するという規定があります。これに対し、民間連
合協定工事請負契約約款には所有権の帰属についての特別の規定はあ
りません（かつての「四会請負契約標準約款」29条1項に「契約を解除
したときは出来高部分は注文者の所有とし」という規定がありました
が）。

　所有権の帰属について、従来の通説（我妻栄『債権各論中巻二』616頁（岩
波書店、1962）等）は、①注文者が材料の全部または主要部分を供給する
場合（請負人が調達する場合でも注文者が着工前にその代金を交付す
るときは、注文者が供給したと同視すべきである。）には、完成した物
の所有権は常に原始的に注文者に帰属し、②請負人が材料の全部また
は主要部分を調達する場合には、原則として、請負人の所有に帰属し、
引渡しによって注文者の所有に移る、③注文者に原始取得させる旨の
特約がある場合にはそれに従う、④請負代金の全額を完成前に支払っ
た場合には、かような特約があるものと推定されるとし、判例・裁判
例のほとんどは、従来の通説の見解を踏襲しているとされています（坂
田千絵「建築建物・出来形の所有権の帰属」塩崎勤＝安藤一郎編『新・裁判実務大

系　建築関係訴訟法』128頁以下（青林書院、1999）参照）。これに対し、「建物建築請負においては、請負人が材料を供給する場合にも、完成した建物の所有権が請負人にいったん帰属することはなく、たとえば請負人においてその保存登記をしてもなんら効力を生じないと解するのが、当事者の通常の意思に合するであろう」（広中俊雄『債権各論講義第六版』267頁（有斐閣、1994））とする学説が有力に主張されています。また、最高裁昭和46年3月5日判決（判時628・48）は、土地付分譲住宅6棟の工事代金支払のため手形を振り出し、振出しと同時に請負人から建築確認通知書を受け取り、完成前から購入希望者を募り、内3棟につき完成次第引渡しを受け、分譲を受けた者らを入居させた事例について「建築確認通知書の交付にあたり、本件各建物を含む6棟の建物につき完成と同時に注文者に所有権を帰属させる旨の合意がなされたものと認められ、したがって、本件建物はその完成と同時に注文者の所有に帰したものである」としています。

　某ハウスメーカーの契約書5条が、注文者が材料を供給する場合にも適用されるとすればその規定の効力が問題となりますし、上記有力説、最近の判例によれば、請負人が材料を供給する場合でも注文者に原始的に所有権が帰属するもしくは代金の支払がなくても建物完成と同時に注文者に所有権が帰属するとする黙示の意思（特約）の存在が認められる余地がある場合にもそれが全く認められないという制約を受けることになりますから、完済までは引き渡さないというのは、所有権を担保にした支払の強制とも解されかねない疑いがあります。また、某ハウスメーカーの契約書25条のように、建設業法22条（一括下請負の禁止）の趣旨を骨抜きにしかねない条項も入っています。

　このように比較してみると、某ハウスメーカーの契約書・約款がいかにメーカーに都合よく作られているかがわかります。

第1章　総　論

アドバイス

　工事請負契約書に添付される約款には重要な事項や細目が表示されています。工事請負契約書と約款をセットで契約を行うことが大切です。建設会社の持ってきた契約書で契約するのではなく、公正な契約書を使用するように要望すべきです。

　よく使われる工事請負契約書には、民間（旧四会）連合協定工事請負契約約款があります。上のようにこの契約約款との比較を行うだけでも、その契約書が公正かどうかを判断する基準となります。これを基に必要事項の追記や、不要事項の削除を要望することもできると思います。

　この民間連合協定工事請負契約約款は、まだ消費者よりも建設会社に有利な内容になっているという判断で、日本弁護士連合会の消費者問題対策委員会が、消費者のために家づくりモデル約款を作成しています。これも、参考にするとよいと思います。

2 建売住宅購入の注意点

相談内容

新築の建売住宅を購入しようと考えています。どのようなところに注意したらよいでしょうか。

回答

1 分かりにくい瑕疵

建売住宅はでき上がった建築物を売買契約で購入するもので、それ以前の経過はわかりにくいものです。もちろん、新築のときから、目に見えるような不具合箇所があれば、それは欠陥である可能性が高いといえます。問題は、住んでみて初めてわかる不具合や、使っているうちに出てくる不具合です。それをでき上がったときに判別するというのは、建築のプロでも難しいことです。

2 売主に要望する資料

建売住宅については、次の資料を売主に要求して、それをもとに判断するとよいでしょう。

(1) 確認申請書・確認済証

これらは建築をするには必ず必要になります。確認申請書と現物が違うときは違反建築の可能性があります。その場合、将来、増改築をしたり、売買したりする際に不利になりますので注意が必要です。

第1章　総　論　　39

　木造3階建てなど、構造計算が必要な建物では確認申請書に構造計算書が添付されているはずです。それも確かめる必要があります。

　(2)　検査済証

　建築物が確認申請どおりにでき上がっているかを検査し、合格すると発行されるものです。もし、検査済証がない場合は何らかの違反が行われている可能性があります。どうしてないのかを、売主に確認する必要があります。

　(3)　地盤調査報告書

　地盤があまり良くない場所では、地盤調査によって地質を調べ、最適な基礎にすることが必要です。そのための判断材料となる資料です。比較的良好な地盤に高さの低い建物を建てるときには、地盤調査を行わずに設計することもありますので、必ず必要というわけではありません。

　(4)　実施設計図

　実際に建物を建てるために作成される図面です。確認申請図は建築基準法に合致していることを示す図面ですので、工事を行う図面としては不十分です。しかし、現実には建売住宅の場合、実施設計図として詳細な図面を作らず、確認申請の図面だけで工事が行われている場合が多々あります。

3　自分で調べる資料

　売主に請求する資料の他に、自分で調べることも必要です。調査事項としては次のものがあります。

　(1)　付近の住環境、公共施設、交通の便など

　現地に行って確認することが基本となります。晴れている日中だけ

でなく、雨の日や夜間にも現地に行ってみることをお勧めします。

(2) 土地の履歴

その土地が以前はどういう地形だったかを調べます。以前、田んぼや沼だったところを埋め立てている敷地は要注意です。また、丘陵地を造成している場合も、その敷地が切土なのか、盛土なのか、あるいはその境目なのかによって土地の安全性は大きく差がでます。

調べ方は、役所や図書館に行くと昔の地図を見ることができる場合があります。国土地理院発行の地図で大まかなことはわかります。2,500分の1の都市計画図が入手できれば、土地の履歴を見ることができます。また、地名が「沼」とか「沢」など水に関係する名前の場合、その場所が低湿地だった可能性があります。

(3) 災害危険度

水害の起こりやすさや地震の時の揺れやすさなどです。最近、役所では水害ハザードマップや地震の揺れやすさを表した地図を発行しているところがあります。そういう情報を集めるとよいでしょう。例えば、水害の危険があるところで、地下室や半地下の駐車場を作ることは大変に危険です。

(4) 付近の地盤データ

役所では、これまでに提出された地盤調査のデータを一覧にして、誰でもが閲覧ができるようにしています。上記の地盤調査報告書と比較したり、あるいは報告書がない場合、このデータを見ることによって、ある程度の判断ができます。

4 現地で確認すること

前記の資料を入手できたら、それを元に現地で建物がどのように作

第1章 総 論

られているかを見ることになります。

まずは、確認申請書どおりに建物ができているかを見ます。

次に地盤が良いかどうかを資料によって確認します。地盤があまり良くない場合、基礎はどのような形で設計されているかを図面から読み取ります。良い地盤なら、木造建物の場合は布基礎で大丈夫です。しかし、それほど良い地盤でない場合はベタ基礎にするなどの配慮が必要となり、もっと軟弱な地盤では杭を打つことや地盤改良なども考えなければなりません。

地盤が良くなくて、必要な対策が行われていない場合、基礎にひび割れが出てくる場合もあります。基礎の立ち上がりのコンクリート部分をよく見て、屋外0.3mm以上、屋内0.5mm以上のひび割れが出ていないかを調べるとよいでしょう。そのようなひび割れが出ている場合、構造的な欠陥が発生している可能性もあります。専門家に調査してもらうことが必要です。

建物の内部で現れる不具合の現象としては、傾きがあります。床の傾きはボールを転がしてみればすぐにわかります。全く傾きのない床というのはほとんどありませんから、少しの傾きで必要以上に心配する必要はありません。しかし、勢いよくボールが転がるようなら、何らかの瑕疵のある可能性があります。品確法の基準では1,000分の3以上の場合は注意が必要です（平12・7・19建告1653第3(2)）。なお、傾きの計測には精密な機器が必要となります。建築士などの専門家に調査を依頼するとよいでしょう（ボールといってもいろいろありますが、ゴルフボールが転がることが目安になります。）。

もっとも、地盤や基礎、内部の詳しい所をチェックしたいという考えを持っているのであれば、工事中のチェックも必要となりますから、

建売住宅を購入するという考え方には不向きです。

5 問題があったときの対処方法

　前記2から4までの調査の結果、建物に疑問がでた場合、契約前なら契約をしなければよいでしょう。しかし、契約をしてしまった場合には、売主に対して、担保責任を追及して修補請求や損害賠償請求等をしなければならないというやっかいな事態とならざるを得ません。

　そのような事態とならなくてすむようにするためにも、調査によって疑問となったことについて、売主に対して、納得がいくまで十分に説明を求める必要があります。その説明に納得ができない場合は状況によっては、契約を解除することができたり、すでに支払った手付金の返還を請求したりすることができる場合もあります。

アドバイス

　建売住宅は、工事中に工事内容をチェックできないため、欠陥があるかどうかを判断するのは非常に難しいといえます。でき上がった建物を見るだけでなく、できる限りの資料を集め、また、現地で確認してから購入を考えるとよいでしょう。

　自分で判断できない場合は、建築士などの専門家に見てもらうことも有効な手段です。

メモ　住宅購入の基準

・不具合の規準として

　「住宅紛争処理の参考となるべき技術的基準」平成12年7月19日建設省告示1653号

第1章　総　論

・基礎の考え方の規準として

　日本建築学会「小規模建築物基礎設計の手引き」

・評価方法規準として

　「評価方法基準」平成13年8月14日国土交通省告示1347号

3 建築条件付き土地売買の注意点

相談内容

　マイホーム建築のために土地を探していたところ、「建築条件付き」と書かれている売地の広告に出会いました。「建築条件付き」の土地を購入する場合、注意すべき点があれば教えてください。

回　答

1　「建築条件付き」土地とは、一般に、土地の売買契約を締結した後の一定期間（3か月が多い）内に、売主自身または売主の指定する業者と買主との間で、売地に建築する建物の建築請負契約を結ぶことが条件となっている土地です。

　請負契約が期間内に締結されない場合は土地の売買契約も白紙撤回となり、その場合は売主が受領した金銭は名目のいかんを問わず、返還することが契約において定められることが通常です。

　建築条件付き土地売買特有のトラブルとしては、①建物建築の設計上の自由度に関するもの、②建物建築請負契約の締結時期に関するものがよく見られます。

　以下では、ご相談に対する回答として、それぞれのトラブルの発生要因とトラブル回避のための注意点を述べます。

2　建物建築の自由度に関するトラブル

　「建築条件付き」土地売買では、買主が請負契約を結ぶことができ

第1章　総　論

る工務店は限定されているのが通常であり、買主は、売主から指定された工務店以外の工務店に建築を発注することはできません。

　また、建物建築に際して、間取りや仕様について買主側の希望を自由に反映できるということはまれで、契約上、一定のプランが前提とされているなど、買主が選択できる事項や範囲に限定があることがむしろ一般的です。

　チラシ等で、「フリープラン」などといった謳い文句が述べられて、一見すると建物建築に際して買主の希望を自由に反映させられるように感じる広告もありますが、土地売買契約後によく聞いてみると、建物建築の自由度がほとんどなかったとか、買主の希望を反映させようとすると高額なオプション料金がかかることが判明したなどで、"当初の説明と違う""このような話は聞いていない"などとしてトラブルになるケースは少なくありません。

　この点、「建築条件付き」土地では、一定期間内に建築請負契約が締結されなければ土地売買契約自体も白紙撤回となるため、請負契約締結前にトラブルになった場合は、買主の金銭的損失も少なく、トラブルが尖鋭化することは少ないですが、問題は、建築請負契約が締結された後にトラブルが生じた場合です。

　この場合、買主としては、売主ないしは請負人に、消費者契約法4条1項1号の不実告知（重要事項について事実と異なることを告げること）または同条2項の不利益事実の不告知（重要事項について消費者が不利益となる事実を故意に告げなかったこと）に基づく契約取消しを主張する方策も考えられますが、現実的には、契約時の口頭のやりとりを立証できるかという問題や、消費者の希望と相違する部分がはたして「重要事項」といえるかなどのハードルがあるといえ、取消しは簡単ではないことが多いといえます。

そのため、こうしたトラブルを避けるためには、土地売買契約前かもしくは遅くとも建築請負契約締結前に、いかなる建物を建てることができるのか、予算はいくらで、変更するとどの程度追加になるのかといった、買主が持つ選択肢の詳細を詰めておくことが最大のトラブル予防・回避の方策となります。

3　建物建築請負契約の締結時期に関するトラブル

売買契約後、建物建築請負契約締結までの期間（多くの場合最大3か月）は、買主にとっては、当該期間内であれば（土地を諦めれば）金銭的に損害を被ることなく契約を白紙撤回できる余地があるということになります。

買主にとっては重要な権利であり、拙速に請負契約を締結することは避けるべきといえます。

一方で、売主側の立場からすれば、白紙撤回はできる限り避けたいと考えるのが通常であり、悪質な売主であると、土地売買契約と同時、またはわずかな期間経過後（数日後など）に、建築請負契約を締結するよう求めることがあります。

当然ですが、建物を建てようとする場合、設計上いかなる構造、間取り、仕様の建物が、どのような工事予算で建つのか等をしっかり理解・検討した上で契約をするべきことは当然であり、特に建築の素人である消費者が注文をする場合、検討のための期間は3か月でも決して長いものではないはずです。

そのため、土地売買契約と同時期の請負契約締結などは、論外といっても過言ではないのですが、売主に促されるがまま十分に検討しないうちに請負契約を結んでしまい、その後に契約された建築内容が希望とはかけ離れているなどとしてトラブルになるケースは決して珍し

第1章　総　論

くありません。

　一旦請負契約を結んだ場合、それを取り消すことは法的に容易ではないことは上述のとおりであり、そのようなトラブルを回避するためには、拙速な請負契約締結を避けることが最重要といえます。

アドバイス

　「建築条件付き」土地売買は、土地売買と建築請負契約がそれぞれ結ばれること、土地売買時に建物は存在していないことといった形式から、一見すると、自己の土地に注文住宅を新築する場合と類似するものと捉えがちですが、（業者によって程度はあるものの）実際に建てられる建物についてはかなりの制約があることが通常であり、どちらかといえば、建売住宅を購入する場合に近いものと捉えた方が実態に即しているのではないかと思われます。

　「建築条件付き」土地売買がご自分のニーズに合っているのかどうかはそういった認識で検討された方がよいのではないでしょうか。

4 工事監理契約

相談内容

　建設会社に設計施工一括で家の建設をお願いしました。しかし、適切な工事が行われているか心配です。雑誌などによると、第三者の建築士が工事監理をしてくれるというので、お願いしようと思います。それを建設会社に申し入れたら、建設会社できちんと管理するので大丈夫だと断られました。第三者にお願いすることはできないのでしょうか。

回　答

1　監理と管理

　建築工事には2つの「カンリ」があります。「監理」と「管理」です。

　監理（サラカンともいいます。）とは、建築士法2条8項でいう工事監理のことです。設計した建築士または第三者の建築士が、工事が設計図書のとおり行われているかを確認する業務です。

　一方、管理（クダカンともいいます。）とは施工者が図面に基づいて所定の品質の建物を所定の工期内につくる業務です。これは一般には施工管理と呼ばれています。建設会社では、建設業法26条において主任技術者および監理技術者を設置することが義務づけられています。この主任技術者および監理技術者が行うのが施工管理です。

　したがって、施工会社が管理するといっても、工事監理と施工管理では役割が違いますから、その違いを理解することが必要です。

第1章　総　論

2　工事監理者の役割

工事監理を行う建築士は、建築士法2条8項および18条3項・4項により業務の範囲と法的な責任が明確になっています。そして、工事監理者は工事が図面どおり行われているかを監理するので、発注者側の立場で行う仕事であるといえます。

設計施工一括の場合は、建設会社の社員または建設会社が委託した建築士が監理者となることが多いと思われます。しかしその場合、工事監理と施工管理を行う人が、同一人物または同一会社の人間となってしまいます。ここで、同じ利害関係を持つ人間が、発注者の利益のために工事監理をきちんと行うことができるかどうかが問題となります。そこでセカンドオピニオンの必要性から第三者監理ということがいわれるようになってきました。

3　第三者への工事監理の委託

確認申請書には監理者名を記載します。1つの現場に正式な工事監理者は1人です。ところが既に監理者がいる現場において、さらに第三者に監理をお願いすると、1つの現場に2人の監理者がいることになります。そうなると第三者の監理者の責任範囲が不明確になり、建設会社との間でトラブルのもとになりかねません。

第三者の建築士を正式な工事監理者に変更したい場合、発注者は新たに第三者の建築士と監理契約を締結し、責任も含めて監理の権限を委譲しなければなりません。そして、工事監理者・施工者届によってその変更を、確認申請を提出した役所または指定確認検査機関に提出する必要があります。

4　工事監理者との契約

設計施工分離で工事が行われる場合、発注者は設計監理契約と工事

第1章　総　論

請負契約を別々に締結します。工事請負契約の場合、例えば民間（旧四会）連合協定工事請負契約約款では、監理者（丙）は施主との間に監理業務を委託されていることを証するために記名捺印します。同約款1条の2gには監理者の業務が明示されています。

　設計施工一括の場合、同じ会社の人間が監理者として署名捺印する場合と、建設会社が依頼した建築士が署名捺印するケースが考えられます。どちらの場合も、契約の一部を解除することによって、監理契約だけを除外することはできます。

　なお、判例・学説は、設計契約、監理契約、設計監理契約のいずれについても請負契約説、委任（準委任）契約説、請負・委任併有の混合契約説に分かれていますが、契約解除については、請負では、発注者は、請負人が仕事を完成しない間は、いつでも損害を賠償して解除でき（民641）、委任でも、各当事者はいつでも解除できますが、現行法では当事者の一方が相手方に不利な時期に解除をしたときは、改正法では、これに加えて委任者が受任者の利益（専ら報酬を得ることによるものを除きます。）をも目的とする委任を解除したときは、やむを得ない場合は別として相手方の損害を賠償しなければならない（改正民651）とされていますので、解除の要件効果について大きな違いはないと解されます（なお、四会連合協定建築設計・監理業務委託契約約款は、「委託者は、必要があると認めるときは、受託者に書面をもって通知して、設計業務又は調査・企画業務の全部又は一部の中止を請求することができる」（同約款24条1項）、「受託者は、委託者に対し、設計業務、監理業務又は調査・企画業務について、契約が解除されるまでの間、債務の本旨に従って履行した割合に応じた業務報酬の支払を請求することができる」（同約款27条1項4号）と規定しています。）。

第1章　総　論　　51

アドバイス

　工事が適正に行われるか心配なときは、第三者に正式に工事監理を
お願いすることも重要ですが、第三者に工事監理を委託する難しさも
あります。

　もう少し簡単に、第三者に工事の監視役を頼みたい場合、正式な工
事監理ではなく建築主の検査への立会いを依頼することが考えられま
す。第三者監理ではなく、第三者検査といってもよいでしょう。この
場合、建設会社への工事の是正などの指示は、第三者が直接施工者に
指示するのではなく、発注者に内容を報告し、それをもとに発注者の
権限で行うことになります。

　なお、第三者と建設会社との間に契約上の関係はありませんので、
建設会社ではこれを拒むことはできません。

　建設会社ではこのような第三者の検査が入ることを嫌います。しか
し、欠陥を生まないためには有効な手段となると思われます。

5 設計監理契約

相談内容

自宅の新築に当たり、建築設計事務所と設計監理契約を締結して設計を進めてもらいました。実施設計が完了し、建築確認済証も取れましたので設計料の一部を支払いました。しかし、その翌日、設計事務所から監理を降りたいので設計料の精算をしてくれと言われました。どうすればよいのでしょうか。

回　答

1　設計監理業務の内容

　建築士は設計に当たり、建築主と建築設計・監理業務委託契約を交わすこととなりますが、建築士事務所の開設者は、建築設計・監理業務委託契約の締結前に建築士法で定められた重要事項の説明（1.対象となる建築物の概要、2.作成する設計図書の種類、3.工事と設計図書との照合方法、4.設計または工事監理の一部を委託する場合の計画、5.設計または工事監理に従事することとなる受託者登録の建築士事務所の建築士・建築設備士、6.報酬の額および支払の時期、7.契約の解除に関する事項）を行い、書面を交付して確認する必要があります（建士24の7、建士則22の2の2・17の38一〜六）。重要事項説明の確認が終わり建築設計・監理業務委託契約が交わされると建築主から家族構成、建物の規模、予算等を聞きながら建物の構想を練ります。それと同時に、建設地の敷地形状や面積、地質等を調査し、周辺の環境に配慮しながら具体的な設計条件をつめていきます。

　次に設計条件に基づいて、基本的な建物の構想を検討します。これ

第1章　総　論

を基本設計といいます。この段階では、何度も案を作り直し、敷地条件や建築主の希望に最も近いものを提案します。

　基本設計で、設計案ができ上がると、引き続き実施設計を行います。実施設計とは、建設会社が見積りをし、工事を行うことができる図面を作成する作業です。実施設計が固まった段階で、建築確認申請の手続をします。

　実施設計が終了すると、それをもとに建設会社が見積りを行います。見積金額が妥当であり、建設の工期等の条件が合致すると、建築主と建設会社は工事請負契約を締結し、その後、着工となります。建築士は、工事請負契約上のアドバイスを行い、工事請負契約書に、監理者として記名捺印します。

　建設工事がはじまると、建築士は工事監理者として、工事が図面どおり行われているかをチェックします。工事完成時には図面どおりに建物ができているかを検査し、その結果を建築主に報告します（建士20③、建士則17の15）。

2　業務の割合

　設計監理業務においては、設計と監理の業務の割合があります。一般には、基本設計：実施設計：監理の割合として、25％：50％：25％とする場合や、20％：50％：30％とする場合が多いと思われます。なお、平成31年1月21日国土交通省告示98号別表第13〜15においても、設計と監理の割合はおおむね70％前後：30％前後とされています。この割合や支払条件は、設計事務所によって異なりますので、契約時に明記しておいてもらうとよいでしょう。

3　契約の解除

　設計監理契約によく利用されている、四会連合協定建築設計・監理業務委託契約書（以下「四会約款」といいます。）には、委託者（建築

主)、受託者（設計者）双方に契約の解除権があることが明記されています（四会約款26「解除権の行使」、「四会連合協定建築設計・監理業務委託契約約款（小規模向け）」（以下「小規模向け約款」といいます。））。このうち、受託者側から契約を解除できる条件として、四会約款では次の項目があげられています。

① 委託者の責めに帰すべき事由により、この契約に定める協議が成立しないとき。

② 設計業務または調査・企画業務の全部または一部が中止された場合において、その中止期間が2か月を経過したとき。

③ 委託者の責めに帰すべき事由により、委託者がこの契約に違反し、受託者が相当期間を定めて催告してもその違反が是正されないとき。

④ 監理業務の段階において、受託者が委託者に対して履行期間の延長または監理業務の報酬額の変更を求めたにもかかわらず、合理的な理由なく委託者がこれに応じないとき。

⑤ 監理業務の段階において、理由のいかんを問わず、工事請負契約が解除されたとき。

⑥ 委託者が以下の一にあたるとき。

　a 役員等（委託者が個人である場合にはその者を、委託者が法人である場合にはその役員またはその支店もしくは営業所等の代表者をいいます。以下⑥において同じ。）が暴力団員による不当な行為の防止等に関する法律2条6号に規定する暴力団員（以下⑥において「暴力団員」といいます。）であると認められるとき。

　b 暴力団（暴力団員による不当な行為の防止等に関する法律2条2号に規定する暴力団をいいます。以下⑥において同じ。）または暴力団員が経営に実質的に関与していると認められるとき。

　c 役員等が暴力団または暴力団員と社会的に非難されるべき関係

第1章　総　論　　55

を有していると認められるとき。

⑦　①から⑥までのほか、委託者の責めに帰すべき事由により、この契約を維持することが相当でないと認められるとき。

　また、小規模向け約款では委託者の責めに帰すべき事由により、履行期限内に設計業務が完了しないと明らかに認められるときの他、上記③・⑥・⑦の場合に受託者から契約を解除できるとされています。

　これらの場合、受託者は、委託者に対し、設計業務または監理業務について、契約が解除されるまでの間、債務の本旨に従って履行した割合に応じた業務報酬の支払を請求することができるとなっています。(四会約款27条「解除の効果」1項4号、小規模向け約款15条1項3号)

4　問題となる解除の理由

　設計監理契約について、判例・学説は、請負契約説、委任（準委任）契約説、請負・委任併有の混合契約説に見解がわかれています。設計契約は、準委任契約に該当するか請負契約に該当するか争いがありますが、監理契約については、ほぼ準委任契約と考えられます(大森文彦＝橋本喬行＝吉野高『四会連合協定建築設計・監理業務委託契約約款の解説』92頁（大成出版、2016))。

　契約の解除については、委任では、各当事者はいつでも解除できますが、現行法では、当事者の一方が相手方に不利な時期に解除をしたとき、改正法では、これに加えて委任者が受任者の利益（専ら報酬を得ることによるものを除きます。）をも目的とする委任を解除したときは、やむを得ない事由があったときは別として相手方の損害を賠償しなければならない(改正民651)とされています（これに対し、請負では、注文者は請負人が仕事を完成しない間はいつでも損害を賠償して解除できる（民641）との規定があるのみで、請負人からの任意に基づく解除の規定は、注文者の破産の場合(民642)を除き、ありません。そ

の理由については「もし請負人の任意に基づいて解除権の行使を認め
たとするならば、これによって注文者にもたらされる実際上の不利益
や不便は甚だしいものとなり、それは単に損害賠償の手段ぐらいでは
到底これを救済する由なきこととなるためである」(幾代通＝広中俊雄編
『新版注釈民法(16)』163頁（有斐閣、1989)) とされています。)。

　このように、受託者が途中で業務を中止する場合、四会約款ないし
小規模向け約款を使用している場合には、四会約款26条「解除権の行
使」3項1号～7号までないし、小規模向け約款14条1項の事由がない限
り、受託者は、委託者に損害を賠償しなければならないことになりま
す。

　今回の相談では、設計事務所が一方的に監理を降りたいと言ってい
るようですが、それには理由があってのことだと思います。まずは解
除の理由が何であるかを聞く必要があります。それが四会約款26条3
項1号から7号までないし、小規模向け約款14条1項の解除権発生事由
に該当しない場合は、契約上の債務不履行責任に当たり、委託者に損
害が生じた場合、委託者はその損害を請求することができます（四会約
款27条2項、小規模向け約款15条2項)。

5　精算の方法

　受託者による契約解除の理由が納得でき、委託者がそれに応じる場
合には、それまでに履行した業務報酬の精算を行います（旧民648③、改
正民648③)。

〔編注〕旧民法および改正後民法648条3項は次のとおりです。
（受任者の報酬）　　　　　　　　　（受任者の報酬）
旧民法第648条　①・2　〔略〕　　改正後民法第648条　①・2　〔略〕
　3　委任が受任者の責めに　　　　3　受任者は、次に掲げる
　　帰することができない事　　　　　場合には、既にした履行

> 由によって履行の中途で終了したときは、受任者は、既にした履行の割合に応じて報酬を請求することができる。
>
> の割合に応じて報酬を請求することができる。
> 一　委任者の責めに帰することができない事由によって委任事務の履行をすることができなくなったとき。
> 二　委任が履行の中途で終了したとき。

　精算に当たっては、それまでに行った業務の成果物の提出を求めます。

　成果物には、作業の段階に応じて次のようなものがあります。

① 　基本設計……それまでに検討した図面やスケッチ、完成予想図、打合せ記録など

② 　実施設計……実施設計図、構造計算書、建築確認申請書、建築確認済証、打合せ記録など

③ 　監理………打合せ記録や現場・工場などで行った立会検査の記録など

　これらの成果物をもとに、当初予定していた作業に対して、どの程度作業が終了したかを判断します。

　前記2で述べたように、それぞれの業務は、設計監理費に対しての割合があります。今回の相談の場合で基本設計、実施設計は終了しており、監理業務は行っていないので、支払うべき業務報酬は、契約金額の70〜75％となると思います。すでに支払済みの報酬との差額が精算金額となります。

6　場合によっては損害も

　ただし、受託者が監理業務をやめた場合、委託者は工事を続行するために新たに工事監理者を任命しなければなりません。工事監理だけを別の建築士に委託する場合、通常は前記の割合よりも監理費が高くなる場合が予想されます。そうなると、委託者にとっては損害となります。その損害分を見込んで精算することも考えられます。

アドバイス

　工事監理が行われない場合の、それまでの設計業務に係る成果図書等の扱いについては、四会約款では、同約款27条「解除の効果」1項1号、2号および小規模向け約款15条「解除の効果」1項1号、2号に規定があります。

第1章　総　論　　59

6　建築確認申請

相談内容

　「建築確認」はどこに申請すればよいのでしょうか。行政と民間があると聞きましたが、どのような違いがあるのでしょうか。

回　答

1　行政と民間

　行政の建築確認は「特定行政庁」が扱います。特定行政庁とは、市や都道府県の土木事務所等出先機関にある建築指導課（役所により名称は異なります。）が窓口です。審査をする責任者（有資格者）は「建築主事」です。

　民間の「指定確認検査機関」は規制緩和の流れの中で、それまでは行政でしか行われていなかった「建築確認」を民間でも行えるように、平成11年5月施行の「建築確認・検査業務の民間開放」として誕生しました（建基6の2）。財団法人や株式会社が指定されています。

　この場合の審査をする責任者（有資格者）を「確認検査員」と呼びます（建基77の24）。

2　どこに申請するか

　民間開放前は申請窓口は自動的に決まりました。しかし、民間も参入した現在は確認検査機関を選択することができるようになりました。一般的には代理者（申請業務を代行する設計事務所や工務店、ゼネコンの建築士）の都合で決められることが多いようです。しかし、

申請費用は建築主の負担であり、なおかつ申請先によって費用も異なりますから、建築主の了解を得て決めます。建築主は委任状をもって代理者に申請手続を委任します。

注文住宅は個人が建築主ですが、分譲住宅はディベロッパー、売主会社（の経営者）が建築主になります。代理者（多くは設計担当者）から設計図や提出書類の説明を受けた上、建築主が書類に捺印して、確認申請が出されます。

審査に合格すると、特定行政庁または指定確認検査機関から確認済証（建築確認が下りたことを証する書類。建築主事または確認検査員から、建築主に対して交付する書類）が交付されます。

着工後は、中間検査（規模や構造などによって必要な場合）を経て、工事完了検査に合格すると、検査済証が交付され、建物の使用開始が可能になります。

役所の検査は法的な部分しか検査しませんから、それとは別に建築主としての完了検査をします。不具合がなければ、建築主、設計者、施工者などの立会いのもと建物引渡しを行います。その際は鍵とともに、各種引渡書類を施工者側から受け取ります。これと引換えに工事代金の残額を支払うことになります。

工事が終わると、工事監理者は「工事監理報告書」を建築主あてに提出することが義務づけられています。履行されていないケースも多いので注意を要します。

建売住宅や分譲マンションの場合は、前記の流れは同じですが、売主（ディベロッパーなど）が建築主になりますから、売主があらかじめ建築確認をとり、工事完了検査を受けてのち購入者に引き渡されます。建売住宅業者の一部には、申請内容と完成した建物が違っているため（例えば、2階建てで建築確認を取得して、3階建てに建築するなど）、完了検査を受けず、買主にばれないように検査済証を出さないケ

ースがありますので注意を要します。

3 建築地と申請先機関

　〇〇県××市に建築する場合、行政なら建築地の特定行政庁、つまり××市の建築指導課（別の名前の場合もある）か、〇〇県の出先機関に出すことが自動的に決まります。どちらに出すかは市役所の建築課などでわかります。

　「指定確認検査機関」を選ぶ場合、全国規模の検査機関なら大阪に建てる建築の申請を東京の窓口で出せるという便利さがあります。ただし機関によっては特定の地域の業務しか行わないところもあります。

　ハウスメーカー、ゼネコン（総合建設業）などは、資本系列の確認検査機関に申請することが多いようです。

　また、品確法5条に基づく「住宅性能評価」を受ける場合には、「登録住宅性能評価機関」の指定を受けた機関に申請することになります。民間の確認検査機関は、「登録住宅性能評価機関」の指定も受けているところが多いので、建築確認と一緒に同じ機関に提出しているようです。

4 申請費用の違い

　特定行政庁と比べて、民間の指定確認検査機関は申請費用が高く設定されています。行政は税金でまかなわれているので安くなっています。とはいえ、指定確認検査機関（財団法人もある）の間でも料金の設定は異なります。

　平成17年11月に公になった「耐震偽装事件」を契機に改正された建築基準法が施行された平成19年6月20日以降は、構造別に定められた一定規模以上の建築は「構造計算適合性判定」（通称：適判）という審

査が新たに追加されました。その費用も必要となります。

アドバイス

申請費用は建築主負担ですので（領収書の宛先は建築主名）、どの機関に頼むかを前もって聞いておいてください。申請書類の説明を受け確認した上で、印は必ずご自分で押してください。

また、建売住宅の引渡しを受けるときには、「確認済証」と「検査済証」を必ずもらってください。それがない場合は、違反建築の可能性があります。トラブル相談を受ける住宅（建売住宅、建築条件付住宅）では、図面だけでなく、確認申請関係書類がないことは珍しくありません。

住宅性能表示制度の性能評価を受けている場合は、「設計住宅性能評価書」だけでなく、「建設住宅性能評価書」も受け取ってください。

第1章 総論

■ 確認申請書

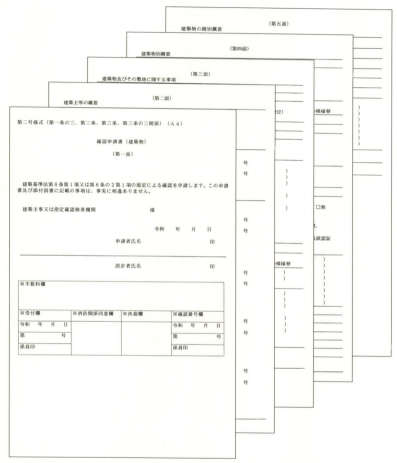

(第二面) 建築主等の概要：建築主・代理者・設計者の住所・氏名など
(第三面) 建築物及びその敷地に関する事項：地名地番、住居表示、用途地域、道路、敷地面積、建物用途、建築面積、延面積など
(第四面) 建築物別概要：用途、工事種別、構造、階数、高さ、建築設備の種類、床面積、屋根、外壁の仕上など
(第五面) 建築物の階別概要：階の高さ、居室の天井高さ、用途別床面積など

■ 確認済証

第五号様式（第二条、第二条の二、第三条関係）（A4）

建築基準法第6条第1項の規定による
確認済証

第　　　　　号
令和　　年　月　　日

建築主、設置者又は築造主　　　　　　様

建築主事　　　　　印

　下記による確認申請書に記載の計画は、建築基準法第6条第1項（建築基準法第6条の4第1項の規定により読み替えて適用される同法第6条第1項）の建築基準関係規定に適合していることを証明する。

　なお、当該計画が同法第6条の3第1項ただし書に規定する特定構造計算基準又は特定増改築構造計算基準に適合するかどうかの審査を同項ただし書に規定する建築主事が行ったものである。

記

1．申請年月日　　　　　　　　令和　　年　　月　　　日

2．建築場所、設置場所又は築造場所

3．建築物、建築設備若しくは工作物又はその部分の概要

4．適合判定通知書の番号

5．適合判定通知書の交付年月日

6．適合判定通知書の交付者

　（注意）この証は、大切に保存しておいてください。
注　不要な文字は、抹消してください。

第1章　総　論

■　中間検査合格証

第四十二号の十九様式（第八条の二関係（A4））

建築基準法第18条第21項の規定による
中間検査合格証

第　　　　　　　　　　号
令和　　年　　月　　日

建築主、設置者又は築造主　　　　　　　　様

建築主事等職氏名　　　　　　　印

　下記による特定工程に係る工事は、建築基準法第18条第21項（同法第87条の4又は第88条第1項において準用する場合を含む。）の規定による検査の結果、同法第6条第1項（同法第6条の4第1項の規定により読み替えて適用される同法第6条第1項）の建築基準関係規定に適合していることを証明する。

記

1．確認済証番号　　　　　　　第　　　　　　　号

2．確認済証交付年月日　　　　令和　　年　　月　　日

3．確認済証交付者

4．建築場所、設置場所又は築造場所

5．建築物、建築設備若しくは工作物又はその部分の概要

6．特定工程

7．検査年月日　　　　　　　　令和　　年　　月　　日

8．委任した建築主事氏名　　　　　　　　　　印

9．検査対象に関する特記事項

（注意）この証は、大切に保存しておいてください。

第1章　総　論

■　検査済証

第四十二号の十六様式（第八条の二関係）（A4）

建築基準法第18条第18項の規定による
検査済証

第　　　　号
令和　年　月　日

建築主、設置者又は築造主　　　　　　　様
建築主事等職氏名　　　　　　　　印

　下記に係る工事は、建築基準法第18条第17項（同法第87条の4又は第88条第1項若しくは第2項において準用する場合を含む。）の規定による検査の結果、同法第18条第3項（同法第6条の4第1項の規定により読み替えて適用される同法第6条第1項）の建築基準関係規定に適合していることを証明する。

記

1．確認済証番号　　　　　　　第　　　　号

2．確認済証交付年月日　　　令和　年　月　日

3．建築場所、設置場所又は築造場所

4．検査を行つた建築物、建築設備若しくは工作物又はその部分の概要

5．検査年月日　　　　　　　令和　年　月　日

6．委任した建築主事氏名　　　　　　　印

（注意）この証は、大切に保存しておいてください。

第1章 総論

■ 設計住宅性能評価書

住宅の品質確保の促進等に関する法律　第5条第1項に基づく

設計住宅性能評価書

一戸建ての住宅（新築住宅）

下記の住宅に関して評価方法基準（平成13年8月14日　国土交通省告示第1347号（最終改正　平成30年3月26日　国土交通省告示第490号））に基づき評価を行った結果について、次の通り相違ないことを証します。

（上記は評価方法基準に基づいて評価を行った結果であり、時間経過による変化がないことを保証するものではありません。）

記

1　申請者：

2　建築主：
　　　　　　　　　　　　　　　　　連絡先：
3　設計者：
　　　　　　　　　　　　　　　　　連絡先：
4　住宅の名称：
5　住宅の所在地：

評価書交付年月日	令和　年　月　日	評価書交付番号	
登録住宅性能評価機関名			
機関登録番号		国土交通大臣	
評　価　員　氏　名			

第1章 総論

■ 建設住宅性能評価書

住宅の品質確保の促進等に関する法律　第5条第1項に基づく

建設住宅性能評価書

一戸建ての住宅（新築住宅）

下記の住宅に関して評価方法基準（平成13年8月14日　国土交通省告示第1347号（最終改正　平成30年3月26日　国土交通省告示第490号））に基づき評価を行った結果について、次の通り相違ないことを証します。

（上記は評価方法基準に基づいて評価を行った結果であり、時間経過による変化がないことを保証するものではありません。）

記

1　申請者：

2　建築主：
　　　　　　　　　　　　　　連絡先：

3　設計者：
　　　　　　　　　　　　　　連絡先：

4　工事施工者：
　　　　　　　　　　　　　　連絡先：

5　工事監理者：
　　　　　　　　　　　　　　連絡先：

6　住宅の名称：
7　住宅の所在地：

評価書交付年月日	令和　年　月　日	評価書交付番号	
登録住宅性能評価機関名			
機関登録番号		国土交通大臣	
評　価　員　氏　名			

第1章　総　論　　69

7　増改築の建築確認申請

相談内容

　リフォーム施工業者は、リフォームの場合は確認申請がいらないと言っていますが、本当にいらないのですか。

回　答

1　住宅のリフォームとは

　「リフォーム」とは、居住している住宅の改装工事等をいいますが、建築基準法（以下「建基」といいます。）に関わるリフォームは「建築物を増築、改築、修繕または模様替すること」です。壁紙やキッチンの交換などは建築基準法にかかわらないリフォームです。

　「建築物」とは、「土地に定着する工作物のうち、屋根及び柱若しくは壁を有するもの、これに附属する門若しくは塀、観覧のための工作物又は地下若しくは高架の工作物内に設ける事務所、店舗、興行場、倉庫その他これらに類する施設」をいい「建築設備を含む」ものです（建基2一）。

　「増築」とは、一の敷地内にある既存の建築物の延べ面積を増加させること（床面積を追加すること）をいいます。

　「改築」とは、建築物の全部または一部を除却し、またはこれらの部分が災害等によって滅失した後、引き続いて、これと用途、規模および構造の著しく異ならないものを造ることをいい、増築、大規模の修繕等に該当しないものをいいます（逐条解説建築基準法編集委員会編著『逐条解説建築基準法』8頁（ぎょうせい、第5版、2015））。

　「修繕」とは、既存の建築物の部分に対して、おおむね同様の形状、

70 第1章 総論

寸法、材料により行われる工事をいいます。

「模様替」とは、おおむね同様の形式、寸法によるが、材料、構造種別等は異なるような既存の建築物の部分に対する工事をいいます。例えば、木造の柱を鉄骨造の柱とし、土塗りの壁をコンクリートブロック造の壁とし、茅葺の屋根を亜鉛鉄板板葺きの屋根とする棟の工事は模様替に該当します（前掲書9頁）。

2 建築確認申請が必要な場合

建基6条1項1号の建築物は、特殊建築物（学校、病院、劇場、百貨店、旅館、共同住宅、倉庫等）で、その用途に供する部分の床面積の合計が200m²を超えるもの、建基6条1項2号の建築物は、木造の建築物で3以上の階数を有し、または延べ面積が500m²、高さが13mもしくは軒の高さが9mを超えるもの、建基6条1項3号の建築物は、木造以外の建築物で2以上の階数を有し、または延べ面積が200m²を超えるもの、建基6条1項4号の建築物（いわゆる「4号建築物」）は、建基6条1項1号から3号以外の建築物で、都市計画区域・準都市計画区域もしくは景観法の準景観地区内または都道府県知事が関係市町村の意見を聴いてその区域の全部もしくは一部について指定する区域内におけるもの、をいいます。

そして、建基6条1項は、建基6条1項1号から3号の建築物を「建築」（「建築物を新築し、増築し、改築し、又は移転する」こと（建基2十三）、増築しようとする場合は建築物が増築後に1号から3号の規模のものとなる場合も含まれます。）、「大規模の修繕」（「建築物の主要構造部の一種以上について行う過半の修繕」（建基2十四））もしくは「大規模の模様替」（「建築物の主要構造部の一種以上について行う過半の模様替」（建基2十五））をしようとする場合、または4号建築物を「建築」しようとする場合は、当該工事に着手する前に、その計画が建築基準関係規定等

第1章　総　論　　71

に適合するものであることについて、確認の申請書を提出して建築主
事の確認を受け、確認済証の交付を受けなければならない、と規定し
ています。

3　建築確認申請が不要な場合

　前記2のとおり、建築物の「修繕」または「模様替」の場合（4号建
築物については「大規模の修繕」または「大規模の模様替」の場合も
含みます。）には、確認申請は要しないことになりますし、都市計画区
域、準都市計画区域もしくは準景観地区内または都道府県知事が指定
する区域内における建築物以外の建築物については、特殊建築物の場
合は、その用途の床面積＞200m²（建基6①一）、木造の場合は、階数≧3
または延面積＞500m²または高さ＞13mまたは軒高＞9m（建基6①二）、
木造以外の場合は、階数≧2または延面積＞200m²（建基6①三）の「建
築」、「大規模の修繕、模様替」（建基6①）、特殊建築物への用途変更につ
いて確認申請を要するとされていますので（建基87①）、それに該当し
ない場合には確認申請を要しないことになります。

4　既存不適格建築物のリフォーム工事

　「既存不適格建築物」とは「法又はこれに基づく命令、条例の施行
又は適用前から存在している建築物でこれらの規定に適合しないも
の」（前掲書1080頁）をいいます。

　従前、増改築等を行う場合には、現行の規定に適合していない部分
についてはこれを適合するよう改修しなければならないとされていま
したが、平成17年6月施行の改正建築基準法により制限緩和の規定（建
基86の7）が設けられ、以後、平成21年、平成24年9月に改正が行われ、
現在は、既存部分の1／2を超える増改築工事等（建基6条1項1号から3
号の建築物を「建築」、「大規模の修繕」もしくは「大規模の模様替」

または4号建築物を「建築」）をしようとする場合は、建築物全体を現行の構造計算基準に適合するようにしなければならない、既存部分の1／2以下の増改築工事の場合でも既存部分も含め建築物全体として耐久性等関係規定およびこれに準ずる基準（4号建築物については、既存部分も含め建築物全体として現行の仕様規定および基礎についての補強基準）に適合するようにしなければならないとされています（建基令137の2①三イ・ロ）。

5　違反建築物

　前記から明らかなように、床面積の増加がなく「増築」に当たらない場合、「修繕」や「模様替」に当たる柱や壁などの大幅な改変を行わない一般的なリフォーム（壁紙を貼り替える、家具を造る、外壁を塗り替える、設備を交換する等）の場合には確認申請は不要です。また、建築確認を要する増改築の場合であっても、建基86条の7の要件に該当しない場合には、既存部分を現行の構造関係の規定に適合させなくてもよいとされています。

　したがって、面積の増加や大幅な改変を行うリフォームの場合には、ただ単にリフォームには確認申請が必要がないなどという施工業者に頼むのは危険ですし、既存部分についても現行の耐震基準に適合した耐震改修リフォームを依頼する場合には、信頼できる一級建築士に耐震診断をしてもらい、リフォーム工事瑕疵担保保険に加入している施工業者など信頼できる施工業者に依頼することが肝要であると考えます。

アドバイス

　建築基準法は、建築物の敷地、構造、設備および用途に関する最低

第1章　総　論　　73

限の基準を定めているものですから、屋根の葺替え・外壁塗装・室内仕上の改装・生活機器の交換・バリアフリー化工事の場合でも建築基準法の適用はあります。したがって、行政によるチェックがないリフォーム工事の場合には、現況調査、見積り、工事請負契約書や現場検査の重要性についてより一層の配慮が求められることになるといえます。

【参考文献】
○日本弁護士連合会消費者問題対策委員会編「消費者のための住宅リフォームの法律相談Ｑ＆Ａ」（民事法研究会、2015）
○犬塚浩ほか著「住宅リフォーム・トラブルの法律知識」（大成出版社、2011）
○第二東京弁護士会住宅紛争審査会運営委員会編著「改正民法・品確法対応Ｑ＆Ａ住宅紛争解決ハンドブック」（ぎょうせい、2017）

第1章　総　論

■　確認申請を要する建築物等

適用区域	用　途・構　造		規　模
全　国	Ⓐ 特殊建築物	劇場・映画館・演芸場・観覧場・公会堂・集会場	その用途の床面積＞200m²
		病院・診療所（患者の収容施設のあるもの）・ホテル・旅館・下宿・共同住宅・寄宿舎・児童福祉施設	
		学校・体育館・博物館・美術館・図書館・ボーリング場・スケート場・水泳場・スキー場・スポーツ練習場	
		百貨店・マーケット・展示場・キャバレー・カフェー・ナイトクラブ・バー・ダンスホール・遊技場・公衆浴場・待合・料理店・飲食店・物品販売業を営む店舗（床面積＞10m²）	
		倉庫	
		自動車車庫・自動車修理工場・映画スタジオ・テレビスタジオ	
	Ⓑ 木造		階数≧3または延面積＞500m²または高さ＞13mまたは軒高＞9m
	Ⓒ 木造以外		階数≧2または延面積＞200m²
都計内・準都計内・準景観内・知事の指定区域	Ⓓ　Ⓐ～Ⓒ以外の全ての建築物		規模に関係なし
全　国	建設設備	エレベーター、エスカレーターなど特定行政庁が指定するもの（屎尿浄化槽・合併処理浄化槽を除く）	
全　国	工作物	煙突　　　　　　　　　高さ＞6m 柱　　　　　　　　　　高さ＞15m 広告塔等　　　　　　　高さ＞4m 高架水槽、サイロなど　高さ＞8m 擁壁　　　　　　　　　高さ＞2m	
		観光用エレベーター・エスカレーター（一般交通用は除く） 高架の遊戯施設（ウォーターシュート・コースターの類） 原動機付回転遊戯施設（メリーゴーラウンド、飛行塔の類）	
		（用途規制が適用される指定工作物） 製造施設・貯蔵施設・自動車車庫・遊戯施設・処理場等	

注1　確認制度の合理化のため、上記Ⓐ～Ⓒのうち認定型式の材料や部分を有する建
　　　確認および中間・完了検査の対象規定から除外される（建基6の4・7の5、建基令
　2　確認期間は、建築主事が受理した日からの期限であるが、出先庁経由の場合、こ
　　　構造計算適合性判定対象建築物で合理的理由がある場合は、さらに35日間延長
　　　なお、指定確認検査機関が確認を行う場合は、この期限はない。

（出所　建築申請実務研究会編『建築申請memo2019』（新日本法規））

第1章　総　論

工事種別	確認期限	確認申請が不要なもの	関係法令
新　　築 増　　築 改　　築 移　　転 大規模の 修　　繕 大規模の 模 様 替 特殊建築 物への用 途 変 更 （建基87 ①）	35　日	(1)　防火・準防火地域外で増築・改築・ 　　移転で延面積≦10m²のもの 　　　　　（▶建基6②） (2)　災害があった場合の応急仮設建築 　　物 　　　　　（▶建基85①②） (3)　工事用仮設建築物 　　　　　（▶建基85②） (4)　国・都道府県・建築主事をおく市や 　　特別区などが建築する場合 　　　　　（▶建基18） (5)　宅地造成等規制法、都市計画法、津 　　波防災地域づくりに関する法律によ 　　る許可を要する擁壁 　　　　　（▶建基88④） (6)　本表に該当しない場合	建基6①一
			建基6①二・三
建　　築	7　日		建基6①四
設　　置	7　日	同　　　　　上	建基87の2 建基令146
築　　造	7　日		建基88① 建基令138②③
	35　日		建基88② 建基令138③・144②

築物および①のうち、建築士の設計した建築物の建築に関しては、単体規定の一部を
13の2）。
れ以外に余分の日数がかかることに注意すること
される。

第2 欠　陥

8　欠陥を生みやすい生産システム上の問題

相談内容

　工務店に設計と施工をまとめて任せようと思うのですが、設計
者や工事監理者がいるのかが心配です。どのような点に注意すれ
ばよろしいでしょうか。

回　答

　規模の大きな工務店やハウスメーカー、ゼネコン（総合建設業）の
多くは一級建築士事務所登録をしていて、設計担当者がいますが、対
外的には「設計・施工」を建前にしていても、実態は下請けの事務所
に外注していることも多くあります。その場合は、経済的に主従関係
が生じるため外注された設計者は弱い立場に立っていて、工事監理も
ほとんどされていないという実情があります（建築士法24条の3によ
り設計・工事監理業務の一括再委託が禁止されていますが、十分に徹
底されていません。）。

　また「実際には現場は見なくていいから、確認申請書類に工事監理
者として名前を載せるだけでいい」といわれて記名捺印してしまった
建築士が現場の手抜き工事を見逃したとして、設計料の何倍にもなる
賠償を命じられた実例もあります。これは名義貸しといって、建築士
法で禁止されています（建士24の2）が、まだまだ十分に理解していない
工務店が結局のところ自分が施工するのだから、工事監理は書類上だ

第1章　総　論

けでいいと済ませている場合も見受けられます。

　また、大きな会社で社内に工事監理者がいても、実態としての「工事監理」が行われていない（現場担当者まかせ、ひどい場合は下請けまかせ）こともありますから注意を要します。実態を確かめる必要があります。

　「建築確認申請書」に記載されている設計者、工事監理者（現場監督とは違う）が誰なのか、その人が事実上設計をまとめ、工事監理をするかが重要です。

　工事が完了したら、建築主宛に「工事監理報告書」を提出することが義務づけられていますが（建士20③）、大企業ですら守られていないこともあります。

　また、契約する前に設計図の内容（どんな図面を何枚描いてくれるのか）、見積書の密度（頁数や内訳が細かく明記されるのかなど）、契約書と約款はどのような書式を使うのかなど、過去の図面等を見せてもらって確認しておくことは効果的でしょう。建築士法の改正で延べ面積が300m²を超えるものについては書面による設計または工事監理契約の締結が義務づけられたため、これに準じてこれより小さな住宅でも設計監理契約を結ぶハウスメーカーなどが増えつつあるものの、「ウチは設計・施工なので設計料はお安くしておきます。」というようなセールストークがなくなった訳ではないと思われます。そういう場合は図面は数枚、見積書も数頁、契約約款も独自の自社に都合のいいものを使っていることが多いのです。無料でいいというほどの設計図しかつくらず、工事監理もしないからなのです。一般的な木造住宅でも、正しい設計・監理は少なくとも30〜40枚の図面を描き、工事中十数回は現場に赴いて工事監理をするものです。

アドバイス

　施工管理とは、いわゆる現場監督がする仕事で、品質管理、工程管理、原価管理、安全衛生管理、環境管理は施工管理者の行うべき業務です。施工管理者は建物の種類や規模によって、一級建築施工管理技士等の資格が必要になる場合もあります。

　一方、工事監理とは、本来は設計者（建築士資格者で施工者でないもの）が建築主を守る立場で行うべきもので、設計行為を補完する業務です。設計図どおりに現場がつくられているかを、設計図と照合したり、使用材料の色を選んだりするものです。設計者が建物の種類や規模によって、一級建築士等の資格が必要なことと同じく、工事監理者にも同様の資格が求められています。名義貸しで済まされるような業務ではありません。

　気をつけていただきたいのは、ハウスメーカー、ゼネコン（総合建設業）などが社員に工事監理をさせる場合でも、同様な資格と業務が求められていることです。

　いずれにしても、設計者と工事監理者に直接会って、所属がどこなのかなど話を聞いてみるのがよいと思います。

第1章　総　論

第3　工　法

9　工法のいろいろ

相談内容

住宅を建てたいと考えています。本や雑誌、工務店やハウスメーカーなどのＣＭなどを見てもいろいろな工法があって、どれがよいかわかりません。どういう風に考えて構造を選んだらよいでしょうか。

回　答

1　構造材料の違いによる分類

確かに、建築の工法にはたくさんの種類があり、なかなかわかりにくいと思います。いくつかの分類の仕方がありますので、主に住宅に絞って解説します。

まず、構造材料の違いによる分類があります。

代表的なものでは木材、金属、鉄筋コンクリートの3つに分けられます。金属とは一般的には鉄を表しますが、最近ではアルミニウムやステンレスなども構造材として利用できるようになりました。

構造材料による分類	木材	
	金属	鉄
		アルミやステンレスなど
	鉄筋コンクリート	

2 構造材料の架構方法による分類

次に構造材料の架構方法による分類があります。柱や梁などの線状の構造材で支える工法と、壁や床などの面状の構造材で支える工法です。これらは前記の材料ごとにも分類されます。

また、線状の構造材で支える場合、それらの接合部の構造形式には剛接合とピン接合があります。ほとんどの木造軸組工法はピン接合で、鉄筋コンクリート造の場合は剛接合となります。金属造の場合は両方の形式があります。剛接合とはラーメン構造ともいいますが、柱と梁の接合部が動かないように固定されている工法です。それに対してピン接合とは接合部は回転できます。柱や梁の接合部の構造形式がピン接合である場合には、架構の水平方向の変位を抑えるために筋かいや面状の構造材などを入れる必要があります。

	構造材料の扱い方による分類		
	線状の構造材		面状の構造材
木造	軸組工法 （在来工法）	ピン接合	枠組工法 （ツーバイフォーなど）
金属造	軸組工法	剛接合	枠組工法
		ピン接合	
鉄筋コンクリート造	軸組工法	剛接合	壁式工法

3 耐震技術による分類

次に耐震技術についての分類があります。これには耐震構造、制震構造、免震構造の3つがあります。ハウスメーカーなどがしきりに宣伝しているので、言葉は聞いたことがあるのではないでしょうか。

第1章　総　論　　81

耐震技術による分類	
耐震構造	建物が地震のエネルギーで破壊されないように強くつくる工法
制震構造	建物が地震で揺れる時に、そのエネルギーを制震部材に集中させて、本体の構造材への影響を少なくする工法
免震構造	建物と基礎の間に免震装置を入れて、地震の振動が直接構造体に伝わりにくくする工法

4　木造住宅に絞ると

　木造住宅に絞ってもう少し詳しく説明をすると、木造住宅には柱と梁で支える在来工法と、壁と床で支える枠組工法があります。在来工法は材料の接合部がピン構造になっているので、耐震性を確保するために、筋かいやパネルで補強した壁をバランスよく配置します。また、接合部の補強のために様々な役割を持った金物を入れます。

　筋かいやパネルで壁をつくると建物全体は固くなり、ある程度の地震に対しても頑丈なつくりになります。また、接合部に金物を入れると揺れに対して粘り強い建物になります。これが耐震構造です。枠組み工法は全体が壁で構成されているので、地震には強いといわれています。

　耐震構造がいわば力づくで地震に耐える構造であるのに対して、地震の力を柔らかく受け止め、吸収するのが制震構造です。制震構造部材は各メーカーが様々なものを開発しています。

　一方、地震の揺れ自体が建物に伝わりにくくするように、基礎と建物の間にゴムやローラーなどを設置するのが免震構造です。これも各

メーカーが様々なものを開発しています。

5　工法を選ぶポイント

　さて、様々な構造材料と構造形式、耐震技術の中から、どれを選べばよいかについてはいろいろな判断基準がありますので、なかなか一概にはいえません。しかし、一般的には次のように考えることができます。

　(1)　価格による選択

　一般的なつくり方をすると、工事費は木造＜鉄骨造＜鉄筋コンクリート造の順番に高くなるといわれています。これは構造材の値段の差もありますが、木造に比べて鉄骨造や鉄筋コンクリート造は建物の重量が重くなり、その分基礎構造も大がかりになることも影響します。

　また、前記の耐震技術による分類では、一般構造に較べて制震構造や免震構造は高価格となる場合が多いと思われます。

　(2)　階数による選択

　通常、木造は3階までとなります。4階を超える場合は鉄骨造か鉄筋コンクリート造となります。

　(3)　防災性による選択

　火災に対する耐火性は、木造よりも鉄骨造、鉄骨造よりも鉄筋コンクリート造の方が優れているといわれています。最近では、木造の防耐火技術が確立され、木造でも耐火建築物や準耐火建築物が建設できるようになってきました。また、地震に対しては、耐震構造では地震で建物が壊れなくても中の家具が転倒する恐れがあります。それに対して免震構造は揺れ自体を小さくしますので、室内に置かれた家具の転倒も起こりにくくなるといわれています。

第1章 総 論

> **アドバイス**

　工法を選ぶとは、どのような家に住みたいか、どのような暮らしがしたいかという質問への答えを考えることと同じです。

　選定のポイントであげた項目は、そのまま、何を優先するかという質問でもあります。まずは価格を優先せざるを得ない場合もあるでしょうし、何より安全性を優先される方もいるでしょう。

　それらを総合的に考えて、工法を選ぶとよいと思います。

第4 性　能

10　建物の性能

相談内容

　「通常有すべき性能」という概念が使われますが、建物の性能について「技術的な性能」とはどのようなもので、また「空間的性能」とはどのようなものを意味するのでしょうか。

回　答

　住み心地が良く、安心して快適に暮らせ、地震や火災、暴風雨に耐えるとともに、有事には避難が容易で、耐久性が十分であることなどが、建物に要求される性能です。建物の性能を、①客観的な概念である「技術的性能」と②相対的主観的要素を含む総合的概念である「空間的性能」という分類に分けて以下にお答えします。

1　技術的性能

　技術的性能は(1)安全性、(2)快適性、(3)耐久性に関するものに分けられます。これらについて「住宅性能表示制度」にあるものを挙げてみますと、①構造の安定に関すること（地震や風に対する建物全体の強さ）、②火災時の安全に関すること（火災の早期発見のしやすさや建物の燃えにくさ）、③劣化の軽減に関すること（建物の劣化のしにくさ）、④維持管理・更新への配慮に関すること（配管の点検・清掃・補修のしやすさ）、⑤温熱環境・エネルギー消費量に関すること（暖冷房

第1章 総 論

時の省エネルギーの程度）、⑥空気環境に関すること（ホルムアルデヒド対策としての建材、換気の基準）、⑦光・視環境に関すること（日照や採光を得る開口部面積の多さ）、⑧音環境に関すること（居室のドア・サッシの遮音性能や共同住宅の上下階の床、界壁の音の伝わりにくさ）、⑨高齢者等への配慮に関すること（バリアフリーの程度）、⑩防犯に関すること（外部開口部からの浸入防止対策）など現在10項目の基準が等級ごとに規定されています（平13・8・14国交告1346別表1）。

（1） 安全性

建物の安全性については、次の3つの側面からのとらえ方があります。

ア 第1の安全性は、地震、火災、風、雨、積雪などに対する建物の抵抗力です。また、これらに対して有効に避難しうる機能もここに加えられます（前記「住宅性能表示制度」の①構造の安定、②火災時の安全に関することなど）。

イ 第2の安全性は、毎日の生活をおくる上での日常の安全性があげられます。敷地や建物の電気および給排水ガス衛生設備の安全性、高齢者や幼児の転倒や滑り防止、指挟み防止、プライバシーの確保とセキュリティー（防犯）などがあります（前記「住宅性能表示制度」の⑨高齢者への配慮、⑩防犯に関することなど）。

ウ 第3の安全性は、シックハウス（有害物質）対応など、人に対する生物学的安全性です（前記「住宅性能表示制度」の⑥空気環境に関することなど）。

（ア） 第1の安全性は「構造安定性」、「避難安全性」などで、以下のような性能があります。

＜耐震性能＞

地震力に対する建物の統計確率的に設定された震度に対する損傷、または倒壊崩壊のしにくさ。

＜耐風雪性能＞

風圧力に対する倒壊・損傷のしにくさ。積雪荷重に対する倒壊・損傷のしにくさ。

＜耐火、防火性能＞

建築基準法による耐火構造とは「壁、柱、床その他の建築物の部分の構造のうち、耐火性能（通常の火災が終了するまでの間当該火災による建築物の倒壊及び延焼を防止するために当該建築物の部分に必要とされる性能をいう。）に関して政令で定める技術的基準に適合する鉄筋コンクリート造、レンガ造その他の構造で、国土交通大臣が定めた構造方法を用いるもの又は国土交通大臣の認定を受けたものをいう。」（建基2七、建基令107）とあります。基本的に、火災時の火熱により建物の荷重を支える部分が崩壊せず、形状を保持する性能（倒壊の防止）と、屋内から屋内の他の部分、屋内から屋外へ、また屋外から屋内への延焼を防止するための必要部位の性能（延焼の防止）からなり、これに防火区画や構造材、仕上材の不燃性、延焼の恐れのある部分の開口部の防火性能などが連携して耐火建築物としての性能を発揮するしくみです。

また、準耐火構造は「壁、柱、床その他の建築物の部分の構造のうち、準耐火性能（通常の火災による延焼を抑制するために当該建築物の部分に必要とされる性能をいう。…）に関して政令で定める技術的基準に適合するもので、国土交通大臣が定めた…又は国土交通大臣の認定を受けたものをいう。」（建基2七の二、建基令107の2）とされ、主要構造部が準耐火構造またはそれと同等の準耐火性能を有するもので、外壁の開口部で延焼のおそれがある部分に防火設備を有する建築物が準耐火建築物です。

さらに防火構造とは「建築物の外壁又は軒裏の構造のうち、防火性能（建築物の周囲において発生する通常の火災による延焼を抑制する

ために当該外壁又は軒裏に必要とされる性能をいう。）に関して、政令で定める技術的基準に適合する鉄網モルタル塗、しっくい塗その他の構造で、国土交通大臣が定めた構造方法を用いるもの又は国土交通大臣の認定を受けたものをいう。」（建基2八、建基令108）とされます。建築物としての火災に対するグレードとしては、グレードの高い順に、耐火建築物、準耐火建築物、防火構造（木造建築物）、その他があります。

＜避難安全性および消火性能＞

　共同住宅や不特定多数の人が使用する用途の建物では、主として火災時における避難のために、居室の排煙、内装制限や居室の各部分からの二方向避難の原則を考慮した階段などの避難施設の数、そこに至る避難距離や階段の避難施設としての性能のグレード、防火区画の性能や廊下の巾、主要な出入口の巾など様々な規定を定めています。また、避難および消火性能は、避難完了までの時間に耐える耐火性能と消防設備の設置との関連で定められています。非常照明、避難器具（避難ハッチ、避難はしごなど）や自動火災報知設備、非常警報器具設備、消火設備の設置などもこの性能に含まれます（建基34・35・35の2・35の3・36、建基令112・第5章116の2～、消防令7、関連告示など）。

　　（イ）　第2の安全性は、日常の安全性能ですが、主として衛生面や高齢者等への配慮（バリアフリーの程度）に代表されるように、段差の解消、階段の安全性、手摺りの設置、通路・出入口の幅員、浴室・便所の広さや出入口の寸法などへの配慮、滑らない床材、転倒した場合の床や壁のクッション性や柱や壁の角部分の対衝撃緩和への配慮などがあります。例えば、住宅金融支援機構（旧住宅金融公庫）の融資条件としてバリアフリーを選択した場合や住宅性能表示制度の同適用を受けた場合などは、床の許容範囲を超える段差や手摺りの不適当な取付けなどが瑕疵として争点になることがあります（住宅金融支援機構（旧住宅金融公庫）「木造住宅仕様書」「バリアフリー性に関する基

準」、住宅性能表示制度「⑨高齢者等への配慮に関すること」)。

この他にも、電気設備、給排水ガス衛生設備で、例えばガス漏れセンサーの設置、またプライバシーとセキュリティー（防犯）への配慮なども挙げられます。

　(ウ)　第3の安全性は、シックハウス（有害物質）などで、人に対する生物学的安全性です。これについては「第3章　欠陥類型別のトラブル」で具体的に取り上げられていますので参照してください。

(2)　快適性

快適性は広い意味では「空間的性能」に属する部分も大きいのですが、「技術的性能」としては、建築基準法に定められる主として人が継続的に使用する室（居室）の採光（日照）、換気 (建基28) のほか、通風、衛生などの基本的性能があります。

また、建築基準法上の規制はありませんが、温熱環境に関する省エネルギー対策としての断熱性能や高気密高断熱性能、結露防止の性能などがあります。また音環境については、防音（遮音や吸音、防振制振）、ピアノ室などの音響に関する性能があります。

例えば、断熱性や気密性に関しては、住宅金融支援機構（旧住宅金融公庫）資金借入住宅（フラット35）の技術基準があります。この場合、「フラット35基準事項」がベースとなり、フラット35より、①省エネルギー性、②耐震性、③バリアフリー性、④耐久性・可変性について優れた住宅を取得したい方に対して金利を一定期間引き下げるフラット35S（金利Aプラン）、フラット35S（金利Bプラン）の技術基準の適用などや住宅性能表示制度の同程度の内容の適用を受けたものについては、基準内容が異なりますので確認が必要です。

また、住宅性能表示制度の音環境に関する等級適用を受けた場合、例えば、上下階の界床について重量衝撃音LHや軽量衝撃音LLに対して、1級から4級までの透過音圧を抑える設計仕様にする必要がありま

第1章　総　論

す。ただし、これらの設計仕様は、あくまでも仕様推定評価であり、完成した時点でその性能が完全に保証される制度ではありません。

床の遮音レベルはdB（デシベル）で表わし、1〜3等級の床構造区分、スラブの種類、界床の面積と床端部の拘束条件、床下地構造、1〜5等級の床仕上げ構造の区分、受音室の面積、重量衝撃音LHでは63Hz〜500Hz、軽量衝撃音LLでは125Hz〜2KHz帯域での基準と1〜5等級の界床および開口部からの透過損失を規定して音環境等級を定めています。

(3)　耐久性

耐久性に配慮された建物とは、ただ単に壊れにくい、腐らない（防腐防蟻）、汚れにくいだけではなく、簡単に修理できる、取替えができる、汚れたら掃除しやすい、維持管理を頻繁にしなくてもよい、維持管理が簡単にできるなど多岐にわたる要素があります。ちなみに建築基準法などの法規制としては、木造住宅における床高さ、床下の換気口の規定（建基令22）、小屋裏の換気口の設置や土台の防腐防蟻処理（住宅金融支援機構（旧住宅金融公庫）フラット35融資条件）などがあります。また、この点については品確法の「住宅性能表示制度」の中で、10区分のうちの1つの「維持管理への配慮」として、「住宅の排水管・給水管・ガス管の全面交換までの期間の点検・清掃・補修のしやすさ」を等級化しています（「住宅性能表示制度」の④維持管理・更新への配慮に関すること）。

一般的に必要とされる要件としては、建物の適切な配置計画・建築計画による建物外周の通風や、換気、日照、庇による外壁の保護等への配慮、適切な素材の使用や維持管理に適切な計画・設計が必要です。

＜耐用年限＞

建築物の物理的寿命を根拠にした物理的耐用年数、社会的経済的寿命を根拠にした社会的経済的耐用年数のほかに、法律上の減価償却を

定めた法定耐用年数や家賃や分譲価格を計算する際の建築物の償却期間として定められる償却用耐用年数とがあります。なお、法定耐用年数は、通常の使用のもとで、一般的に行われる修繕を前提に構造別建物用途別に算定されています。ちなみに物理的耐用年数は耐用年数の考え方の1つで、その構造・材料・施工・自然環境・天災などの主として自然的要因によって支配される年数をいい構造的耐用年数とほぼ同義語のようです。例えば、鉄筋コンクリート造の残存耐用年数の求め方は、コンクリートの中性化説を前提とするものが一般的です。中性化深さが鉄筋位置に達してもすぐに鉄筋が腐食し構造物が崩壊するわけではありませんが、屋外では中性化が鉄筋に達した時を耐用年数としています。鉄筋のかぶり厚を3cmとした場合、構造的耐用年数は約64年となります。木造住宅では、40〜50年が耐用年数と見るべきなどの見方もあるようです。

2　空間的性能

　建築空間とはそれが成立する気候風土を背景にして、その地域に必要とされる安全性や快適性に関する技術的性能に支えられながら、建物と周囲（外構）、敷地と道路・隣接地など、周辺の外部空間と建物の内部空間との相互の動線的、視覚的、体感的機能性およびそれらの調和の上に成立するものです。具体的には、快適な間取りや使い勝手、広さと高さ、床や天井の変化、形態、仕上材の色や材質感、圧迫感と開放感、ボリューム感など多くの要素を、屋根・外壁・開口部・床・壁・天井などの基本的構成部位をコントロールすることによって創造されたものが建築空間です。また、建築計画や設計における物理的空間寸法については、標準的人体の各動作の可動域（人体寸法、モデュール）を基準にして三次元の空間や物の寸法が決定されます。

　物理的心理的快適性や機能性（働き）とともに空間構成要素のプロ

第1章　総　論　　91

ポーション、材質感、色彩などの審美性（美しさ）などが総合的に計画されたものが、人が求める本来の空間的性能です。ただし、動線の合理性と方位や日照、採光とプライバシー、開口部の大きさと断熱性能、遮音性能など矛盾する事はよくあることで、建築の設計とはこれら相矛盾する要素について優先順位の可能性の検討を重ねて決定したものです。

　このように建築空間が、個々の技術的性能に支えられながら、総合的に人の存在を内包するものであるがために、「空間的性能」とは必然的に客観的な部分と相対的、主観的な部分を含む概念になります。

　紛争の具体的な争点としては、「設計で打ち合わせたイメージと違う、思ったより狭い、使いにくい、明るすぎる、暗すぎる」などがあり、説明責任をめぐって主観的な議論の展開になるケースが多く、通常有すべき性能の判定が困難になりがちです。

　また、昨今、外部空間について、日照権や景観をめぐる争いも発生しています。

アドバイス

　「建物が通常有すべき性能」は契約内容不適合の判定基準の1つとなることが通常です。技術的性能については法律や建築学会基準など諸基準によってある程度特定が可能ですが、建築は技術のみの集積によって創られる物ではなく、芸術でもあります。空間的性能はデザイン、美しさ、心地よさ、使いやすさなどの総合的な要素を含んでいるため、作り手と住まい手のイメージや要求の解決方法の考え方の違いなどから主観的な争いになりがちです。建築に関わる専門家には、技術的な性能を実現する担い手（構造・設備・施工者・材料メーカーなど）と技術を束ねて、空間的総合的な性能を実現する担い手（建築家・意匠設計者）がおり、両者が協力してはじめて優れた建築が成立します。

11 建築構成部位の技術的性能

相談内容

　住宅建築の基本的な構成部位とその技術的な性能について、教えてください。

回　答

　建物は、基本的な構成部位である屋根、壁、柱・梁、床、基礎・土台および開口部、建築設備で成り立っています。この構成部位とその技術的性能を知ることは、建物を理解する上で重要かつ基本です。

　この内容は、物理的で定量的な要素が大きいため、法的な規定が数々整備されています（「12　建物の性能に関する基準」参照）。品確法の日本住宅性能表示制度では、基準が等級別に規定されていますので参考になります（平13・8・14国交告1346）。

　なお、詳しい個々の事例については、「第3章　欠陥類型別のトラブル」を参照してください。

1　構成部位と技術的性能

　構成部位とその技術的性能には密接な関係があります。

　建物が持つべき性能には、基本としての技術的性能と本質的な空間的性能に大別できます（空間的性能については「10　建物の性能」を参照してください。）。

　技術的性能には、主として安全性、快適性、耐久性があり、建物の基本的な構成部位である屋根、壁、柱・梁、床、基礎・土台および開

口部、建築設備それぞれに要求されています。

安全上の性能は、構造安定性、耐火・防火、避難安全性などがあり、この性能の欠陥は、重大な瑕疵とされています。

耐久上の性能は、建物の耐用年限に関係するばかりでなく、保守管理が容易であることも重要な性能といえます。

2 建物の基本的な構成部位

建物の基本的な構成部位には以下のものがあります。

(1) 屋　根

外気を遮断し、太陽の直射および熱の貫流を抑え（断熱）、雨に対する防水と雨水の処理、外壁に対する雨掛かりの軽減などを目的としています。

図1　屋根の納まり例

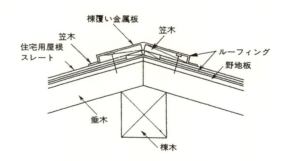

棟の納まり（住宅用屋根スレート葺）

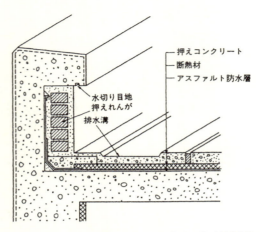

アスファルト防水押えコンクリート仕上げ（外断熱工法）

（出所　日本建築学会編『構造用教材（第3版）』82・83頁（日本建築学会、2014））

(2)　壁

　壁には大きく分けて、建物の外周を覆う「外壁」と室内にある「内壁」とがあります。

　「外壁」は、外気を遮断し、太陽の直射および熱の貫流を抑え（断熱）、雨に対する防水と雨水の処理、火災に対する耐火性能（構造）（建基27、建基令107、平12・5・30建告1399）、準耐火性能（構造）（建基27の2、建基令107の2、平12・5・24建告1358）、防火性能（構造）（建基28、建基令108、平12・5・24建告1359）、などが要求されています。「内壁」は、室内空間どうしを仕切るためにあり、防火区画としての性能や遮音性能などを要求されています（建基30、建基令22の3・112、昭45・12・28建告1827）。

　また、構造上では荷重を負担する壁（耐力壁）と荷重を負担しない壁（非耐力壁）に分けられます。

第1章 総　論

図2　外壁仕様の例

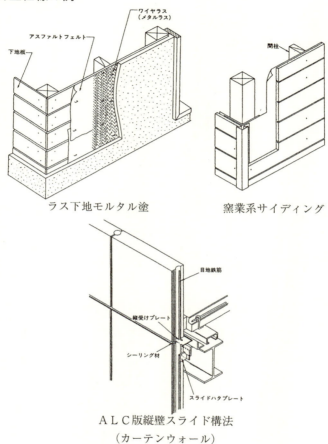

ラス下地モルタル塗　　窯業系サイディング

ＡＬＣ版縦壁スライド構法
（カーテンウォール）

（出所　日本建築学会編『構造用教材（第3版）』88・89・93頁（日本建築学会、2014））

第1章　総　論

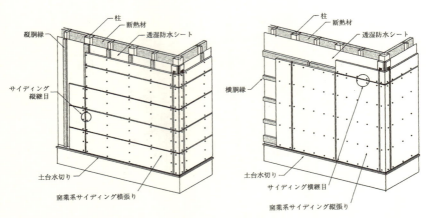

　　縦胴縁を介したサイディンク張り　　横胴縁を介したサイディンク張り
（出所　独立行政法人　住宅金融支援機構編著『フラット35対応　木造住宅工事仕様書平成28年版』35頁（井上書院、2016））

(3)　柱・梁

　柱や梁は、建物の床、壁、屋根などの自重（固定荷重）と床の上に載るものの重さ（積載荷重）や雪の重さ（積雪荷重）、地震時の地震力や台風時の風圧力など建物に作用する力（外力）などを床・壁などを介して下方に伝え、土台、基礎を通して支持地盤に荷重や外力を伝える部材です。

　柱や梁には軸方向（鉛直方向、水平方向）に作用する圧縮力、引張力（軸力）で潰れたり、伸びたり、曲がったり（座屈、撓み）、折れたり（せん断）しないように抵抗する強度が要求されます。

　柱と梁の接合部が剛接合（一体化）された骨組みをラーメン構造といいます。接合部が剛接合でないものには接合部を歪ませないために斜材（ブレース）を入れたブレース構造、荷重や外力を軸力として伝えるトラス構造があります。

第1章　総　論

(4)　床

床は、建物内部の人や家具、設備などのものの重さ（積載荷重）を支持して、直接あるいは根太、梁などを介して間接的に柱や壁に荷重を伝えるための部材です。スラブ（床版）とも呼ばれ、大規模な建築物やマンションやアパートなど特殊建築物では階下への耐火性能（構造）を要求されます（建基2九・21・27、建基令107・108の3・110、平27・2・23国交告255）。

マンションなどの床遮音性能に関しては、「10　建物の性能」を参照してください。

図3　床組の例

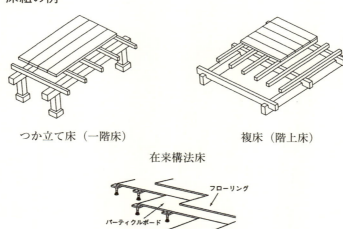

つか立て床（一階床）　　　　　複床（階上床）

在来構法床

乾式二重床

（出所　日本建築学会編『構造用教材（第3版）』84・86頁（日本建築学会、2014））

(5)　基礎・土台

木造建物の場合、木軸組の最下部部材としての土台は、柱や壁（耐力壁）を通して伝えられた荷重を基礎に伝えるため基礎とアンカーボルトで緊結されます。

基礎は、立上り部分と底盤に大別され、土台によって伝えられた荷重は立上り部分を介して底盤（フーチング）に伝わり支持地盤に均一に伝えることが要求されます。

また、引抜の力に対しては、土台および基礎と柱を止め付ける引寄せ金物（ホールダウン金物）が所要箇所に取り付けられます。

底盤（フーチング）が一定の幅で連続している基礎を布基礎といい、独立している基礎を独立基礎、建物の下全てを面とした一体の基礎をべた基礎といいます。

図4　コンクリート基礎

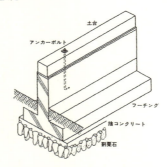

布基礎（フーチングあり）

（出所　日本建築学会編『構造用教材（第3版）』26頁（日本建築学会、2014））

(6)　開口部（出入口と窓）

人やペット、物および光や空気が出入りするために壁（扉、窓など）、屋根（トップライト）、床（吹抜け）に開けられています。

建物や部屋の用途、開口部の大小により耐火性能や気密性能、通気・換気性能、断熱・遮熱性能、遮音性能、防水性能、防犯性能などが要求され、紫外線や赤外線のカットなど光の制御性やプライバシー上から可視性能などが要求されます。

(7)　建築設備

設備は、建物に付随したり、独立して設けられ、使用上の安全性や快適性に寄与しています。

第1章 総 論

　大別すると、電気設備（受変電設備、照明コンセント設備、電話、インターホン設備）と機械設備（給排水衛生ガス設備、冷暖房空調設備、空気調和設備）消防設備（消火設備、警報設備、避難器具、誘導灯、誘導標識）などがあります。

12　建物の性能に関する基準

相談内容

　建物の床に傾斜があり調査をすることとなりました。どのような基準で不具合かそうでないかを判定するのでしょうか。

　また、床に限らず、建物に不具合があった場合、性能に関して参考となる基準や、その基準がどのような経緯でつくられたのかを教えてください。

回　答

1　床の傾斜

　床の傾斜に関しては、品確法70条に規定する指定住宅紛争処理機関による住宅紛争処理の参考となるべき技術的基準（平12・7・19建告1653）で、「第3　各不具合事象ごとの基準」「1　傾斜」「(2)床」でレベル3の欄に、1,000分の6以上の勾配の傾斜は構造耐力上主要な部分に瑕疵が存する可能性が高いと記載されています。しかし、あくまでも可能性であって欠陥の有無を直接に判定する基準ではありません。

　日本建築学会の木質構造設計基準・同解説の205.3床組では、床の剛性に関してはスパンの300分の1かつ2cm以下を指標としています。調査は、床仕上げ上部からの計測が一般的ですが、床傾斜といっても原因がどの部位にあるかで判断基準が変わりますので慎重な調査が必要でしょう。

2　代表的な法令・規定・基準

　建築には、基本法としての建築基準法を根幹として、政令、省令、

第1章　総　論　　　101

告示、条例、規則、細則、通達や消防法・同法施行令など多くの法律
や規定があり、基準を満たす建物となるよう様々に関係し合って運用
されています。

　品確法の日本住宅性能表示制度では、建物の品質確保を促進するた
めの性能基準が、新築戸建て住宅では10分野22事項、共同住宅では10
分野32事項、既存住宅に関しては9分野30事項で等級別に規定されて
います（平13・8・14国交告1346）。

　その他にも建物の性能に関しての物理的技術的な規定ばかりではな
く、基準を満たす性能を持つ建物を実現するための規定など様々な基
準があります。

　以下では、代表的な法令、規定、基準を記載しますので参考にして
ください。

(1)　建築基準法（建築物に関する最低の基準としての法律）

　「この法律は、建築物の敷地、構造、設備及び用途に関する最低の
基準を定めて、国民の生命、健康及び財産の保護を図り、もって公共
の福祉の増進に資することを目的とする」（建基1）とあり、個々の建築
物に関する技術的、物理的性能規定（単体規定）と都市計画上の観点
から地域・地区に建つ建築物全体に関する建蔽率や容積率の制限や形
態制限規定（集団規定）に大別できます。

　　ア　建築基準法施行令（建築基準法の政令）

　建築基準法の施行について必要な技術的基準その他必要事項が定め
られています。

　　イ　建築基準法施行規則（建築基準法の省令）

　建築基準法運営について必要な書式、広告の方法等が定められてい
ます。

　　ウ　国土交通省告示

　耐火構造、屎尿浄化槽、排煙設備の基準など、政令からの委任事項

が定められています。

　　エ　東京都建築安全条例または○○県建築基準法施行条例など

　建築基準法40条、43条に基づいて、建築物の敷地、構造および建築設備、建築物と道路の関係に関する制限の付加が定められています。

　　オ　建築基準法施行細則（都道府県条例の細則）

　建築基準法、同法施行令、同法施行規則および都道府県条例を施行するのに知事および建築主事が必要な事項として、申請書の経由、定期報告、道路位置の指定基準等が定められています。

　　カ　国土交通省住宅局長名通達

　特定行政庁または建築主事の質疑に対する回答、あるいは法改正に際しての執行の心構え等に関する多くの通達が出されています。

　(2)　消防法・同法施行令（建築物の防火、消火、避難、警報などの
　　　基準）

　「火災を予防し、警戒し及び鎮圧し、国民の生命、身体及び財産を火災から保護するとともに、火災又は地震等の災害による被害を軽減し、もって安寧秩序を保持し、社会公共の福祉の増進に資することを目的とする」法律です（消防1）。

　建築に関する主な内容は次のとおりです。

① 　建築確認・許可に対する同意（消防7）、防火管理者などによる火災
　　予防（消防8、消防令3、3の2）

② 　危険物の貯蔵、設置の許可（消防10・11）

③ 　防火対象物に対する消防設備、消防用水等の設置義務（消防17、消
　　防令5〜41）

　(3)　日本建築学会基準・JASS（学術的技術基準）

　日本建築学会は、明治19年に創設された建築家、建築学研究者、建築技術者、建設業者、建設行政者などを個人会員とする建築の全分野にわたる研究団体です。

第1章　総　論　　103

　同学会の定款には「（目的）この会は、会員相互の協力によって、建築に関する学術・技術・芸術の進歩発展をはかることを目的とする。」（定款4条）と記載されており、同学会が公認した基準として日本建築学会基準があります。

　当然ながら、最低基準を定めた建築基準法よりも厳しい基準となっています。

　同学会は多くの図書を発行しており、例えば「日本建築学会建築工事標準仕様書」JASS（Japan Architectural Standard Specification）や「建築基礎構造設計指針」、「小規模建築物基礎設計の手引き」、「鉄筋コンクリート構造計算基準・同解説」、「鉄筋コンクリート造のひび割れ対策（設計・施工）指針・同解説」、「木質構造設計基準・同解説」、などがあります。手引き、指針、解説という言葉が使われているように設計および施工を進める上での方針や手本となるべき規範を指しています。

　特に、構造計算などについては、通常有すべき構造性能を規定する重要な基準となっています。

（4）　住宅金融支援機構（旧住宅金融公庫）木造住宅工事仕様書（民間金融機関による「長期固定金利の住宅ローン（フラット35、フラット35Ｓ）」融資を支援する条件としての仕様基準）

　独立行政法人住宅金融支援機構は、昭和25年に住宅金融公庫法に基づき設立された特殊法人住宅金融公庫が平成19年に廃止され、この旧住宅金融公庫の業務を継承した独立行政法人です。旧住宅金融公庫が住宅ローンなど直接融資を行っていたのに対して、住宅金融支援機構は、金融支援機構法により災害復興や高齢者住宅建設など民間金融機関による貸付けが困難な分野に直接融資を限定し、一般的な住宅ローンに対しては民間金融機関からの長期固定金利住宅ローンを支援する目的で発足しました。その業務は、①証券化支援業務、②融資保険業務、③直接融資業務、④住宅の建設をしようとする者への情報の提供、

⑤緊急時の主務大臣の要求です。

　木造住宅工事仕様書は、建設に際して民間金融機関から長期固定金利の住宅ローン（フラット35、フラット35Ｓ）の融資を受ける条件として取得する住宅の性能基準を定めています。

　その他、本仕様書は建築基準法に基づく告示や住宅性能保証制度の基準との連携、木造住宅工事の標準的な仕様等をまとめていますので、工事請負契約書の一部として添付することもできます。

　(5)　住宅の品質確保の促進等に関する法律（品確法）

　　ア　住宅性能表示制度の目的

　平成11年6月に公布され、平成12年4月1日に施行されたこの法律は①住宅の品質確保の促進、②住宅購入者等の利益の保護、③住宅に係る紛争の迅速かつ適正な解決を図り国民生活の安定向上と国民経済の健全な発展に寄与することを目的として制定されました（品確1）。

　　イ　住宅性能表示制度の創設

①　住宅の性能（構造耐力、遮音性、省エネルギー性等）に関する表示の適正化を図るための共通ルール（表示の方法、評価の方法の基準）を設け、消費者による住宅の性能の相互比較を可能にしています。

②　住宅の性能に関する評価を客観的に行う第三者機関を整備し、評価結果の信頼性を向上させています。

③　評価書に表示された住宅の性能は、契約内容とされることを原則とすることにより、表示された性能を実現化しています（新築住宅のみ）。

　　ウ　住宅に係る紛争処理体制の整備

　性能の評価を受けた住宅に係る裁判外の紛争処理体制を整備し、紛争処理を円滑化・迅速化させています。

　　エ　瑕疵担保責任の特例

①　新築住宅の取得契約（請負・売買）において、基本構造部分（柱、

第1章　総　論　　　105

梁など住宅の構造耐力上主要な部分等）の瑕疵担保責任（修補請求権等）を10年間義務づけています（品確94・95）。

② 新築住宅の取得契約（請負・売買）において、基本構造部分以外も含めた瑕疵担保責任の20年までの伸長も可能にしています（品確97）。

オ　住宅性能表示基準の内容

（新築住宅）（平13・8・14国交告1346別表1）

① 対象となる住宅の性能

様々なニーズに基づいて、構造の安定、火災時の安全、高齢者等への配慮等10分野32事項が定められています（うち5事項が選択事項）。

② 新築住宅の性能表示基準および評価方法

a　構造の安定に関すること（耐震等級）

b　火災時の安全に関すること（耐火等級）

c　劣化の軽減に関すること

d　維持管理・更新への配慮に関すること

e　温熱環境・エネルギー消費量に関すること（断熱性能基準）

f　空気環境に関すること（ホルムアルデヒト対策、全般換気、局所換気）

g　光・視環境に関すること（単純開口率、方位別開口率）

h　音環境に関すること（居室の騒音等級、選択項目）

i　高齢者等への配慮に関すること（バリアフリー程度の等級）

j　防犯に関すること（開口部の侵入防止対策）

以上10分野32事項にそれぞれ等級が定められており、最低等級が建築基準法程度となっています。

また、「h　音環境に関すること」は選択項目となっています。

第三者機関で設計時に設計性能評価を受け、評価書を付けて請負契約を行い、施工時に3回、竣工時に1回計4回の現場検査を受け、建築基

準法の工事完了済証を交付されることが条件で合格し、竣工引渡しが行われ、建設性能評価書を受領することにより表示された性能が実現化したことになります。

（既存住宅）（平13・8・14国交告1346別表2−1）

① 対象となる住宅の性能

・既存住宅特有の性能表示事項として、外壁、屋根など住宅の部位毎に生じているひび割れ、欠損などの劣化等の状況を評価し、表示する事項が位置づけられています（現況検査により認められる劣化等の状況に関する表示事項）。

・新築住宅で表示事項となっている事項のうち、既存住宅についても評価が可能な事項として9分野28事項と既存住宅のみを対象とした2事項がいずれも選択事項として定められています（個別性能に関する表示事項）。

② 既存住宅の性能表示基準および評価方法

　a　構造の安定に関すること（耐震等級）

　b　火災時の安全に関すること（耐火等級）

　c　劣化の軽減に関すること

　d　維持管理・更新への配慮に関すること

　e　温熱環境・エネルギー消費量に関すること（断熱性能基準）

　f　空気環境に関すること（ホルムアルデヒト対策、全般換気、局所換気）

　g　光・視環境に関すること（単純開口率、方位別開口率）

　h　高齢者等への配慮に関すること（バリアフリー程度の等級）

　i　防犯に関すること（開口部の侵入防止対策）

　以上、既存住宅の場合、劣化事象等による影響を何らかの形で反映でき技術的な信頼度を持って評価が可能な9分野28事項が選択事項として設定されております。また、fでは既存住宅のみを対象とした2

第1章　総　論

事項「石綿含有建材の有無等」「室内空気中の石綿の粉塵濃度等」が設定されています。

・基本的には新築住宅を対象とする項目の表示方法に準拠しています。

・建築基準法に関連する項目については、既存不適格建築物の存在を勘案し、現行の基準法のレベルを下回るレベルについても設定されています。

・劣化等の状況は、部位別の劣化事象の有無と、その結果をまとめて段階で表す総合判定により表示されます。

・外壁、屋根などの住宅の部位別毎のひび割れ、欠損等の劣化状況を、目視・計測等により検査して評価する、「現況検査により認められる劣化等の状況に関する評価（検査）」が設けられています。

・新築住宅を対象とする基準と基本的に同様の評価を行う「個別性能に関する評価」があります。

・評価結果には経年変化による劣化事象等の有無を反映させます。

＜住宅紛争処理の参考となるべき技術的基準＞

　この基準は、品確法70条に規定する指定住宅紛争処理機関による住宅紛争処理の参考となるべき技術的基準（平12・7・19建告1653）として、不具合事象の発生と構造耐力上主要な部分に瑕疵が存する可能性との相関関係について定めるものとしています。

　上記基準の第3で不具合事象ごとの基準が、レベル1～3、住宅の種類（木造住宅、鉄骨住宅、鉄筋コンクリート住宅または鉄骨鉄筋コンクリート住宅）、構造耐力上主要な部分に瑕疵が存する可能性（低い、高い、一定程度存します。）などが定められています。

　(6)　特定住宅瑕疵担保責任の履行の確保等に関する法律（住宅瑕疵担保履行法）

　新築住宅の売主等は、住宅の品質確保の促進に関する法律に基づき

住宅の主要構造部分の瑕疵について、10年の瑕疵担保責任を負う事とされていますが、構造計算書偽装問題を契機に売主等が瑕疵担保責任を十分に果たすことができない場合、住宅購入者等が極めて不安定な状態に置かれることが明らかになりました。このため、住宅購入者等の利益を図るためこの法律が成立し公布されました。

① 瑕疵担保保険履行のための資力確保の義務づけ

　・供託・保険

② 保険引き受け主体の整備

③ 紛争処理体制の整備

　(7)　日本産業規格JIS（Japan Industrial Standard）

　鉱工業製品の品質改善・合理化を図る目的で産業標準化法（昭和24年法律185号）に基づき日本産業標準調査会が調査したうえで政府が制定した国家規格で、鉱工業製品としての建材の基本材料について（後述のJASによるものを除きます。）、ほとんど全てがJIS規格によっているといってよいです。

　2次加工品である、筋かいなどの接合金物やアンカーボルト、ホールダウン金物についての性能は、（財）日本住宅・木材技術センター認定品あるいは同等品としての性能認定を受けたものが信頼性が高いといわれています。

　JIS規格による製品のホルムアルデヒト発散等級の表示としては、F☆やF☆☆、F☆☆☆☆で表されます。

　また、土台はJIS A9108で土台用加圧式防腐処理木材として規定されています。

　(8)　日本農林規格JAS（Japanese Agricultural Standard）

　農林物資規格法に基づいて定めた農林畜水産品の規格で、建材としては、用材の針葉樹、広葉樹別の曲がりや腐れなどの欠点の程度による素材の等級規格、製材の材積などの規格と節、曲がり、そり、ねじ

れなどによる等級の規格です。集成材、合板、フローリングなどの規格を定めています。

JAS規格による製品のホルムアルデヒト発散等級の表示としては、JISと同様にF☆やF☆☆、F☆☆☆☆で表され、柱や梁など建築物の構造耐力上主要な部分に使用する製材である針葉樹の構造用製材では1級「★★★」2級「★★」3級「★」で表されています。

(9)　その他建築関連法規

都市計画法・同法施行令・同法施行規則、建築士法・同法施行令・同法施行規則、建設業法・同法施行令、バリアフリー新法、耐震改修促進法、密集市街地整備法などがあり、その他多くの法規が関連しています。

アドバイス

改正民法では担保責任を問いうる欠陥か否かは、契約内容に適合しているか否かで判断されます。そのため上記基準に基づいて担保責任を求める際には、各基準が明示または黙示的に契約内容に含まれることを主張立証する必要があります。

第2章　契約類型別の
トラブル

第1　請負契約

13　請負代金の決定

相談内容

　私は、自宅の増築を昔からよく知っている近所の工務店に注文しました。昔からの知り合いということや近所という気安さもあり、契約も口約束のみで、建築代金をいくらにするのかについてはっきり決めないまま工事が始まりました。ただ、後でどのような請求がくるのか不安です。代金額が決まらないままに結んだ請負契約も有効なのでしょうか。また、このような場合の代金額の決め方について、何か基準のようなものがあるのでしょうか。

回　答

1　請負金額の決め方

　工事請負契約の建築代金の決め方については、主に、次のような方式があります。

① 定額方式：建築代金が定額で定められている方式。最も一般的な契約形態といえます。

② 概算方式：概算代金のみを決めておき、工事中ないしは工事終了後に正確な金額を決定する方式

③ 実費精算方式：工事に実際に要した実費に請負人側の利益（儲け分）を上乗せする形で請負金額を決定する方式

④ 単価方式：事前に、一定の工事単位と単位毎の単価を決めておき、

工事単位毎の単価を積み上げる形で代金が支払われる
方式)

2　請負代金を決めないままなされた請負契約の効力と請負代金
の決定方法

　しかし、ご相談のように、請負契約が、請負代金の具体的決め方が
明確に定められないままに締結されることも珍しくありません。

　こうした代金の具体的金額が未定のまま締結された請負契約も、注
文者において代金を支払うこと自体の合意が認められれば、請負契約
の有効性自体には影響はないと解されています（東京地判昭48・7・16判
時726・63)。

　ただ、このような場合、事後になって、請負人から代金請求がきた
ときに、注文者側から、「予想外に高すぎる」などの苦情が述べられる
などし、代金支払をめぐってトラブルとなる事態が、往々にして発生
します。

　このような場合、請負金額をいくらにするかについては、一次的に
は、注文者と請負人間の協議で決められることになりますが、協議が
整わない場合は、裁判所等の紛争解決機関において決定されることに
なります。

　この点、判例では、代金額の定めのない請負契約については、請負
契約の内容に照応する合理的な金額を支払うのが、当事者の通常の意
思であるとした事例がありますが（東京高判昭56・1・29判タ437・113)、「合
理的な金額」をどのように算定するかについては、必ずしも、明確な
基準が確立されているわけではありません。

　工事請負金額については、材料と工賃に数量を掛け合わせた職種別
の工事費を算出し、仮設工事や工事請負会社の経費等を加えて算定さ
れるのが、一般的といえます。

　この点、工事請負契約の代金額決定に関して、「①仕事の内容、難易

度、仕事に要した労力、時間および費用、②仕事のでき映え、③請負
人が本件仕事をなすに至った経緯、④一般業者が同種の仕事をした場
合における報酬額の実態等、諸般の事情を総合勘案してこれを決する
のが相当であると解される」とした事例（東京高判昭55・12・25判時994・
45）、「業界内部の基準、当事者間の従前の慣行、仕事の規模、内容、程
度等の諸事情を斟酌して相当額を決定すべきである」とした事例（高
松高判昭48・8・8判時722・72）が参考になるかと思われます。

3 ご相談への回答

　ご相談の事案では、あなたも、工事を無料でしてもらうつもりで依
頼をしたということではないと思われますので、具体的金額は未定で
あっても、代金を支払うこと自体の合意が認められる以上は、請負契
約が有効であることは問題ありません。請負代金については、後々、
金額をめぐってトラブルになる可能性も高いので、まだ、工事の途中
ということであれば、できる限り早期に協議を行っておくのが、トラ
ブル防止の見地からは、好ましいと思われます。

アドバイス

　実務的には、請負金額をめぐるトラブルは、追加・変更工事に関し
て発生することが多いといえます。この点については、「22 追加・変
更工事のトラブル」を参照してください。

【参考となる判例】
　○東京地裁昭和48年7月16日判決（判時726・63）
　○高松高裁昭和48年8月8日判決（判時722・72）
　○東京高裁昭和55年12月25日判決（判時994・45）
　○東京高裁昭和56年1月29日判決（判タ437・113）

第2章　契約類型別のトラブル　　　115

14　反対運動による着工の遅れ

相談内容

　私は、工務店に、マンションの建築を発注しました。しかし、工務店は、近隣住民の建築反対運動が激しいという理由で、着工予定日を3か月過ぎた今も、着工をしません。私は、着工の遅れを理由に工務店との工事請負契約を解除し、損害賠償を請求したいのですが、できるでしょうか。

回　答

1　住民の反対運動に基づく工事着工遅延が、請負人の債務不履行を構成するか

　マンション等、中高層建物の建築について、それが日照・景観等の周囲の住環境を侵害するものとして、周辺住民による反対運動が発生することがあることは周知のとおりです。

　このような反対運動によって、工事の着工が遅れたり、工事が途中で中断となってしまった場合、請負人の債務不履行となるのかが問題となります。

　この点、判例は、おおむね、①反対運動発生の原因となった事柄（日照、工事の騒音など）が、請負人・発注者いずれの責任によるものか、②住民運動の程度（実力行使を伴うものか否か等）、③工事続行のために、発注者、請負人が、それぞれいかなる内容の措置・努力を行ってきたか、④工事を強行した場合にいかなる危険があるか等の事情を総合考慮した上で、工事を続行しないことが請負人の責による理由とい

えるか否かを判断しています（東京地判昭51・9・28判時852・82、東京地判昭55・4・14判時983・86、東京地判昭60・7・16判時1210・66）。

　上記判例は、いずれも結論として、請負人の債務不履行責任を否定しています。したがって、反対運動による工事中断が請負人の債務不履行を構成するのは、反対運動の原因が請負人の一方的責任によるものである場合や、請負人が一定の努力さえ行えば反対運動が解決に向かうことが確実な状況であったにもかかわらず、請負人がかかる努力すら行わなかった場合等、工事中断が、請負人の一方的過失によるものであることが明らかな場合に限定されるのではないかと考えられます。

　そもそも、こうした住民の反対運動に対処すべき立場にあるのは、まず、建築主である注文者であり、施工者である請負人は注文者の対処の補助的業務をする立場にあるのが一般的であろうと思われ、上記判例の立場は基本的には妥当ではないかと思われます。

2　請負人の解決協力義務

　ただし、前掲東京地裁昭和60年7月16日判決は、工事中断自体についての請負人の債務不履行責任は否定しつつも、「請負契約の履行において、第三者の妨害等の紛争が生じたときは、請負者は、いやしくも第三者を利するような行為をしてはならないことはもとより、自らこれを処理解決できない場合であっても、注文者に協力してその解決に努力し、自らの債務である仕事の完成を期すべき信義則上の義務がある」とした上で、当該事案では、請負人側の行為として、①住民に対して「注文者と住民の話し合いがつくまで工事はしない」との言質を与えていたこと、②注文者に無断で、住民側から「工事の中止は請負人の責任ではない」旨の書面を徴収していたこと、③注文者の妨害排除行動に協力せず、傍観していたこと、④注文者に対して助言や相談をしなかったこと、⑤住民側に対して、日照図を作成する等の説明を

第2章　契約類型別のトラブル　　117

行わなかったことがあったと認定し、当該行為は、請負人の上記信義
則上の義務違反を構成するとして、請負人に対して、慰謝料の支払を
命じました。

3　ご相談に対する回答

　よって、ご相談のケースでも、具体的事情にもよりますが、あなた
が、請負人に対して工事中断に基づいて債務不履行責任を問うことが
できるのは、請負人に重大な過失が認められるような限定的なケース
に限られるのではないかと思われます。ただ、工事中断に関する債務
不履行責任を問えない場合も、反対運動に対する請負人の対応によっ
ては、請負人の信義則上の義務違反の問題が出てくる可能性はあるか
もしれません（ただし、これも比較的例外的なケースに限られるとは
思われますが）。

アドバイス

　住民の反対運動に関しては、ご相談のようなケースとは別に、注文
者が、反対運動を行った住民側に対して、反対運動が不法行為に該当
するなどとして、損害賠償請求を行い、紛争となる場合があります。
　こうした紛争では、建築によって侵害される住民側の権利の内容・
程度、建築の立地（商業地域か住居地域か等）が具体的環境の状況、
反対運動の程度・内容（執拗・悪質なものか、または生活上の利益を
守るための相当なものといえるか）等を総合考慮して、反対運動の違
法性の有無・程度が判断されています（損害賠償請求を否定した事例とし
て、東京地判昭61・3・27判時1199・98、浦和地川越支判平5・7・21判時1479・57、
損害賠償請求を認容した事例として、東京高判昭60・3・26判時1151・12、東京地
判平9・7・9判タ979・188）。

118   第2章　契約類型別のトラブル

【参考となる判例】
　○東京地裁昭和51年9月28日判決（判時852・82）
　○東京地裁昭和55年4月14日判決（判時983・86）
　○東京高裁昭和60年3月26日判決（判時1151・12）
　○東京地裁昭和60年7月16日判決（判時1210・66）
　○東京地裁昭和61年3月27日判決（判時1199・98）
　○浦和地裁川越支部平成5年7月21日判決（判時1479・57）
　○東京地裁平成9年7月9日判決（判タ979・188）

第2章　契約類型別のトラブル　　119

15　建物の完成時期と完成建物の所有権の帰属

相談内容

　請負契約で建物を建築中ですが、先日、工務店から、建物が完成したので請負代金を払うように言われました。建物が完成したかどうかはどのように判断されるのですか。また、工務店は、完成した建物は、私に引き渡されるまでは工務店の所有物だと言っています。仮に建物が完成していたとしても、工務店の主張は正しいのでしょうか。

回　　答

1　建物の完成とは

(1)　建物の完成時期

　請負契約は、請負人が仕事を完成し、注文者がその仕事の結果に対して報酬を与えることを内容とします（民632）。

　それでは、建物の建築において、どのような状態になった時に、「仕事が完成した」といえるのでしょうか。

　判例は、建築工事において、予定された最後の工程まで終了しているか否かによって、建物の完成・未完成を判断しています（東京高判昭36・12・20判時295・28）。

　建物完成の時期については、「請負工事が当初予定された最終の工程まで一応終了し、建築された建物が社会通念上建物として完成しているかどうか、主要構造部分が約定どおり施工されているかどうか」等を基準にして判断されるというのは判例の立場です（東京地判平3・6・14判時1413・78）。

120 第2章　契約類型別のトラブル

(2)　法的効果の違い

建物の完成時期が問題となるのは、完成の前後で、以下のような法的効果の違いが現れてくるからです。

請負人側は、建物の完成によって注文者に対して報酬を請求することができることになるのが原則です（改正民法634条に定める場合、報酬支払時期について別途の合意がなされている場合は除きます。）。

また、注文者は、建物の完成後は、当該建物に契約内容不適合があることが判明しても、注文者は、請負人に対して、当該不適合部分について、担保責任（改正民559・562〜564）を追及することになります。

このように、判例の立場では、建物の不具合に対する責任追及は、建物の完成前には債務不履行責任、建物の完成後は、担保責任という形で法的構成が変わります。

以上のとおり、ご相談のケースでも、原則として、予定された最後の工程まで工事が終了していれば、建物は完成しており、予定の工程がまだ終了していない場合は、建物は未完成ということになります。

2　建物の所有権の帰属

完成後の建物の所有権が、注文者に帰属するのか、請負人に帰属するのかについて、判例は、基本的に、材料の主要部分を誰が供給したのかによって所有権の帰属を判断しています（大阪高判昭54・10・30判タ407・91、東京高判平9・3・13判時1603・72）。

この判例の立場では、特に一般の住宅建築では、注文者が材料の主要部分を供給することはまれだと思われますので、建物の所有権は、請負人に帰属することが原則となり、請負人が注文者に引渡し等を行うことによって、初めて、所有権が、請負人から注文者に移るということになります。

ただ、請負人は、あくまで注文者のために建物を建築しているので

第2章　契約類型別のトラブル　　121

あり、引渡し前とはいえ、建物の所有権を請負人が有しているという
解釈は、一般的な注文者の意図とは離れていることが多いのではない
でしょうか。

　そのため、学説では、材料の供給者が誰であるかを問わず、建物の
所有権は、原始的に注文者に帰属するという見解が通説になっていま
す。この点、判例も、当事者間で、完成と同時に注文者に所有権が帰
属するとの明示ないしは黙示の合意があれば、建物の所有権は注文者
に帰属するとした例（最判昭46・3・5判時628・48、「黙示の合意」を緩やかに
認めた事案として東京高判昭59・10・30判時1139・42）、注文者が、請負代金
の大部分を支払い、鍵も引き渡された事例で、引渡し前においても、
建物の所有権は注文者に帰属するとした例（最判昭44・9・12判時572・25）
があり、ある程度、実情に応じた判断をしている例もあります。

　また、実務上は、請負契約書において所有権の帰属について定めら
れていることも多いです。

　以上のとおり、ご相談のケースについては、契約上の定めがあれば
それに従い、そうした定めがない場合には、建物が完成しているとい
うことであれば、伝統的な判例の立場では、材料の主要部分を工務店
が供給していれば、少なくとも、引渡し前には工務店が建物の所有権
を有することになりますが、具体的事情によっては、黙示の合意に基
づき、完成と同時に所有権が注文者に移っていると主張できる場合も
あるという回答になると思います。

アドバイス

　旧民法635条では、建物完成後は注文者の解除が認められないと定
められており、その点も完成の前後で大きく異なる部分でしたが、改
正民法では旧民法635条が削除になりました。

第2章　契約類型別のトラブル

【参考となる判例】
- ○東京高裁昭和36年12月20日判決（判時295・28）
- ○最高裁昭和44年9月12日判決（判時572・25）
- ○最高裁昭和46年3月5日判決（判時628・48）
- ○東京高裁昭和47年5月29日判決（判時668・49）
- ○大阪高裁昭和54年10月30日判決（判タ407・91）
- ○東京高裁昭和59年10月30日判決（判時1139・42）
- ○東京地裁平成3年6月14日判決（判時1413・78）
- ○東京高裁平成3年10月21日判決（判時1412・109）
- ○東京高裁平成9年3月13日判決（判時1603・72）
- ○最高裁平成14年9月24日判決（判時1801・77）
- ○東京地裁平成16年3月31日判決（欠陥住宅判例4・140）

第2章　契約類型別のトラブル　　123

16　請負人の担保責任

相談内容

　工事請負契約で自宅建物を新築しましたが、入居直後から多くの不具合が発生しています。知人に相談したところ、そうした場合は、請負人に対して、担保責任を追及できるということでした。請負人の担保責任とは、どのような内容のものなのでしょうか。

回　答

1　請負人の担保責任の概要

　請負人の担保責任については、旧民法下において、民法634条から640条に規定があり、仕事の目的物に瑕疵がある場合に、注文者には請負人に対する①瑕疵修補請求権（旧民634①）、②損害賠償請求権（旧民634②）、③契約の解除権（旧民635）が認められていました。

　そして、この請負人の瑕疵担保責任は無過失責任とされ、売買契約の担保責任の特則であるとともに（民559）、債務不履行責任（旧民415）の特則であると解するのが通説・判例（東京高判昭47・5・29判時668・49）です。

　しかし、改正民法下では、売買や請負を問わず、担保責任一般の考え方が大きく変わり、契約に基づく一般の債務不履行責任として整理された結果、これまでの瑕疵担保責任という概念が、新たに契約不適合責任というかたちで捉えられるようになりました。

　それに伴い、請負人の担保責任についても、売買契約における売主の責任と同質のものとして位置づけられ、売主の担保責任に関する新

たな規律に準じて取り扱うこととされた結果、改正民法下においては、旧民法における請負人の担保責任に関する上記規定の多くが削除されました。

そして、具体的には、仕事の目的物に契約不適合がある場合、①追完請求（改正民562）、②代金減額請求（改正民563）、③損害賠償請求（改正民564）、④解除（改正民564）に関する売買の規定が準用され（民559）、これらの規定に基づき処理がなされることとなりました。

2　担保責任の要件―工事の目的物の「瑕疵」から「契約不適合」へ

旧民法下における請負人の瑕疵担保責任でいうところの「瑕疵」とは、完成された工事が契約で定めた内容どおりではなく、使用価値や交換価値を減少させる欠点があるか、または当事者があらかじめ定めた性質を欠くなど、不完全な点を有することとするのが通説・判例（我妻栄『債権各論中巻二』631頁（岩波書店、1962）、東京地判昭和44・3・8判時564・56）です。

そして、その判断基準については、契約書や見積書、設計図書等により合意内容が明確である場合にはそれにより、合意内容が不明確である場合には最低基準を定めた建築基準法等諸法令を基準として合理的な意思解釈を行うことになります（石黒清子「建築請負における瑕疵担保責任と債務不履行責任」中野哲弘＝安藤一郎編『新・裁判実務大系27　住宅紛争訴訟法』132頁（青林書院、2005））。

なお、前記した民法の改正に伴い、この「瑕疵」という表現は、「契約の内容に適合しないこと」という表現に改められていますが、その基本的な判断枠組みについては大きく変わるものではなく、契約で定めた合意内容に従って目的物の引渡しがなされているか否かによりその判断がなされることになります。

第2章　契約類型別のトラブル

3　担保責任の効果

(1)　効果①—「瑕疵修補請求権」から「追完請求権」へ

まず、旧民法下では、注文者は請負人に対して、相当の期限を定めて瑕疵の修補を請求することができました（旧民634①本文）。もっとも、瑕疵が重要でなく、その修補に過大な費用がかかる場合は瑕疵修補請求をすることができませんでした（旧民634①ただし書）。

これに対し、改正民法下では、旧民法634条の規定の削除と併せて、新たに追完請求権の規定が設けられ、注文者は請負人に対し、当該規定に基づき目的物の修補を請求することができます（改正民562①）。ただし、不適合が注文者の帰責事由に基づく場合には修補を請求することができません（改正民562②）。

また、瑕疵が重要でなく、その修補に過大な費用がかかる場合に関する旧民法634条1項ただし書の規定は削除されました。

(2)　効果②—報酬減額請求権（改正民563）の創設

旧民法下では、仕事の目的物の瑕疵を理由とする報酬の減額請求に関する規定は存在しませんでしたが、改正民法下では、売買における契約不適合の場合の代金減額請求の規定（改正民563）を準用する形で、注文者に報酬減額請求権が認められることになりました。

(3)　効果③—損害賠償請求権

旧民法下では、注文者は請負人に対して、瑕疵の修補に代えて、または瑕疵の修補とともに損害賠償請求をすることができましたが（旧民634②）、改正民法下ではこの規定が削除され、損害賠償請求の要件・効果については債務不履行の一般規定に従うものとされました（改正民564）。それに伴い、修補に代わる損害賠償請求の可否については、履行に代わる損害賠償請求に関する一般規定（改正民415②）の解釈に委ねられることになりました。

この損害の範囲については、旧民法下では履行利益であるとされ（通説）、その算定は修補請求時（注文者が修補請求をすることなく直ちに修補に代わる損害賠償請求をした場合には損害賠償請求時）を基準としていましたが（最判昭36・7・7民集15・7・1800、最判昭54・2・2判時924・54）、改正民法下では前記のように債務不履行の一般規定に従うものとされた結果、損害の範囲を履行利益と考えることについては規定上明らかになったといえ、その他の算定時期の点については、その判断枠組みは基本的に大きく変わらないものと思われます。

また、旧民法634条2項後段は、損害賠償請求について旧民法533条を準用していましたが、この点については同時履行の抗弁に関する一般規定（改正民533）の解釈適用により処理すべきであるとして、改正民法下においては削除されています。

なお、この点については、注文者が瑕疵の修補に代わる損害賠償請求をもって報酬全額の支払につき同時履行の抗弁権を主張できるかという問題がありますが、判例は瑕疵の程度や各契約当事者の交渉態度等にかんがみ信義則に反すると認められる場合を除き、注文者は請負人からの瑕疵の修補に代わる損害の賠償を受けるまでは、報酬全額の支払を拒むことができるとしています（最判平9・2・14判時1598・65）。

その他に、注文者の損害賠償請求権と請負人の報酬請求権とは相殺することも可能とされています（東京高判昭52・5・9判時858・62）。

(4) 効果④―契約の解除権（旧民635）

さらに、旧民法下では、注文者は目的物に瑕疵があるために契約の目的を達成できない場合には、請負契約を解除することができました（旧民635本文）。

しかし、目的物が建物などの土地工作物の場合には、契約の解除はできないと定められていました（旧民635ただし書）。これは、建物など

第2章　契約類型別のトラブル　　127

の土地工作物の場合に解除を認めると、請負人にとって過大な負担に
なることや社会経済的損失が大きいことから規定されたものです。

　したがって、原則として建物工事請負契約の場合には、瑕疵担保責
任としての解除権を行使することはできませんでした。もっとも、建
物に重大な瑕疵があり、建て替えるほかない場合には、注文者は、請
負人に対し、建物の建替えに要する費用相当額を損害としてその賠償
を請求することができるというべきであるとして建替費用の請求を認
めるなど、実質的に解除を認めたに等しい結論を導いた判例がありま
す（最判平成14・9・24判時1801・77）。

　この判例の流れを受け、改正民法では、建物その他の土地の工作物
について解除権を排除することには合理性が乏しいとして、旧民法
635条は削除されることになりました。これにより、解除については、
売買の場合と同様、解除の一般規定の適用に委ねられることになりま
す（改正民564）。

4　瑕疵担保責任の免除

　旧民法下では、目的物の瑕疵が、注文者の提供した材料の性質また
は注文者の与えた指図によって生じた場合には、請負人は瑕疵担保責
任を負いませんでした（旧民636本文）。もっとも、請負人が、注文者の
供した材料または指図が不適当であることを知りながらこれを告げな
かった場合には、請負人は担保責任を負わなければなりませんでした
（旧民636ただし書）。

　なお、この規定については、改正民法下においても、契約不適合を
理由とする責任に関する規定としてそのまま維持されています（改正
民636）。

5 担保責任の存続期間

(1) 民法の規定

旧民法では、引渡しから長期間が経過すると瑕疵の判定が困難となるため、建物建築の請負人の瑕疵担保責任の存続期間について、①木造建物または地盤の瑕疵は引渡し後5年間、②石造、土造、れんが造、コンクリート造、金属造の建物は引渡し後10年間、③建物が瑕疵により滅失・毀損した場合はその時から1年間と規定していました（旧民638）。

もっとも、この期間は、特約により短縮したり延長したりすることができます（旧民639）。このため、実際には、契約や約款において「引渡しの日から1年ないし2年」と短縮されているケースが多く、民間（旧四会）連合協定工事請負契約約款を用いた契約では、木造建物については引渡し後1年、コンクリート造建物等や地盤については引渡し後2年に短縮されています（民間（旧四会）連合協定工事請負契約約款27(2)）。

また、上記期間内にいったん行使された瑕疵修補請求権は、一般の債権同様目的達成までまたは消滅時効完成までに存続し、除斥期間経過後も、瑕疵修補請求のみならず修補に代わる損害賠償請求権や修補とともにする損害賠償請求権の行使も妨げられないとされています（東京地判平成3・6・14判時1413・78）。

今般の民法改正により、請負の場合における担保責任の期間制限が、権利行使の期間制限に関する売買の規定（改正民566）に即した内容に修正され、注文者が不適合を知った時から1年以内にその旨を請負人に通知しないときは担保責任を追及できないものとされました（改正民637①）。そして、これに伴い、前記した旧民法638条および639条は削除されています。

また、注文者の通知義務を基礎とした1年の期間制限については、引

渡し時に請負人が不適合を知り、または重大な過失によって知らなかったときには、当該期間制限は適用されないことになります（改正民637②）。

(2) 「住宅の品質確保の促進等に関する法律」による瑕疵担保責任の10年義務化

民法の規定では、建築注文者の保護が十分でないとして、平成12年4月1日に施行された品確法では、請負人の瑕疵担保責任の存続期間を「構造耐力上主要な部分又は雨水の侵入を防止する部分」に限って、引渡しの日から10年とし（品確94①）、これより短い期間の特約は無効とされました（品確94②）。また、期間を延長する特約をすることはできますが、その期間は20年を超えることはできないとされています（品確97）。

6 瑕疵担保責任免除の特約

旧民法上の瑕疵担保責任に関する規定は任意規定なので、瑕疵担保責任を免除する旨の特約は有効です（旧民640）。しかし、このような特約をした場合でも、請負人が知りながら告げなかった瑕疵については責任を逃れることはできません（旧民640）。もっとも前記の品確法に関する部分については免除の特約は無効です。

なお、改正民法では、請負においてこのような免除特約を結ぶ場合、売買における改正民法572条の準用で足りるとして、旧民法640条の規定は削除されました。

アドバイス

請負人に対して担保責任を追及する場合には、民法の担保責任の規定だけではなく、品確法や請負人・注文者間の特約の規定にも注意を

払うことが必要です。

【参考となる判例】
　　○最高裁昭和36年7月7日判決（民集15・7・1800）
　　○東京地裁昭和44年3月8日判決（判時564・56）
　　○東京高裁昭和47年5月29日判決（判時668・49）
　　○東京高裁昭和52年5月9日判決（判時858・62）
　　○最高裁昭和54年2月2日判決（判時924・54）
　　○東京地裁平成3年6月14日判決（判時1413・78）
　　○最高裁平成4年10月20日判決（判時1441・77）
　　○最高裁平成9年2月14日判決（判時1598・65）
　　○最高裁平成14年9月24日判決（判時1801・77）

第2章　契約類型別のトラブル　　131

17　契約内容不適合責任（担保責任）の判断基準

相談内容

　新築住宅の建築を注文しましたが、引渡しを受けたところ、引渡し前に渡されていた図面と違う部分や仕上げが汚く感じる部分、請負人から聞いていた話と食い違うと感じる部分などが多数ありました。請負人に対して、私が不満と感じた部分全てについて責任の追及はできるでしょうか。

回　答

1　「契約内容不適合」への改正

　旧民法では、請負の目的物に「瑕疵」が存在した場合の瑕疵担保責任を定めていましたが改正民法では「瑕疵」を「契約内容不適合」に置き換える形で改正がなされたため、「瑕疵」という用語自体は民法からはなくなりました。

　ただ、旧法の時点でも「瑕疵」の有無は、契約内容に適合しているか否かを基礎として判断されていたといえること（最判平15・10・10判時1840・18、最判平22・6・1判時2083・77）、民法改正経過における議論でも「契約内容不適合」を「瑕疵」と全く異なる内容を含めた概念として設定したという経過は認められないことから、「契約内容不適合」の有無を判断する際の基準は、旧来の「瑕疵」の判断基準と変わるものではないと考えられます。

　そのため、以下では、従来「瑕疵」の判断基準として論じられてき

た議論・解釈を述べます。

2　建物の「契約内容不適合」の判断基準

　完成された建物が契約内容に適合しているか否かを判断するために
は、その前提として"本来あるべき姿"としてどのような建物を建て
ることが契約内容となっていたのかを確定する必要があることは当然
ですが、建物の請負契約ではそれは必ずしも簡単ではありません。

　どのような建物を建てることになっていたのかは、契約書や契約約
款だけからはわからず、設計図書、見積書等の多数の書類を確認して
はじめて読み取ることができることが通常です。

　また、設計図書や見積書などは、何度も変更・更新がなされること
も珍しくないため、どの時点での資料が当事者間での最終的な合意内
容と認められるのかの確定も必要です（図面などは、変更したものの
結局採用せず従前の図面に戻すということもありうるため、必ずしも
作成日付だけで全て判別できる訳でもないという難しさもありま
す。）。

　さらに、契約書・設計図書には記載がなくとも、契約の大前提とし
て請負人が遵守しなければならない法令・建築水準も存在します。

　法令として、建築基準法、同施行令、国土交通省告示、通達等のい
わゆる建築基準関連法令に反する施工は、原則として「契約内容不適
合」と判断されるといえます。

　また、一般的に請負人が満たすことを求められている建築技術水準
に反する施工も「契約内容不適合」と判断されますが、具体的に何が
一般的な建築技術水準であって、当該水準が一般的に請負人に遵守が
求められているものと評価される根拠については、訴訟では、契約内
容不適合を主張する側に立証責任があります。

　この点、旧民法の「瑕疵」について、東京地裁建築訴訟対策委員会

は、「①建築基準法等の法令の規定の要件を満たしているか、②当事者が契約で定めた内容、具体的には設計図書に定められた内容を満たしているか、③②に含まれる問題ですが、住宅金融公庫（現在の住宅金融支援機構）融資を受けることを予定した建築物においては、公庫融資基準（住宅金融支援機構の住宅工事仕様書）を満たしているか、④以上のいずれにも当たらないが、我が国の現在の標準的な技術水準を満足しているか等の基準が考えられる」としていること（「建築鑑定の手引き」判例時報1777号3頁）も参考になるかと思われます。

3　ご質問に対する回答

　担保責任には期間制限（改正民法637条。また、契約で別途期間が定められていることも多いです。）があるため、不満がある箇所については、できるだけ早期に請負人にその旨を通知することが望まれます。

　通知によって、請負人側が自ら不備を認めて修補等の対応をしてくれる場合もありますが、請負人が担保責任を負うか否かについて争いとなる場合は、基準を示した上で"本来あるべき姿"と現況が異なっていることを主張立証していく必要があります。

　この点、契約書や設計図書には残されていないが口頭で合意された事項が守られていないということで争いになることも多いですが、その場合は、議事録、メールのやりとり、録音等の資料や事実経過などから、当該合意が存在したことを注文者側で立証していく作業が必要になります。

アドバイス

　消費者が注文主の場合、建物の不具合のある箇所が、建築基準法令に反しているか否か、一般的な建築技術水準に反しているか否か等を

自力で判断することには困難が伴うことが通常かと思われ、請負人と争いになった場合は、第三者の建築技術の専門家（建築士など）に依頼して判断を頼む必要があることも多いと思われます。

　専門家の調査によって注文者が気付かなかった新たな契約内容不適合箇所が見つかるようなこともあります。

　この点、特に一般的な建築技術水準が何かについては、専門家の間でも見解が分かれることも珍しくないことには注意が必要であり、専門家から調査結果の報告を受ける際には、そうした見解が分かれる可能性のある評価も含まれているのかどうかについて確認することも有益かと思われます。

第2章　契約類型別のトラブル　　135

18　建築工事途中の契約内容不適合の判明

相談内容

　私は、工務店との間で工事請負契約を締結し、自宅建物を建築
することになりました。しかし、建築途中に、多くの不具合の存
在が判明しました。注文者である私としては、請負人に対して、
どのような請求ができるでしょうか。

回　答

1　注文者からの修補請求

　建築途中の建物に不具合がある場合、請負人としては、債務不履行
責任として、当該不具合を修補する義務があります。

　よって、注文者であるあなたとしては、請負人に対して、当然に、
当該不具合の修補を請求することができます。

2　契約解除とその効果

　注文者からの修補請求によって、請負人が修補を完了すれば問題は
ありませんが、注文者からの催告にかかわらず請負人が修補を履行し
ない場合、注文者は、請負人の債務不履行を理由に、請負契約の解除
をすることができます（改正民541）。改正民法541条の「ただし、不履行
が契約及び取引上の社会通念に照らして軽微であるとき」には解除が
認められることもありうることには注意が必要です（改正民541ただし
書）。

　民法上、契約解除は遡及効を有し、契約当事者は原状回復義務を負
うのが原則です。

しかし、請負契約については、改正民法において634条が新設され、「請負人が既にした仕事の結果のうち可分な部分の給付によって注文者が利益を受けるときは、（中略）請負人は、注文者が受ける利益の割合に応じて報酬を請求することができる」ことが定められました（ただし、当該法理は改正前より通説・判例（最判昭56・2・17判時996・61）として認められてきたものですので、新設によって実務上大きな変更はないと解されます。）。

　一般的に、建築途中の建物が全く用をなさないと評価されることは少ないといえ、注文者が、工事途中に契約を解除した場合も、既にでき上がっている既施工部分については、請負人に対して、撤去を求めることはできず、また、既施工部分に対応する請負代金を支払う必要があることが原則的であるという点には注意が必要です。

　もちろん、例えば、既施工部分に修補不可能な重大な不具合があり施工のやり替えが必要である場合などには、注文者にとって利益があるとはいえず、その場合は、注文者は請負代金全額の支払を拒み、請負人に対して建築中の建物の撤去を求めることもできるということになります。

　判例でも、建築途中の契約解除が行われたケースで、既施工部分に、構造上の不具合等、重大かつ社会通念上修補が不可能といわざるを得ない不具合が多数存在する場合には、注文者からの請負契約全部の遡及的解除を認めたものもあります（名古屋地判昭60・5・23判タ562・136）。

　以上のとおり、ご相談のケースでも、仮に工務店が修補を拒否した場合、注文者であるあなたとしては、契約の解除をしうることになりますが（もちろん、問題の「不具合」が契約内容に適合しないものであること、軽微でないこと等は必要ですが）、不具合が極めて重大であるような場合を除いて、既にでき上がっている既施工部分については、報酬を支払う必要があるということになります。

3 注文者からの損害賠償

　ご相談のケースで、あなたが、契約を解除し、既施工部分の給付を受けた場合、その後、あなたとしては、別の業者に対して、未施工部分の工事を注文し、建物を完成させることになる可能性が高いのではないかと思われます。

　この場合、あなたは、既施工部分については、当初の請負人に出来高分相当の請負代金を支払い、その後、新たに注文した業者にも、当然、未施工部分相当額の請負代金を支払うことになりますが、こうした場合に注文者が支払う代金額合計は、当初の請負人が一貫して工事を行った場合と比べて、割高となることが多いと思われます。

　その場合、あなたとしては、当初の請負人に対して、他の業者に発注せざるを得ない状況になったことによって生じた、余分な代金負担（建物完成のために現実に要した費用と当初の請負契約における代金の差額）については、損害賠償請求をすることも可能です（最判昭60・5・17判時1168・58）（ただし、代金の差額全額が必ず認められるとは限らず、「余分な代金負担」額の適否について当事者間で激しく争われることも多いです。）。

アドバイス

　工事途中に解除がなされた場合、請負人側としては、既施工部分についての代金請求権を有していることになりますので、仮に、注文者が当該代金を支払わない場合は、既施工部分についての請負代金を被担保債権として、留置権（民295）を主張し、当該請負代金が支払われるまで、既施工部分の引渡しを拒むことは可能ということになります。

【参考となる判例】
　〇最高裁昭和56年2月17日判決（判時996・61）

138 第2章　契約類型別のトラブル

○最高裁昭和60年5月17日判決（判時1168・58）
○名古屋地裁昭和60年5月23日判決（判タ562・136）

第２章　契約類型別のトラブル　139

19　建築基準法に違反する工事請負契約の効力

相談内容

　軽量鉄骨3階建ての新築のアパートを建てようと考え、小学校の同級生で、地元で大工をしていた親方に、とにかく安く建築してもらうようにお願いしました。請負人であるこの親方は、建築士に設計を依頼すると採算が取れないので、資格がない者に設計をさせることになってしまうと言われましたが、私は、大工がきちんと仕事をしてくれれば大丈夫だろうと思い、資格のない方の設計で構わないということで、工事請負契約を締結しました。

　一応建物ができ上がりましたが、一部工事が残っていたため、工事代金の一部の支払を留保して建物の引渡しを受けました。建物引渡し後、建物を第三者に賃貸して収入を得ることができるようにはなりましたが、引渡し後ほどなくして、階段の揺れや雨漏り、ドアの不具合など、建物の不具合があまりにも酷いことがわかりました。今後の修繕費の心配もあるので、請負人に対し、契約の無効を主張して、残代金の支払を拒みたいと考えていますが、可能でしょうか。

回　答

1　建築基準法に違反する内容の工事請負契約の効力

　建築基準法に違反する内容を含む工事請負契約の効力について、ご相談と類似の事案において、東京高裁昭和53年10月12日判決（判時917・59）は、「建築基準法が同法にいう建築物の建築につき規制を施

し、種々の制限規定を設けているのは、建築物の敷地、構造および用途に関して最低の基準を定め、これによって国民の生命、健康および財産の保護をはかるという一般公益保護の目的に出たものであるが、同法に定める制限の内容は広範多岐にわたり、各規定が右公益保護上必ずしも同一の比重を有するとは限らないし、また具体的な建築物の建築がこれら規定に違反する程度も区々にわたりうるから、特定の建物の建築等についての請負契約に建築基準法違反の瑕疵があるからといって、直ちに当該契約の効力を否定することはできないが、その違反の内容および程度のいかんによっては、当然右契約そのものが強行法規ないしは公序良俗に違反するものとして無効とされるべき場合がありうることを認めなければならない。」と述べています。

　建築基準法にも様々な規定があるので、建築基準法に違反するからといって、直ちに無効になるというのではなく、建築基準法の目的である国民の生命、健康、財産の保護という観点から、建築基準法に違反する内容を個別の事案毎に判断し、違反の内容、程度が著しい場合には、民法90条の公序良俗に反し無効となります。

　最高裁平成23年12月16日判決（判時2139・3）は、建築基準法所定の確認および検査を潜脱するため、法令の規定に適合した建物の建築確認申請用図面のほかに、法令の規定に適合しない建物の建築工事の施工用図面を用意し、前者の図面を用いて建築確認申請をして確認済証の交付を受け、いったんは法令の規定に適合した建物を建築して検査済証の交付も受けた後に、後者の図面に基づき建築工事を施工することを計画して締結され、計画どおり建築されれば、耐火構造に関する規制違反や避難通路の幅員制限違反など、居住者や近隣住民の生命、身体等の安全に関わる違法を有する危険な建物となるものであったケースについて、当該請負契約は公序良俗に反し無効であるとしつつ、違反が発覚して区役所から是正を求められた後の追加変更工事の請負

契約については公序良俗に反し無効とはならないと判示しました。

　また、建築基準法の都市計画的な規制に反する契約の効力についても、規制の目的に照らして個別的に判断されることになり、過去の裁判例では、建築基準法の高度制限を大幅に超える建物の建築請負契約は、社会通念上不能であり、原始的不能の事項を目的とするものであり無効であると判断されたものや（東京地判昭56・12・22判タ470・142）、都市計画法上市街化調整区域に指定されている土地上に建築できない建物の工事請負契約について、社会通念上実現不可能な内容を目的にするもので無効であると判断されたもの（東京地判昭60・9・17判タ616・88）があります。

2　ご相談のケースについて

　前述した、東京高裁昭和53年10月12日判決の事案では、注文者が、請負人が建築士の資格を有しない大工であること、無資格者が設計図面を作成すること、約定の請負代金額では通常の材料、工法による工事が著しく困難であること、完成建物が一般の建物に比してある程度劣ることや建築基準関係法規に定める基準に適合しない点が生じることなどを容認していたと認定されています。

　しかし、同判決は、問題となった建物が特殊建築物とされ（建基6①）、建築確認の手続において特別な扱いがなされ、建築士の設計、工事監理によらなければならないにもかかわらず（建士3の2、建基5の6①④）、これに違反する内容の工事請負契約は、強い違法性を帯び、無効となると述べています。また、同建物が、建築確認の基礎となった設計図、構造計算書とは無関係に作成された設計図に基づいて建築され、工事完成後の検査も経ておらず、しかも建築基準法所定の安全基準に合致しない点がかなりの程度においてあることについても、瑕疵が重大であり、工事請負契約は無効となると述べています。

ご相談の場合においても、やはり、建築士の設計によらずに建築され、建物の不具合が酷いようですので、無効と解されることになると思われます。

3　無効となる場合の処理について

工事請負契約が公序良俗に反し無効と判断された場合、注文者は、請負代金を支払う義務はなくなるとともに、支払済みの代金については返還を求めることができなくなるのが原則となります（民708）。請負人には建築物の撤去義務も生じるでしょう。

ご相談の事案のように、注文者が建築物の引渡しを受けて使用している場合にも、工事請負契約が公序良俗に違反して無効の場合ですので、請負人は民法708条によって不当利得の返還を請求できないことになります。

もっとも、契約締結にいたる経緯や完成建物の瑕疵の程度などを総合的に判断して、一方の違法性の程度が著しいような場合には、不当利得による返還が認められる余地はありうるでしょう。

アドバイス

建築基準法違反の内容を含む工事請負契約の効力が有効か無効かは、一律に判断されるのではなく、あくまで個別具体的に判断されることになります。

また、請負人は、専門家として、建築基準法に違反する内容を依頼者から依頼を受けた場合には、建築基準法に違反するということについての説明義務が認められると解されますので、事後的なトラブル発生を防ぐためにも、注文者に対しては、建築基準法に違反することを十分に説明し、法令を遵守させてください。

第2章　契約類型別のトラブル　　　143

【参考となる判例】

　○東京高裁昭和53年10月12日判決（判時917・59）

　○東京地裁昭和56年12月22日判決（判タ470・142）

　○東京地裁昭和60年9月17日判決（判タ616・88）

　○最高裁平成23年12月16日判決（判時2139・3）

144　第２章　契約類型別のトラブル

20　損害賠償の範囲

相談内容

(1)　木造2階建新築建物を購入したところ、著しい構造上の欠陥が判明し、売買契約を解除しました。建物購入のために、住宅ローンを組んだのですが、住宅ローンの手数料、住宅ローンの金利分を損害賠償請求できるでしょうか。固定資産税や印紙代についても請求できるでしょうか。

(2)　新築建物の工事請負契約において、重大な欠陥があり、補修工事によっては欠陥を除去することができず、建替えが必要である場合について、建替工事期間中の引越費用、代替住居費用、再築建物の登記費用、営業上の損失、建築士による調査費用を請求することができるでしょうか。

回　答

1　売主・請負人の担保責任

　旧民法においては、建物売買の売主の瑕疵担保責任については、一般的に、無過失の法定責任であり、損害賠償の範囲は瑕疵がないということを信頼したことによる信頼利益に限定され、請負人に対する瑕疵担保責任の場合には認められる履行利益には及ばないと解されておりました。

　しかし、改正民法は、売買の場合の損害賠償責任について、一般の債務不履行（改正民415）に基づく損害賠償請求であると規定しました（改正民564）ので、改正民法においては、建物売買における損害賠償請求

第2章　契約類型別のトラブル　　145

の範囲として、履行利益が含まれることになります。

2　損害の範囲　－ご相談(1)について

　建物の売買契約においては、一般的に高額の代金の支払を要するために、住宅ローンを組むことが多いと思われますが、住宅ローンを組んだ場合、金利やローン手数料が発生します。また、印紙代や固定資産税も相当な出費となります。買主は、住宅ローンの手数料や金利、印紙代、固定資産税など、契約を締結したことによって支払わされた費用を損害賠償として請求できるでしょうか。

　この点、賠償の範囲が信頼利益とされていた改正前民法における裁判例においても、大阪地裁平成12年9月27日判決（判タ1053・137）は、登記印紙代、司法書士への登記手続代行報酬、火災保険料、住宅ローン保証金、契約印紙代、固定資産税、住宅ローン金利についても、売買契約を締結していなければ支払う必要のなかったものであるとして請求を認めた事案があり、神戸地裁平成9年9月8日判決（判時1652・114）も、住宅購入のための銀行からの借入金の利息について、信頼利益に含まれるとして請求を認めていますので、改正民法における履行利益の賠償としても認められる可能性はあると思われます。

3　損害の範囲　－ご相談(2)について

(1)　建替工事期間中の引越費用、代替住居費用について

　工事請負契約において、建替費用相当額の請求を認めた最高裁平成14年9月24日判決（判時1801・77）の原審である東京高裁平成14年1月23日判決（平13（ネ）4584）は、認定した建替えに要する費用に、建替えに伴う引越費用や建替工事中の代替住居の家賃等も含まれるとしています。

（2）　再築建物の登記費用、建築士による調査費用、営業上の損失について

　再築建物の登記費用、建築士の調査費用、営業上の損失については、概ね損害賠償請求が認められています。例えば、大阪地裁平成10年7月29日判決（金判1052・40）は、建物請負契約において、建替費用の請求を認めるとともに、再築建物の表示・保存登記費用、建築士の調査鑑定費用、地盤調査費用なども認めています。

　建物が収益物件である場合において、建物の瑕疵によって生じた営業上の損失については、請求自体はおおむね認められていますが、損失の額については、事案毎に判断されます。例えば、仙台高裁平成4年12月8日判決（判時1468・97）は、7年間に420日間の休業を余儀なくされた事案について、注文者自ら補修工事をなしうる期間内（6か月）の逸失利益相当額についてのみ損害賠償を請求できるに過ぎないとしています。

　よって、ご相談のケースでも、引越費用、代替住居費用、登記費用、営業上の損失、建築士調査費用の賠償が認められる可能性があります。

アドバイス

　前述した大阪地裁平成12年9月27日判決は、慰謝料および弁護士費用についても、損害賠償請求を認めていますが、慰謝料、弁護士費用については、下級審の裁判例では結論が分かれています。

【参考となる判例】
　○仙台高裁平成4年12月8日判決（判時1468・97）
　○神戸地裁平成9年9月8日判決（判時1652・114）
　○大阪地裁平成10年7月29日判決（金判1052・40）
　○大阪地裁平成12年9月27日判決（判タ1053・137）
　○最高裁平成14年9月24日判決（判時1801・77）

第2章　契約類型別のトラブル　　　　　147

21　完成建物の解除の可否

相談内容

　ある建設業者に木造2階建建物の建築を依頼し、工事請負契約を締結しました。建築工事が竣工し、請負代金も支払い、引渡しを受けて住み始めましたが、多くの不具合が出たため、建築士に調査してもらったところ、建物としての欠陥があまりにも重大で、補修工事によっては欠陥を除去することができず、建替えが必要であることが判明しました。この場合、請負契約を解除することはできるでしょうか。

回　答

1　旧民法における完成建物の解除の可否

　請負契約の解除については、旧民法635条ただし書によると、「建物その他の土地の工作物」については、「目的物に瑕疵があり、そのために契約をした目的を達成することができないとき」であっても解除できないと規定されていました。

　しかし、最高裁平成14年9月24日判決（判時1801・77）は、「請負契約の目的物が建物その他土地の工作物である場合に、目的物の瑕疵により契約の目的を達成することができないからといって契約の解除を認めるときは、何らかの利用価値があっても請負人は土地からその工作物を除去しなければならず、請負人にとって過酷で、かつ、社会経済的な損失も大きいことから、民法635条は、そのただし書において、建物その他土地の工作物を目的とする請負契約については目的物の瑕

疵によって契約を解除することができないとした。しかし、請負人が
建築した建物に重大な瑕疵があって建て替えるほかはない場合に、当
該建物を収去することは社会経済的に大きな損失をもたらすものでは
なく、また、そのような建物を建て替えてこれに要する費用を請負人
に負担させることは、契約の履行責任に応じた損害賠償責任を負担さ
せるものであって、請負人にとって過酷であるともいえないのである
から、建替えに要する費用相当額の損害賠償請求をすることを認めて
も、同条ただし書の規定の趣旨に反するものとはいえない。したがっ
て、建築請負の仕事の目的物である建物に重大な瑕疵があるためにこ
れを建て替えざるを得ない場合には、注文者は、請負人に対し、建物
の建替えに要する費用相当額を損害としてその賠償を請求すること
できるというべきである。」として、建替え費用の損害賠償請求を肯定
しました。

2 改正民法における完成建物解除の可否

　上述のように、旧635条では、土地の工作物の請負契約の場合、契約
を解除することはできないと規定されていましたが、上述の最高裁判
例の事案のように瑕疵が重大で建て替えるほかないような建物の場合
に解除を認めない合理性はないため、改正民法においては、旧635条は
削除され、建物が完成した後においても、民法の一般原則による解除
が可能となりました。具体的には、改正民法542条1項1号、3号によっ
て履行不能の場合や一部の履行不能である場合に残存する部分のみで
は契約目的を達することができない場合などに契約を解除すること
できます。

　ご相談のケースでは、建替えが必要な場合ですので、解除が認めら
れることになると思われます。

3　解除権行使の期間制限

　旧民法の請負人に対する土地の工作物についての瑕疵担保責任の追及は、目的物の引渡しから5年または10年以内（滅失または毀損の場合は滅失または毀損時から1年以内）に権利行使をしなければならない旨が規定されていましたが（旧民638）、改正民法637条1項は、注文者が契約の不適合を知ったときから1年以内にその旨を請負人に通知しなければならないと規定しました。ただし、同条2項は、請負人が引渡し時（引渡しを要しない場合は仕事終了時）に不適合を知り、または重過失により知らなかった場合には、1年以内に通知することは要件としない旨規定しています。

　この期間内に通知がされた場合には、具体的な権利は、権利行使をできることを知った時から5年、権利行使をできる時から10年で時効により消滅します（改正民166①）。

アドバイス

　民法改正により、建物についても民法の一般原則による解除が可能となりましたが、どのような場合に解除できるかは個別判断となり、改正民法下での事例の集積が待たれます。

【参考となる判例】
　○最高裁平成14年9月24日判決（判時1801・77）

22 追加・変更工事のトラブル

相談内容

　工事請負代金額を2,500万円として契約した木造2階建住宅の新築工事で、建物が完成した後になって、請負人から、「当初の設定よりも地盤が脆弱であったため基礎工事費用の追加が必要になった。」として追加の請負代金を請求されましたが、支払わなければいけないのでしょうか。

　また、キッチンや風呂場の仕様について、詳細な合意をしていなかったので、契約後に仕様について指定したところ、「グレードアップに当たる。」として、多額の追加費用を請求されましたが、支払わなければいけないのでしょうか。

回　答

1　工事請負契約と追加・変更工事

　工事請負契約では、建築の過程で追加・変更工事が行われることが少なくありません。そして、この追加・変更工事をめぐって多くのトラブルが発生しています。

　工事請負契約で追加・変更工事が多く行われる理由としては、①注文者は建築の専門家ではなく、建物の仕様の細部まで契約当初から決定することができないため、工事が始まってから追加・変更を思いつくなどの注文者側の事情、②契約当初の段階で建物の仕様の細部まで決定することは請負人にとっても時間的にも経済的にも負担になるという請負人側の事情、③契約締結後の労力・資材価格の変動、天災や

第2章　契約類型別のトラブル　　151

軟弱地盤であることの発覚などの予想外の事態の発生などがあげられます。

　そして、上記のような理由で追加・変更工事が必要になった場合、当事者の明確な合意がなされないまま追加・変更工事を進めてしまい、後になって「追加・変更工事の合意などしていない。」「当初の請負代金の範囲内で工事をしてもらえると思った。」としてトラブルになるということが多くあります。

2　追加・変更工事トラブルの解決方法

(1)　追加・変更工事トラブルの一般的解決方法

　追加・変更契約は請負契約の変更ですので、その成立要件としては、請負契約の成立要件である、①請負人が追加・変更工事の完成を約束すること、②注文者がそれに対して報酬を支払うことを約束することが必要です。

　そして、追加・変更工事の合意があったかどうかという合意の存在自体に争いがある場合には、請負人が追加・変更工事の合意の存在を証明できなければ、請負人の追加・変更工事代金の請求は認められません。

　合意を証する資料として契約書等が存在すれば合意の存在は明確になりますが、実際には契約書の作成に至らないまま追加・変更工事が実施されることも珍しくありません。

　その場合、追加・変更が記載された図面の有無、見積書の有無等の周辺資料、当事者間の交渉経過等から合意の有無を推認していくことになりますが、仮に図面・見積書が存在しても、最終的にそれで合意に至ったのかそれとも計画段階に留まったのかが争われたり、図面も手書きでの書き込みに留まるような場合に誰がどのような意味で書き込んだのかが争いになる等、当事者間で激しい争いになることも珍し

くありません。

　また、追加・変更工事の合意自体に争いはないものの、その工事代金額について争いがある場合は、当初の請負契約の内容を基準として、追加・変更に要した費用を算出することになります。

　さらに、追加・変更工事が無償のサービス工事として行われたか否かが争われるケースもあります。

　この場合は、施主と請負人間での工事合意の経緯・具体的やりとり、当該追加・変更工事が通常サービス工事で行われるような内容か否か等が総合的に考慮されて事実認定が行われることが通常です。

　(2)　天災等の不可抗力や工事現場の状況が当事者の予測と異なっていたこと（予測外の地下埋設物の存在、想定外の軟弱地盤との遭遇など）により、契約当初の予想に反して追加・変更工事が必要になった場合

　このような場合も、当事者の合意がなされることが原則ですが、「事情変更の原則の法理」により、契約内容改訂権や契約解除権が認められる場合があります。

　具体的には、①契約が成立したときに基礎となっていた事情がその後変更したこと、②契約が成立した当時、当事者がその事情変更を予見し、または予見することができなかったこと、③事情変更が当事者の責めに帰することのできない事由によって生じたこと、④事情変更の結果、契約当事者を当初の契約内容に拘束することが信義則上著しく不当と認められること、⑤事情変更が事情変更を主張する当事者の履行遅滞中に生じたものでないこと等の要件（高荒敏明「建築請負契約と事情変更」中野哲弘＝安藤一郎編『新・裁判実務大系27 住宅紛争訴訟法』116頁（青林書院、2005））が満たされれば、契約内容の改訂や契約解除が認められることになります。

　この点、建物建築工事の定額請負において、敷地の地盤が軟弱であ

第2章　契約類型別のトラブル　　153

ったため基礎杭の本数が増加し、基礎工事費が当初の見積もりよりも
嵩んだことを理由として請負人が建物完成後に増加分相当の代金請求
をしたという事案で、判例は、専門知識を有する建築業者である請負
人が基礎杭の本数の増加を予測することが不可能であったとは考えら
れないこと、請負人は基礎工事着工前に基礎工事の費用が増加するこ
とを知りながら注文者にこれを告げず工事を続行し、建物完成後に追
加工事費用を請求することは請負人として注文者に対する信義誠実の
原則に反すること等を理由として、基礎工事の仕様変更に伴い生じた
費用の増加分は、定額請負の場合における注文者の負担すべき著しい
事情変更に基づく出費には当たらないとして請負人の追加代金の請求
を退けました（東京高判昭59・3・29判時1115・99）。

　この判例の考え方によれば、今回のご相談についても、当該地盤の
脆弱性についての技術的な予見可能性の有無にもよりますが、注文者
が追加の請負代金を支払わなければならないという場合は少ないでし
ょう。

　なお、基礎・地盤に関しては、建築基準法20条および施行令36条、
38条の構造方法の規定および構造計算に関する規定に基づき、仕様規
定や構造計算基準、告示が規定されており（建基20、建基令36・38・81～106、
平12・5・23建告1347、平13・7・2国交告1113）、地盤について簡易型地盤調
査（サウンディング試験）を行い、その費用を工事見積書に記載して
いる例が多く、このようなトラブルは少なくなってきています。

　(3)　建物の一部の仕様の変更を注文者が申し出たところ、グレー
　　　ドアップに当たるとして追加代金を請求された場合

　このような場合、まず、契約締結段階で建物の仕様および代金額な
どの詳細な合意がなされている場合には、(1)で述べたように、当初の
合意内容を基準として、グレードアップに当たるかどうかを判断し、
追加・変更に要した費用を算出することになります。

　しかし、ご相談の場合のように契約締結段階では詳細な合意がなさ

れていなかった場合はどうでしょうか。この場合は、まず当初の契約においてどの程度の物を想定していたかを探ることになります。例えば、「キッチン150万円」というように見積書に金額が特定されていれば、当初の契約でどの程度の仕様の物が想定されていたのかがわかります。これを基準としてグレードアップといえるのか、追加・変更にどの程度の費用がかかるのかを判断することになります。しかし、他の設備工事と一括した項目の記載しかないなど、キッチンとしてどの程度の物が想定されていたかが判明しない場合は、その建物全体の仕様や設備と比較して、どの程度の仕様の物が想定されていたかを判断し、グレードアップに当たるかどうか、追加・変更工事にどの程度の費用がかかるのかを判断することになります。

　グレードアップに当たるかどうか、どの程度の追加費用となるのかについて訴訟で争いになった場合には、その証明責任は請負人が負っていると考えられています。

　したがって、見積書や建物全体の仕様、設備と比較して、グレードアップに当たるとすれば、注文者はそのグレードアップの程度に見合った追加費用を支払う必要があります。

アドバイス

　民間（旧四会）連合協定工事請負契約約款には、16条に設計・施工条件の質疑・相違など、21条に不可抗力による損害、28条に工事の変更・工期の変更、29条に請負代金の変更についての規定が定められているので、同約款で請負契約を交わしている場合にはこれらの条項にも注意が必要です（民間（旧四会）連合協定工事請負契約約款16・21・28・29）。

【参考となる判例】
　○東京高裁昭和59年3月29日判決（判時1115・99）

第2章　契約類型別のトラブル　　　155

23　請負人の担保責任の存続期間

相談内容

　自宅を新築したところ、建物の引渡し後3か月目ぐらいから床のフローリングの一部が乾燥して著しくそってきました。そこで施工業者に、床のフローリングがそってきたので補修してほしいといいましたが、なかなか対応してくれませんでした。

　引渡しから2年後、今度は雨漏りが発生したため建築士に調査してもらったところ、床のフローリングのそり・雨漏りのほかに、筋かいの不足、断熱材の施工不良があることがわかりました。そこで、直ちに、施工業者にこれらの不具合を補修するか、損害を賠償するように請求したところ、施工業者から、契約書には建物の不具合について引渡し後1年間しか担保責任を負わないと書いてあるので請求に応じる義務はない、という回答が返ってきました。

　施工業者は、不具合の補修あるいは損害賠償請求に応じる義務はないのでしょうか。

回　　答

1　請負人の担保責任

　住宅を新築する場合、請負契約の当事者（注文者・請負人）は、ご相談にある床のフローリングの著しいそり、雨漏り、筋かいの不足、断熱材の施工不良などの不具合が新築してから短期間で発生するとは想定していません。したがって、これらの不具合がある建物は、「その

品質に関して、請負契約の内容に適合しないもの」（契約不適合）といえます。

建築された建物に契約不適合がある場合には、注文主は請負人に対し、担保責任として、①履行追完請求（例えば、修補請求、代替物の引渡請求など）（改正民562）、②報酬減額請求（改正民563）、③損害賠償請求（改正民564・415）、④解除（改正民564・541・542）を主張することができます（民法559条により売買に関する規定が請負契約にも準用されます。）。もっとも、請負人が負う担保責任については、法律あるいは契約によって存続期間が定められており、この期間が経過すると追及することができなくなります。

2　改正民法637条による存続期間（除斥期間）

改正民法637条は、注文者が請負人の担保責任を追及するためには、注文者が契約不適合を知った時から1年以内に、その旨を請負人に通知しなければならないと定めています。

この存続期間の法的性質について、消滅時効ではなく除斥期間と解されている点は旧民法と同様です。そのため、消滅時効の場合のように、期間内に、訴訟提起などの裁判上の権利行使をする必要はなく、裁判外で権利行使をすればよいことは改正後も変わりません。

しかし、この除斥期間について、旧民法では、

①　木造建物または地盤の瑕疵　引渡しから5年間

②　石造、土造、れんが造、コンクリート造、金属造その他これに類する構造の工作物の瑕疵　引渡しから10年間

と定められており、除斥期間の起算点は、注文者が瑕疵を認識しているかどうかにかかわらず、「建物の引渡しを受けた時」とされていたのに対し、改正民法では「注文者が契約不適合を知った時」と変更されました。

第2章　契約類型別のトラブル　　157

　また、裁判外での権利行使の方法についても、旧民法下の最高裁判例は、「少なくとも、売主に対し、具体的に瑕疵の内容とそれに基づく損害賠償請求をする旨を表明し、請求する損害額の算定の根拠を示すなどして、売主の担保責任を問う意思を明確に告げる必要がある。」と判示していましたが（最判平4・10・20判時1441・77。売買についての判例ですが、請負の場合も同様と解されていました。）、改正民法では、契約不適合の事実を請負人に通知するだけでよいことになりました。

3　特約による存続期間の定め

　前記2の改正民法637条に定める担保責任の存続期間は、特約（当事者間の合意）によって短縮することができると解されています。例えば、民間（旧四会）連合協定工事請負契約約款では、担保責任の存続期間は、木造建物については引渡しから1年間、コンクリート造等または地盤については2年間に短縮されており（なお、平成12年4月改正後の約款では後記4の品確法が適用される場合の存続期間の伸長に対応した条項がありますが、平成12年4月改正前の約款ではそのような条項がありません。）、これと同様の期間短縮の特約を定めている工事請負契約の例が多数あります。

　もっとも、後記4のように、品確法は、一定の場合に特約による存続期間の短縮を無効とすると定めています。

　また、特約によって存続期間を伸長することも可能です。なお、旧民法639条は特約により消滅時効の期間内で存続期間を伸長できることを明文で定めていましたが、あくまでも注意的・確認的な規定であったことから、今回の改正で削除されました。

4　品確法による存続期間の特例

　平成11年6月、品確法が制定されましたが、その中で、新築住宅の工

事請負契約または売買契約における担保責任について特別な定めがなされました。なお、民法の改正に伴い、品確法も一部改正されましたが、「瑕疵」という用語は削除されず、改正民法における契約不適合と同じ内容を意味する用語としてそのまま残されました（品確2⑤）。また、「瑕疵担保責任」という用語も、瑕疵について請負人が負う責任を表す用語として残されました。

この品確法により、住宅を新築する工事請負契約の場合（増築や改築は含まれません。）、住宅のうち構造耐力上主要な部分または雨水の浸入を防止する部分（「構造耐力上主要な部分等」。詳細は、「24　品確法と担保責任」の解説を参照）の瑕疵（契約不適合）については、請負人は、引渡しから10年間、担保責任を負います（品確94①）。この規定に反する注文主に不利な特約は、無効とされます（品確94②）。

また、住宅を新築する請負契約の場合、特約によって、請負人の担保責任の存続期間を引渡しから20年まで伸長することができます。この特約の対象は、構造耐力上主要な部分等の瑕疵（契約不適合）に限定されません（品確97）。

もっとも、品確法が定めるこれらの特例とは別に、契約不適合を知った時から1年以内にその旨通知するよう求めている改正民法566条、637条はそのまま適用されます。

5　消滅時効

担保責任の除斥期間内に契約不適合の事実を通知した場合であっても、一般の消滅時効が完成するまでの間に訴訟の提起等の時効中断（改正民法では、時効の完成猶予・更新）事由が生じなければ、契約不適合を理由とする履行追完請求権、報酬減額請求権、損害賠償請求権、解除権は時効によって消滅すると解されています。

消滅時効は、契約不適合を知った時から5年または権利を行使する

ことができる時から10年で完成するものとされています（改正民166
①）。「権利を行使することができる時」とは、注文主が目的物の引渡
しを受けた時であるとされています（最判平13・11・27判時1769・53。
売買契約における瑕疵担保責任の消滅時効について判示した旧民法下
の判例ですが、改正民法下の請負契約においても同様に解してよいで
しょう。）。

6　ご相談の事例について

　ご相談の事例では、まず、建物の引渡しから3か月後に、床のフロー
リングがそっていると請負人に通知して補修を求めていますので、特
約で定められた建物の引渡しから1年間という担保責任の存続期間内
に契約不適合の事実を通知しています。そのため、注文主は、床のフ
ローリングのそりについては、消滅時効が完成するまで（本事例では、
契約不適合を知った時＝引渡し後3か月目から5年間で消滅時効が完成
します。）、請負人に対して修補または損害賠償のほか、報酬の減額や
契約解除を求めることができます。

　次に、雨漏り、筋かいの不足、断熱材の施工不良の3つの契約不適合
については、建物の引渡しから2年後に修補および損害賠償を請求し
ています。しかし、この時点では特約で定められた建物の引渡しから
1年間という担保責任の存続期間が過ぎています。この場合、請負人
の担保責任を追及できるかどうかは、契約不適合の内容によって異な
ります。

　雨漏り、筋かいの不足は、「構造耐力上主要な部分又は雨水の浸入を
防止する部分」の契約不適合（瑕疵）に該当します。そのため、この
2つの契約不適合（瑕疵）についての担保責任の存続期間は、品確法に
よって引渡しから10年間となります。また、これと併せて、改正民法
637条による期間制限（契約不適合を知ってから1年間）も適用されま
す。ご相談の事例では、注文主は、引渡しから10年間以内であり、か

つ、契約不適合を知ってから1年間以内に、雨漏りおよび筋かいの不足という契約不適合を請負人に通知し、その修補または損害の賠償を求めています。したがって、消滅時効が完成するまで請負人の担保責任を追及できます。

　これに対して、断熱材の施工不良は「構造耐力上主要な部分又は雨水の浸入を防止する部分」の契約不適合（瑕疵）に該当しないため、品確法による存続期間伸長の特例が適用されません。ご相談の事例では、特約で定められた建物の引渡しから1年間の存続期間内に断熱材の施工不良の事実を請負人に通知していないので、請負人の担保責任は既に消滅しており、補修等を求めることはできません。

アドバイス

　担保責任には存続期間がありますので、建物の不具合に気づいたら、速やかに、請負人に不具合の内容を通知しておくべきです。修補請求や損害賠償請求などは必ずしも通知と同時に行わなくてもよいのです。

　請負人が通知後直ちに補修や損害賠償などに応じない場合もあるので、後日存続期間内に契約不適合を通知したことの証拠となるように、通知は内容証明郵便で送付しておくべきです。

　また、表面から見ただけではわからない不具合もありますので、建築士に調査をしてもらって早期に不具合の有無を確認してもらった方がよいでしょう。

【参考となる判例】
　〇最高裁平成4年10月20日判決（判時1441・77）
　〇最高裁平成13年11月27日判決（判時1769・53）

第2章　契約類型別のトラブル　　　　161

24　品確法と担保責任

相談内容

（1）　平成23年に木造注文住宅を建築しました。平成28年になって床の傾きが気になったので調べてもらったところ、床の傾斜が1,000分の6を超えている、小屋ばり（組）の隅部の火打材取付けが必要な箇所に火打材を取り付けていない、梁と柱の接合金物のボルト（ナット）が緩んでいる、筋かい端部に指定された金物が取り付けられていないなどの手抜工事が判明しました。施工業者に対して補修を請求できますか。

（2）　平成22年6月に新築マンションを購入したところ、平成29年4月になってバルコニーの竪樋の部分から漏水が発生しました。売主に対して補修を請求できますか。

（3）　平成23年に注文住宅を建築しました。建物の南側にはウッドデッキとパーゴラを設けました。ところが、平成26年になってウッドデッキの梁（床板を受ける横架材）の部分が腐ってきていることが判明しました。契約書には請負人の担保責任の存続期間は建物の引渡しから1年間と定められています。施工業者に対して補修を請求できますか。

回　答

1　担保責任の存続期間

　相談内容にある3つの事例では、いずれも、建物を建築・購入してから不具合が判明するまである程度期間が経っていますので、施工業者

（請負人）や売主の担保責任が存続期間を過ぎたために消滅していないか、という点が問題となります。

担保責任の存続期間については品確法が特例を定めていますので、品確法に定める担保責任の存続期間に関する特例の適用があるかどうか、検討する必要があります（品確法についての一般的な説明は、「73　住宅性能表示制度」を参照してください。）。

2　品確法による担保責任の特例

品確法は、民法に定める担保責任について、特例を定めています。なお、品確法では、改正民法における契約不適合と同じ内容を意味する用語として「瑕疵」という用語が用いられています。

民法に定める担保責任の内容は、次のとおりです。

① 　売買契約における売主の担保責任の存続期間は、契約不適合を知った時から1年間（改正民566）

② 　工事請負契約における請負人の担保責任の存続期間についても、①と同様、契約不適合を知った時から1年間（改正民637①）

③ 　①、②のいずれの期間も当事者間の合意によって短縮することができる。実際には、後述する品確法が適用されない箇所については、「引渡し」から1～2年とする契約書が多く、民法ではなく契約書の内容が適用されることが多いので、ご注意ください。

これに対して、品確法では、次のような特例を定めています。

① 　住宅を新築する工事請負契約の場合（増築や改築は含まれません。）、「住宅のうち構造耐力上主要な部分又は雨水の浸入を防止する部分として政令で定めるもの」（構造耐力上主要な部分等）の瑕疵については、請負人は、引渡しから10年間、担保責任を負う（品確94①）。

② 　新築住宅の売買契約の場合、売主は、構造耐力上主要な部分等の

瑕疵について、引渡しから10年間、担保責任を負う（品確95①）。
③　①および②に反する特約で注文主または買主に不利なものは、無効とする（品確94②・95②）。

　もっとも、品確法により担保責任の存続期間が伸長される場合でも、売主または請負人の担保責任は買主または注文主が契約不適合を知った時から1年間で消滅するという改正民法566条、637条の規定はそのまま適用されます（①・②の引渡しから10年間という存続期間と重複して適用されます。）（品確94③・95③）。

3　「構造耐力上主要な部分等」とは

　請負人または売主が品確法によって10年間の担保責任を負うのは、「住宅のうち構造耐力上主要な部分又は雨水の浸入を防止する部分として政令で定めるもの」の瑕疵（ただし、構造耐力または雨水の浸入に影響がないものを除きます。）についてです。

　「構造耐力上主要な部分」とは、「住宅の基礎、基礎ぐい、壁、柱、小屋組、土台、斜材（筋かい、方づえ、火打材その他これらに類するものをいう。）、床版、屋根版又は横架材（はり、けたその他これらに類するものをいう。）で、当該住宅の自重若しくは積載荷重、積雪、風圧、土圧若しくは水圧又は地震その他の震動若しくは衝撃を支えるもの」をいいます（品確令5①）。

　「雨水の浸入を防止する部分」とは、「住宅の屋根若しくは外壁又はこれらの開口部に設ける戸、わくその他の建具」および「雨水を排除するため住宅に設ける排水管のうち、当該住宅の屋根若しくは外壁の内部又は屋内にある部分」をいいます（品確令5②）。

4　ご相談の事例について

　ご相談(1)では、床の傾斜、火打材の不足、梁や筋かいの接合不良な

どの不具合が認められます。これらは、いずれも「構造耐力上主要な部分」の瑕疵に該当し、品確法による担保責任の存続期間に関する特例が適用されますので、請負人は、引渡しから10年間は担保責任を負います。ご相談の事例では、平成23年に建物を建築してから瑕疵を発見した時まで、まだ5年間しか経っていません。したがって、瑕疵を知ってから1年以内であれば、注文主は施工業者に対して補修を請求できます。

　ご相談(2)では、バルコニーの竪樋（縦方向の排水管）の部分から漏水が発生しています。屋根・外壁の内部や屋内にある排水管であれば「雨水の浸入を防止する部分」に該当しますが、バルコニーの竪樋は、建物の屋根または外壁の外部に設置されていますので、「雨水の浸入を防止する部分」には該当せず、品確法による担保責任に関する特例は適用されません。もっとも、売買契約書で担保責任の存続期間が定められていなければ、改正民法566条が適用されますので、瑕疵を知ってから1年以内であれば、売主に補修を請求できます。

　ご相談(3)では、契約で定められた建物の引渡しから1年間の存続期間が既に経過していますので、品確法によって担保責任の存続期間を短縮する契約が無効とされない限り、請負人の担保責任を追及することはできません。そこで、ウッドデッキの梁が、「住宅の横架材」として「構造耐力上主要な部分」に該当するかどうかが問題となります。ウッドデッキは濡れ縁や露台のことといってもよく、住宅本体とは別の構造のものが多く、原則としては床板を支える横架材が腐っても「構造耐力上主要な部分」には当たらないと考えられます。ただし、まれにウッドデッキの梁が住宅本体の構造と一体の場合(持ち出し梁など)では解釈が分かれる場合もあるかと思われますので、このような場合には専門家の調査が必要になります。専門家による調査の結果、ウッドデッキの梁が「構造耐力上主要な部分」に当たる場合は、瑕疵を発

第２章　契約類型別のトラブル　　　165

見してから1年以内であれば、注文主は、施工業者に補修を請求できます。

アドバイス

　品確法が適用される住宅でも、全ての瑕疵について担保責任の存続期間が10年に伸びるわけではありません。

　「構造耐力上主要な部分又は雨水の浸入を防止する部分」に当たらない箇所に生じた瑕疵については、担保責任の存続期間を10年未満と定めた契約も有効ですので、この点注意してください。

第2章　契約類型別のトラブル

25　設計者に対する責任追及

相談内容

　建築士に設計を依頼して自宅を新築したところ、新築から3年が経過した現在、建物が不同沈下を起こして著しく傾斜してきました。設計者である建築士に問い合わせたところ、基礎構造を決める際、事前に地盤調査を行わないで設計したことがわかりました。設計した建築士に損害賠償を請求したいのですが、可能でしょうか。

回　答

1　設計者の法的責任

　建築士は、建築士法によって認められた建築物の設計、工事監理等を行う技術者としての資格で、原則として、建築士の資格がなければ建築物の設計、工事監理を行うことはできません。建築士には、一級建築士、二級建築士および木造建築士という3種類があり、それぞれ、設計・監理を行うことができる建築物の範囲（規模、種類等）が定められています（建士3～3の3）。

　建築士は、医師や弁護士などと同様に、高度の専門的知識と技術を用いて業務を行う専門家であるといわれており、業務を遂行するに当たり、一般人よりも高度の注意義務が要求されます。

　建築士が建築主との間で設計契約（設計業務委託契約）を締結している場合には、設計上の過失について債務不履行責任を負います。設計契約の法的性質については、請負契約説、準委任契約説など学説・

第2章　契約類型別のトラブル　　　167

判例上争いがあり、それぞれの説によって建築士が負う債務不履行責任の要件・効果に多少の違いがありますが、この点についての詳細は「5　設計監理契約」を参照してください。なお、債務不履行責任と競合して不法行為責任も問題となりますが、立証の容易さから、通常は債務不履行責任の成否から先に検討されます。

　建築士が居住者との間で直接設計契約を締結していない場合（施工業者あるいは売主が建築士に設計を依頼した場合）には、建築士は居住者に対して債務不履行責任を負うことはありませんが、不法行為責任を負う場合があります。最高裁平成19年7月6日判決（判時1984・34）は「建物の建築に携わる設計者、施工者及び工事監理者（以下、併せて「設計・施工者等」という。）は、建物の建築に当たり、契約関係にない居住者等に対する関係でも、当該建物に建物としての基本的な安全性が欠けることがないように配慮すべき注意義務を負う」とし、この義務を怠った建築士が不法行為責任を負う場合があることを判示しました。

　ご相談の事例では、建築主は建築士と設計契約を締結していますので、以下、債務不履行責任の成否について検討します。

2　設計者の善管注意義務

　設計者である建築士は、設計契約に基づいて善管注意義務を負っています。建築士が負う善管注意義務の程度は、専門家として高度の注意義務が要求されますが、問題は、具体的にどのような注意義務を負っているかという点です。

　まず、設計者が負う義務の内容が契約によって定められている場合には、契約の定めに従って業務を行う義務があります。

　他方、契約で義務の内容が具体的に定められていない場合には、建築主の要求を専門技術的な設計条件に置き換え、その条件のもとで設

168　第2章　契約類型別のトラブル

計者の創造性を加えながら設計を行うという設計業務の特質（大森文彦『建築工事の瑕疵責任入門』28頁（大成出版社、2002））に照らして、設計者の義務の内容を判断することとなります。

　具体的には、設計の目的は建築主の要求を実現することですので、設計の内容が建築主の指示した内容に反している場合には、基本的に債務不履行となります。ただし、建築主の指示が不合理な場合には、建築士は指示にそのまま従うのではなく、建築主にその旨を指摘して説明し、指示の再考を求めるなどの義務があります。

　次に、建築士法18条1項は、「建築士は、設計を行う場合においては、設計に係る建築物が法令又は条例の定める建築物に関する基準に適合するようにしなければならない。」と定めていますので、法令に適合した設計を行う義務があります。

　また、法令上明らかでない事項についても、専門家として要求される高度の技術的水準を前提として、建築主が要求する性能あるいは通常要求される性能を備えた建築物を設計する義務があります。例えば、軽量鉄骨造3階建居宅の設計に当たり、日本軽量鉄骨建築協会作成の軽量鉄骨建築基準および日本建築学会作成の薄板鋼構造設計施工基準と同等以上の構造耐力を確保しなければならないとした判例があります（大阪地判昭57・5・27判タ477・154）。

　さらに、建築主が建築の素人である場合、建築主は、具体的にどのような要求をすれば自分の意図を実現できるのか、なかなか判断できません。そこで、設計者は、建築の専門家として、建築主の意図を実現するためにはどのような設計をすればよいのか、具体的に説明・助言する義務があります。建築士法18条2項も、建築士は、設計を行う場合、委託者に対し、設計の内容に関して適切な説明を行うように努めなければならないと定めています。

　加えて、建築物の設計を行う前提として、敷地の測量や地盤調査な

どの調査が必要となる場合があります。このような調査業務自体は設計業務には含まれず、建築主が土地家屋調査士や地盤調査会社などに依頼して行うのが一般的です。しかし、これらの調査を行う必要があるにもかかわらず建築主が調査を行っていない場合には、そのことを知った設計者は、建築主に対して必要な調査を行うように助言する義務があります。特に、地盤に関しては、建築基準法上、建築物の基礎は地盤の沈下または変形に対して構造耐力上安全なものとすることが義務づけられています（建基令38①）。このように、設計者が基礎構造を設計するためには地盤調査を行う必要があることから、地盤調査を行わないまま設計をした結果、建物に不同沈下等が発生した場合には、設計者の責任が認められる可能性が高いといえます（大阪高判平元・2・17判時1323・68等）。

3　損害賠償の範囲

　設計者が債務不履行責任を負う場合には、設計者は設計上の債務不履行と相当因果関係がある損害について、賠償責任を負います。設計上の債務不履行によって不具合がある建物が建築された場合には、通常、不具合の修補費用が損害となります。

4　責任の存続期間

　設計者の債務不履行責任は、注文主が設計者の債務不履行を知った時から5年間または債務不履行があった時から10年間で時効により消滅します（改正民166①）。

　もっとも、設計契約の法的性質を請負契約と解した場合に、設計者の債務不履行が仕事の目的物の種類・品質に関する契約不適合でもあるときは、注文主は、契約不適合を知った時から1年以内にその旨を設計者に通知しなければなりません（改正民637①）。

5 ご相談の事例について

ご相談の事例では、設計者は、地盤調査が行われていないにもかかわらず、建築主に調査を行うように助言しないまま基礎構造を設計した結果、建物が不同沈下を起こして著しく傾斜していますので、設計者は債務不履行に基づく損害賠償責任を負います。

設計契約の法的性格を準委任契約と解した場合には、新築からまだ3年しか経過しておらず消滅時効が完成していませんので、建築主は、設計者に対して債務不履行責任に基づく損害賠償を請求できます。

他方、設計契約の法的性格を請負契約と解した場合、設計者が作成した設計図書が「仕事の目的物」に当たりますが、本事例では設計者が地盤調査を行わなかったために基礎構造を誤って設計していますので、設計図書の品質が請負契約の内容に適合していないといえます。したがって、契約不適合を知ってから1年以内であれば、建築主は、設計者に対して債務不履行に基づく損害賠償を請求できます。

アドバイス

建物の設計に問題がある場合には、設計者に責任を追及できます。もっとも、建物の不具合が判明した時点では、不具合が設計者の責任によるものか、それとも施工業者の責任によるものかがはっきりしない場合も多くあります。そのような場合は、一方だけに対して責任を追及している間に他方の責任が消滅時効や存続期間の経過によって消滅してはいけませんので、設計者と施工業者の両方に対して責任を追及した方がよいでしょう。

第2章　契約類型別のトラブル　　　171

【参考となる判例】
　○大阪地裁昭和57年5月27日判決（判タ477・154）
　○大阪高裁平成元年2月17日判決（判時1323・68）
　○最高裁平成19年7月6日判決（判時1984・34）

26　工事監理者に対する責任追及（名義貸し）

相談内容

　施工業者に設計・施工を一括して依頼して自宅を建築しましたが、地盤沈下、雨漏り、設計図どおりに筋かいが設置されていないなど、多数の瑕疵が発生しました。そこで施工業者にクレームを言いましたが、施工業者は経営が悪化して事実上倒産状態にあり、とても補修や損害賠償に応じる資力はなさそうです。

　そこで、建築確認申請書に工事監理者として名前が載っているＡ建築士にも責任を追及したいと考えています。しかし、私は、Ａ建築士とは工事監理契約を結んではいませんし、一度も会ったことがありません。施工業者に確認したところ、Ａ建築士は名義を貸しただけで実際には監理を行っていなかったそうです。

　Ａ建築士に対して、損害賠償を請求することができるのでしょうか。

回　答

1　工事監理者の法的責任

　工事監理とは、その者の責任において、工事を設計図書と照合し、それが設計図書のとおりに実施されているかいないかを確認することをいいます（建士2⑧）。工事監理を行うことができるのは、原則として、建築士に限られます。なお、実際に建築士が締結する監理契約においては、「工事監理」に関する標準業務だけでなく、その他の標準業務や標準外の業務も含むことが多いため、平成31年1月21日国土交通省告

第2章　契約類型別のトラブル　　　173

示98号において「監理者の業務」は、「工事監理」に関する標準業務だけでなく、その他の標準業務や標準外の業務も含むものとされています。

　監理契約の法的性質は準委任契約であると解されます（詳細は、「5　設計監理契約」を参照してください。）ので、監理者が監理契約上の義務を怠ったときは、委任者に対して債務不履行責任を負います。

　工事監理者は、監理契約に基づいて、工事を設計図書と照合して、それが設計図書のとおりに実施されているかいないかを確認し、工事が設計図書のとおりに実施されていないと認めるときは、直ちに工事施工者に対して、その旨を指摘し、当該工事を設計図書のとおりに実施するよう求め、当該工事施工者がこれに従わないときは、その旨を建築主に報告する義務があります（福岡高判昭61・10・1判タ638・183。なお、建士18③参照）。

2　名義貸しをした建築士の責任

　ご相談の事例では、A建築士は建築主との間で監理契約を締結していませんので、建築主はA建築士に対して、監理契約に基づく債務不履行責任を追及することはできません。しかし、このような場合、A建築士には何らの法的責任も追及できないのでしょうか。

　A建築士のように、建築士が、実際には監理契約を締結しておらず工事監理を行う意思もないのに建築確認申請書の工事監理者欄に自己の名前を記載することを承諾するという「名義貸し」がしばしば行われており、欠陥住宅や違法建築の温床になっているという指摘がなされていました。そのような背景から、名義貸しをした建築士に対して建築の瑕疵による損害賠償を請求する訴訟が相当数に上りましたが、下級審裁判例では建築士の責任を肯定するもの（大阪地判平10・7・29金判1052・40、大阪高判平12・8・30判タ1047・221等）と否定するもの（大阪高

判平元・2・17判時1323・68等）がありました。

　この点について、最高裁平成15年11月14日判決（判時1842・38）は、名義貸しをした建築士が不法行為に基づく損害賠償責任を負うことを明らかにしました。

　すなわち、同最高裁判決は、

「建築士は、その業務を行うに当たり、新築等の建築物を購入しようとする者に対する関係において、建築士法及び法の上記各規定による規制の潜脱を容易にする行為等、その規制の実効性を失わせるような行為をしてはならない法的義務があるというべきであり、建築士が故意又は過失によりこれに違反する行為をした場合には、その行為により損害を被った建築物の購入者に対し、不法行為にもとづく損害賠償責任を負うものと解するのが相当である。」

と述べて、建築確認申請書に自己が工事監理を行う旨の実体に添わない記載をした建築士は、建築基準関係規定に違反した建築工事が行われないようにするために工事施工者に対して工事監理者の変更の届出をさせる等の適切な措置を取るべき法的義務があり、それにもかかわらず何ら適切な措置を取らずに放置した行為が違法行為に当たると判示しました。

　同最高裁判決の後、平成18年6月の建築士法改正により、建築士が無資格者に対して自己の名義を利用させてはならないことが明文化されました（建士21の2）。

　したがって、ご相談の事例で、A建築士が工事監理者として名義を貸した行為は違法行為ですので、A建築士は、この違法行為によって損害を被った建築主に対して不法行為に基づく賠償責任を負います。

3　責任の範囲

　名義貸しをした建築士が不法行為責任を負うことは前記のとおりで

すが、その場合に賠償すべき損害の範囲については争いがあります。

　下級審裁判例の中には、売主や施工業者と同様に瑕疵と相当因果関係のある損害全額について賠償責任を認めるもの（建替費用相当額の賠償を認めたものとして、大阪地判平10・7・29金判1052・40）がある一方で、損害額の1割の限度で建築士の賠償責任を認めたものもあります（大阪高判平12・8・30判タ1047・221）。

　監理者に関する重要な裁判例として、1つの事件に関する平成19年および平成23年の最高裁判例があります。平成19年に最高裁は、「建物の建築に携わる設計者、施工者及び工事監理者（以下、併せて「設計・施工者等」という。）は、建物の建築に当たり、契約関係にない居住者等に対する関係でも、当該建物に建物としての基本的な安全性が欠けることがないように配慮すべき注意義務を負うと解するのが相当である。そして、設計・施工者等がこの義務を怠ったために建築された建物に建物としての基本的な安全性を損なう瑕疵があり、それにより居住者等の生命、身体又は財産が侵害された場合には、設計・施工者等は、不法行為の成立を主張する者が上記瑕疵の存在を知りながらこれを前提として当該建物を買い受けていたなど特段の事情がない限り、これによって生じた損害について不法行為による賠償責任を負うというべきである。」と判示しました（最判平19・7・6判時1984・34）。

　そして平成23年に最高裁は、「「建物としての基本的な安全性を損なう瑕疵」とは、居住者等の生命、身体又は財産を危険にさらすような瑕疵をいい、建物の瑕疵が、居住者等の生命、身体又は財産に対する現実的な危険をもたらしている場合に限らず、当該瑕疵の性質に鑑み、これを放置するといずれは居住者等の生命、身体又は財産に対する危険が現実化することになる場合には、当該瑕疵は、建物としての基本的な安全性を損なう瑕疵に該当すると解するのが相当である。」と判示しました（最判平23・7・21判時2129・36）。

176　　　　　第2章　契約類型別のトラブル

これらを受けて福岡高裁は、設計者、施工者および工事監理者に対して一定の損害賠償を命じました（福岡高判平24・1・10判時2158・62）。

4　責任の存続期間

建築主と監理契約を締結した工事監理者に過失があった場合、工事監理者は債務不履行責任を負いますが、この責任は、債権者が権利を行使することができることを知った時から5年間、または、権利を行使することができる時から10年間（人の生命または身体の侵害の場合は20年間）で時効によって消滅します（改正民166・167）。

名義貸しをした建築士の責任は不法行為責任ですので、損害および加害者を知った時から3年間（人の生命または身体の侵害の場合は5年間）または不法行為の時から20年間で時効によって消滅します（改正民724・724の2）。

アドバイス

建築士の名義貸しは上記のとおり不法行為に該当するので損害賠償を請求できます。

また、欠陥が建物としての基本的安全性を損なう欠陥の場合、建築士の工事監理義務違反と相当因果関係にある欠陥については建築士に損害賠償を請求できます。

【参考となる判例】
　〇福岡高裁昭和61年10月1日判決（判タ638・183）
　〇大阪高裁平成元年2月17日判決（判時1323・68）
　〇東京地裁平成4年12月21日判決（判時1485・41）
　〇大阪地裁平成10年7月29日判決（金判1052・40）

第2章　契約類型別のトラブル　　177

○大阪高裁平成12年8月30日判決（判タ1047・221）
○最高裁平成15年11月14日判決（判時1842・38）
○最高裁平成19年7月6日判決（判時1984・34）
○最高裁平成23年7月21日判決（判時2129・36）
○福岡高裁平成24年1月10日判決（判時2158・62）

27 請負契約と不法行為責任

相談内容

　私は、12年前に自宅を購入しましたが、数か月前からバルコニーの手すりがぐらついて危険な状態です。専門家に調べてもらったところ、手すりの脚柱部アンカー取付部のコンクリートのかぶり厚さが不足したことが原因のようです。自宅の売主はすでに倒産していますが、施工会社はまだ事業を続けています。施工会社に修補費用を請求することはできないでしょうか。

回　答

1　契約関係にない施工会社に対して修補費用相当額を請求できるか

　建物に瑕疵があった場合、通常考えられるのは、契約の相手方に契約責任を追及することです。請負契約の場合は、施工者・設計監理者（以下「施工者等」といいます。）に対して、売買契約の場合は売主に対して担保責任を追及することができます。

　ところが、担保期間の経過や、契約の相手方の倒産等により、契約の相手方に対して契約責任を追及できない場合があります。

　また、建物を売買によって取得した当事者でも、売主よりも施工者等に対して責任追及を求める意識が強い場合もあり、事実上施工者等が交渉の相手方となっている場合も珍しくありません。

　そこで、契約関係にない施工者等に対して、不法行為責任を追及することができないかが問題となります。

2　最高裁判例

　この問題について、平成19年と平成23年に最高裁判例が出ました。最高裁判例は、「建物の建築に携わる設計者、施工者及び工事監理者（以下、併せて「設計・施工者等」という。）は、建物の建築に当たり、契約関係にない居住者等に対する関係でも、当該建物に建物としての基本的な安全性が欠けることがないように配慮すべき注意義務を負う」とし、「建物としての基本的な安全性を損なう瑕疵があり、それにより居住者等の生命、身体又は財産が侵害された場合には、設計・施工者等は、（中略）これによって生じた損害について不法行為による賠償責任を負う」として（最判平19・7・6判時1984・34）、当該瑕疵の修補費用相当額の損害賠償を請求することができるとしました（最判平23・7・21判時2129・36）。

　居住者等の生命、身体または財産に対する侵害というのは、現実の侵害は不要であり、いずれはその危険が現実化することになる場合で足りるとされています（最判平23・7・21判時2129・36）。

　そして、①建物の構造耐力に関わる瑕疵、②人身被害につながる危険のある瑕疵（外壁の剥落、建物利用者転落の危険等）、③建物利用者の健康や財産が損なわれる危険がある瑕疵（漏水、有害物質の発生等）は基本的な安全性を損なう瑕疵に該当するが、④建物の美観や居住環境の快適さを損なうにとどまる瑕疵は該当しないとされています（最判平23・7・21判時2129・36）。

　なお、不法行為責任の追及となるので、設計・施工者等の故意・過失の立証も必要であることに注意が必要です。

　これらの最高裁判例のもと、下級審では、コンクリートの圧縮強度不足の事案（仙台地判平27・3・30（平22（ワ）2018・平23（ワ）1443））や漏水被害が生じた事案（東京地判平25・5・9（平23（ワ）2062・平23（ワ）2503・平23（ワ）

2510・平23(ワ)2542・平23(ワ)17170))、タイルの剥離が発生した事案（東京地判平27・3・17（平24(ワ)33975・平24(ワ)36129））等で不法行為責任を認めたものがあります。他方で、床鳴りについて不法行為責任を否定したものがあります（東京地判平25・7・19（平23(ワ)19467））。

3　ご相談に対する回答

　ご相談の事案では、売主が倒産しており、買主の追完請求権（改正民562・566）や損害賠償請求権の消滅時効期間も経過していますので（改正民166①二）、売主に対する責任追及は困難です。しかし、施工会社は事業を続けているということですので、不法行為責任を追及する余地があります。手すりのぐらつきは、建物利用者が落下し人身被害につながる危険がありますから、基本的な安全性を損なう瑕疵に該当する可能性が高いでしょう。

　不法行為責任追及の期間制限について、民法は、損害及び加害者を知った時から3年、不法行為時から20年であり、いずれも時効であると規定しています（改正民724）。生命・身体の侵害による損害賠償請求権については、損害および加害者を知った時から5年であるとして時効期間を延長しています（改正民724の2）。

アドバイス

　契約関係にない相手方に責任追及をしたい場合や担保責任の期間が過ぎてしまった場合でも、不法行為責任を追及する余地があります。

【参考となる判例】
　〇最高裁平成19年7月6日判決（判時1984・34）
　〇最高裁平成23年7月21日判決（判時2129・36）

第2章　契約類型別のトラブル　　181

○東京地裁平成25年5月9日判決（平23(ワ)2062・平23(ワ)2503・平23(ワ)
　2510・平23(ワ)2542・平23(ワ)17170)
○東京地裁平成25年7月19日判決（平23(ワ)19467)
○東京地裁平成27年3月17日判決（平24(ワ)33975・平24(ワ)36129)
○仙台地裁平成27年3月30日判決（平22(ワ)2018・平23(ワ)1443)

第2　売買契約

28　売主に対する責任追及

相談内容

　マンションを購入したところ、欠陥がありました。誰に対して
どのような請求ができますか。また、購入後5年経ってから雨漏
りがしてきた場合でも同じでしょうか。

回　答

1　売主に対する請求

　売主に対しては以下の請求ができます。

(1)　買主の追完請求権（改正民法562条）

　旧民法においては、原則として瑕疵修補請求はできず、売買契約上、
売主がアフターサービスを保証するなど瑕疵修補の合意がある場合に
は、契約に基づき瑕疵修補請求ができるにすぎませんでしたが、改正
民法においては、引き渡された目的物が種類、品質または数量に関し
て契約の内容に適合しないものであるときは、買主は、売主に対し、
①目的物の修補、②代替物の引渡しまたは③不足分の引渡しによる履
行の追完を請求することができることが規定されました（改正民562①
本文）。

　ただし、売主は、買主に不相当な負担を課するものでないときは、
買主が請求した方法と異なる方法による履行の追完をすることができ
るとされています（改正民562①ただし書）。

また、目的物が契約の内容に適合しないことが、買主の責めに帰すべき事由によるものであるときは、買主は、履行の追完の請求をすることはできません（改正民562②）。

(2) 買主の代金減額請求権（改正民法563条）

旧民法においては、数量の不足以外の場合に、代金減額請求を認める条文は存在しませんでしたが、改正民法においては、数量に関し契約の内容に適合しない場合だけでなく、目的物が種類または品質に関して契約の内容に適合しない場合にも代金減額請求ができることが定められました（改正民563）。

代金減額請求権は、履行不能である場合や債務不履行による損害賠償について免責事由がある場合でも行使することができ、また、同請求権は形成権であるとされているので、訴訟外で買主の一方的意思表示で効力が生じることとなります。

ア 催 告

改正民法562条1項本文に規定する場合において、買主が相当の期間を定めて履行の追完の催告をし、その期間内に履行の追完がないときは、買主は、その不適合の程度に応じて代金の減額を請求することができます（改正民563①）。したがって、原則として、代金減額請求をするためには、履行の追完の催告とその期間内に履行の追完がないことが必要となります。

イ 催告が不要な場合

上記のとおり、代金減額請求をするためには、原則として、相当の期間を定めて履行の追完の催告をしなければなりませんが、以下の場合（改正民563②各号の場合）には、催告を要せず、直ちに代金減額請求をすることができます（改正民563②）。

催告が不要であるのは、①履行の追完が不能であるとき、②売主が履行の追完を拒絶する意思を明確にしたとき、③契約の性質または当

事者の意思表示により、特定の日時または一定の期間内に履行をしなければ契約をした目的を達成することができない場合において、売主が履行の追完をしないでその時期を経過したとき、④買主が改正民法563条1項の催告をしても履行の追完を受ける見込みがないことが明らかであるときの4つの場合です。

これらの場合には、買主は、履行の追完の催告をすることなく、直ちに代金減額請求をすることができます。

なお、目的物が契約の内容に適合しないことが、買主の責めに帰する事由による場合には、代金減額請求をすることはできません（改正民563③）。

(3)　買主の損害賠償請求および解除権の行使（改正民法564条）

ア　損害賠償請求

履行の追完請求権を行使した場合でも、代金減額請求権を行使した場合でも、売主に帰責事由がある場合には、改正民法415条による損害賠償の請求をすることができます（改正民564）。

契約不適合の場合も、債務不履行の一般原則によることになるので、売主に帰責事由がないときは、売主は免責されます。もっとも、売主の帰責事由については、改正の経過で「損害賠償の免責の可否について、売主の債務のような結果債務については、債務不履行の一般原則によっても、帰責事由の欠如により損害賠償責任につき免責されるのは実際上不可抗力の場合などに限られるとの見方もあ」（部会資料75A17頁）る旨説明されており、この点は判例の集積を待つ必要があるかと思われます。

イ　解除権の行使

履行の追完請求権を行使した場合でも、代金減額請求権を行使した場合でも、売主に帰責事由がある場合には、改正民法541条（催告による解除）または民法542条（催告によらない解除）による解除権の行使

をすることができます（改正民564）。

　旧民法では売買の目的が達成できる場合には契約解除はできないところ、改正民法では売買の目的が達成できる場合であっても、契約不適合が軽微でないときは、契約を解除しうることとなりました。

2　設計者・施工者・監理者に対する請求

　購入者と設計者・施工者・監理者との間には契約関係がなく、担保責任を問うことはできませんから、不法行為に基づく損害賠償請求が考えられます。そして、これらの者に対する不法行為に基づく損害賠償請求の可否や要件については争いがあったものの、最高裁平成19年7月6日判決（判時1984・34）は以下のとおり判断しました。

　「建物の建築に携わる設計者、施工者及び工事監理者（以下、併せて『設計・施工者等』という。）は、建物の建築に当たり、契約関係にない居住者等に対する関係でも、当該建物に建物としての基本的な安全性が欠けることがないように配慮すべき注意義務を負うと解するのが相当である。そして、設計・施工者等がこの義務を怠ったために建築された建物に建物としての基本的な安全性を損なう瑕疵があり、それにより居住者等の生命、身体又は財産が侵害された場合には、設計・施工者等は、不法行為の成立を主張する者が上記瑕疵の存在を知りながらこれを前提として当該建物を買い受けていたなど特段の事情がない限り、これによって生じた損害について不法行為による賠償責任を負う。居住者等が当該建物の建築主からその譲渡を受けた者であっても異なるところはない。」

　このように、建物としての基本的な安全性に欠けており、その点につき故意または過失がある場合は、契約関係のない設計者・施工者・監理者に対する不法行為が認められることとなりました。

3　購入後5年経ってから雨漏りがしてきた場合

(1)　売主に対する請求

ア　担保責任の期間制限

　雨漏りがするというのは、契約不適合に当たるといえますので、売主に対しては担保責任を問うことができます。

　ただし、目的物の種類または品質に関して契約の内容に適合しない目的物を買主に引き渡した場合において、買主がその不適合を知った時から1年以内にその旨を売主に通知しないときは、買主は、その不適合を理由として履行の追完の請求、代金の減額請求、損害賠償の請求および契約の解除をすることができません（改正民566本文）。ただし、売主が引渡しの時に不適合であることを知っていたとき、または重過失で知らなかったときは、この限りではない（改正民566ただし書）とされています。これは、売主は引き渡したら履行が完了したものと期待するため、長期間売主の地位を不安定にするのは適切でないため、担保責任の期間を制限した規定です。不適合の場合でも、数量不足の場合は、種類または品質の瑕疵の場合ほど、履行が完了したという売主の期待を保護する必要がないため、数量不足の場合は通常の消滅時効期間によります。

　もっとも、この期間内に訴えの提起までする必要はなく、裁判外であっても瑕疵修補や損害賠償の請求など瑕疵担保責任を問う意思を明確にしていれば足ります（最判平4・10・20判時1441・77）。

イ　新築マンションの場合

　品確法が施行された平成12年4月1日以降に請負契約が締結され、雨漏りが構造耐力に影響する欠陥から生じている場合は、同法が適用され、瑕疵担保期間は10年間となります（品確94①）。したがって、建物引渡しから10年間は、瑕疵担保責任を追及することができます。

第2章　契約類型別のトラブル　　　187

　ウ　契約に基づく保証

　契約内容に、アフターサービス等の保証が定められている場合、これに従った瑕疵修補（雨漏り箇所の補修）の請求や損害賠償請求が可能となります。

(2)　施工者等に対する請求

　前記のとおり、契約関係にない施工者等に対する請求が可能なのは建物に基本的な安全性を損なう瑕疵がある場合であるところ、最高裁平成23年7月21日判決（判時2129・36）は、

　「「建物としての基本的な安全性を損なう瑕疵」とは、居住者等の生命、身体又は財産を危険にさらすような瑕疵をいい、建物の瑕疵が、居住者等の生命、身体又は財産に対する現実的な危険をもたらしている場合に限らず、当該瑕疵の性質に鑑み、これを放置するといずれは居住者等の生命、身体又は財産に対する危険が現実化することになる場合には、当該瑕疵は、建物としての基本的な安全性を損なう瑕疵に該当すると解するのが相当である。」

　「漏水、有害物質の発生等により建物の利用者の健康や財産が損なわれる危険があるときには、建物としての基本的な安全性を損なう瑕疵に該当するが、建物の美観や居住者の居住環境の快適さを損なうにとどまる瑕疵は、これに該当しないものというべきである。」と判示しました。雨漏りも「漏水」に属すると解されるので、建物の基本的な安全性を損なうといえます。そのため、施工者等に対する請求も可能です。

アドバイス

　購入したマンションに欠陥が見つかった場合、まずはどのような欠陥であるかを明らかにする必要があります。売主には欠陥のないマンションを売る義務がありますので、欠陥があればそれを修補し、また

は代金を減額するなどをしなければなりません。建物の基本的な安全性にかかわるような欠陥の場合には設計者・施工者・監理者にも責任を追及することができます。

　どのような欠陥があり、その原因は何かを検討するには、専門家による調査が必要となる場合が多いです。その報告書は欠陥の責任を請求する時に有力な証拠となります。

　上記のとおり、誰に対して責任を追及するにも期間制限がありますし、欠陥の具体的内容を特定するのに時間を要することも多いので、欠陥が見つかった場合は早めに専門家に相談した方がよいでしょう。

第２章　契約類型別のトラブル　　189

29　不動産仲介業者に対する責任追及

相談内容

　半年前に35年ローンで、仲介業者Ａを介して、新築の木造3階建住宅を購入しました。しかし、入居して3か月後、雨が3日ほど続いたときに気づいたのですが、窓の近くの壁から水がしみ出してきていました。その後も何日か雨が続くときには水がしみ出してきます。これは明らかに何かの欠陥があると思います。私が仲介を頼んだ仲介業者Ａに対して何らかの責任を追及することは、できないでしょうか。売主側にも仲介業者Ｂが入っていたようなのですが、売主側の仲介業者Ｂに対しては、責任を追及することはできないでしょうか。

回　答

1　仲介業者の責任

(1)　委託関係がある場合

　自分が頼んだ仲介業者とは、仲介契約を締結しており、かかる仲介契約は、準委任契約（民656）であるとするのが通説・判例ですので、仲介業者は仲介契約に基づき、善管注意義務（民644）を負います。

　そして、仲介業者である宅地建物取引業者は、免許を取得して業務を行う専門家であるため、その職務の専門性に鑑み高度の注意義務が要求されると解されます。宅地建物取引業法に定められている「取引の関係者に対する信義誠実義務」（宅地建物31）や「重要事項説明義務」（宅地建物35）などは、かかる高度の注意義務を具体化した規定といえ

ます。

　したがって、仲介業者がこの注意義務を怠った場合、仲介業者には、債務不履行責任が生じます。また、同時に不法行為責任も生じうるのは、(2)で述べるように、委託関係がない場合と同様です。

(2)　委託関係がない場合

　相手方の仲介業者とは、仲介契約を締結していないので、相手方の仲介業者には、準委任契約に基づく善管注意義務はありません。

　しかし、委託関係の有無にかかわらず、仲介業者である宅地建物取引業者は、免許を取得して業務を行う専門家であることには変わりありません。したがって、委託関係がなくても「業者の介入に信頼して取引をなすに至った第三者一般に対しても、信義誠実を旨とし、目的不動産の瑕疵、権利者の真偽等につき格段の注意を払い、以て取引上の過誤による不測の損害を生じさせないよう配慮すべき業務上の一般的な注意義務がある」(東京高判昭32・11・29判タ76・44) といえます。

　したがって、委託関係にない場合においても仲介業者にかかる注意義務違反が認められる場合には、不法行為責任が生じます。

　なお、この場合の注意義務の程度については、委託関係がある場合よりも低いとする見解と両者を峻別すべきではないとする見解があります。

2　仲介業者が責任を負う場合

　仲介業者に高度の注意義務が課せられているとはいっても、その業務上の注意義務にも限界があるといえ、一般的には、取引対象不動産の隠れた瑕疵に関する専門家的調査や鑑定能力まで要求することはできないと解されています(大阪高判平7・11・21判タ915・118参照)。したがって、当該不動産の物的な欠陥については、注意義務違反が認められるケースは少ないといえます。もっとも、仲介業者が欠陥を知り、ま

たは容易に知りえた場合には、注意義務違反が認められます。

　一方、当該不動産の物的な欠陥ではなく、権利関係や法的な欠陥については、仲介業者は専門家として高度の注意義務を負うといえ、比較的広く注意義務違反が認められます。

　簡単に類型化すると、以下のようにいえます。

　（1）　欠陥の種類

①　物的な欠陥　→　認められにくい

　　例：構造強度不足等

②　権利関係ないし法的な欠陥　→　比較的認められやすい

　　例：所有権や代理権がない場合、法令上の制限がある場合等

　（2）　不動産の種類

①　土地　→　比較的認められやすい

②　建物　→　土地と比べて認められにくい

　（3）　仲介業者の欠陥の存在についての認識

①　知っているまたは容易に知りえた　→　認められやすい

②　知らないまたは容易には知りえない　→　認められにくい

アドバイス

　ご相談の場合、壁からの漏水とのことなので、建物の物的な欠陥ということができます。したがって、仲介業者Aがかかる欠陥の存在を知っていた、または容易に知りえたという事情が認められる場合には、債務不履行責任、または不法行為責任を追及できる可能性があります。そのような事情が認められない場合、残念ながら、仲介業者Aに対する責任を追及することは困難でしょう。また、仲介業者Bについても同様のことがいえるため、仲介業者Bの不法行為責任を追及することも困難でしょう（この点、後記参考判例大阪地裁平成15年11月26日判

決では、売主側仲介業者は、簡単な方法により、建物の傾斜の事実を容易に知りえたのにそれをしなかったとして不法行為責任が認められています。)。

したがって、ご相談の場合、売主の担保責任（改正民562等）等を追及していくことにより、損害の回復を図ることになると思われます（なお、仲介業者の責任を追及できる場合でも、売主の担保責任を追及することは可能です。)。

【参考となる判例】

○東京高裁昭和32年7月3日判決（判時122・4）（代理権・肯定）

○大阪高裁昭和61年11月18日判決（判タ642・204）（境界紛争・肯定）

○横浜地裁平成9年5月26日判決（判タ958・189）（違法建築〈マンション〉）買主の仲介業者の責任を肯定（ただし、慰謝料のみ）したが、売主側の仲介業者の責任は否定した事例

○大阪地裁平成11年6月30日判決（民集57・10・1578）（構造強度不足・否定）

○東京高裁平成12年10月26日判決（判時1739・53）（法令上の土地利用制限・肯定）

○東京高裁平成13年12月26日判決（判タ1115・185）（土地の性状〈軟弱地盤〉・肯定）

○千葉地裁平成14年1月10日判決（判時1807・118）（隣接に擁壁設置・肯定）

○大阪地裁平成15年11月26日判決（平14（ワ）1003）（建物の傾斜（売主側・買主側両方の仲介業者の責任)・肯定）

○大阪高裁平成16年12月2日判決（判時1898・64）（隣人トラブル・肯定）

第2章　契約類型別のトラブル　193

30　中古住宅の売主に対する責任追及

相談内容

　6か月前に知人Aから築20年の木造2階建中古住宅を購入しましたが、引っ越して3か月後ぐらいから天井より雨漏りがするようになりました。Aとの売買契約書には、「売主Aは、本件建物に関する売主の担保責任は一切負いません。」との条項があります。このような場合、Aに対して責任を追及することはできないのでしょうか。

回　答

1　新築住宅購入との違い

　平成12年4月1日以降に新築住宅（新たに建設された住宅で、まだ人の居住の用に供したことがないもので、かつ、建設工事完了の日から1年を経過していないもの）を購入（契約）した場合、品確法によって、「住宅の構造耐力上主要な部分」および「雨水の侵入を防止する部分」に瑕疵がある場合、売主に対して、引渡しの日から10年間、瑕疵修補義務等の瑕疵担保責任を追及することが可能です。この規定は強行規定であり、この規定に反する特約で買主に不利なものは、無効となります（品確95）。

　これに対して、中古住宅の場合、品確法の適用がありません。したがって、中古住宅の場合、民法の売主の担保責任（契約不適合責任・改正民562等）の規定が適用されることになります。なお、2で述べるように、売主が個人である場合と不動産業者である場合とでは異なります。

2 中古住宅の売主の担保責任

(1) 売主が個人の場合

　買主は、種類または品質に関して契約の内容に適合しないものを引き渡された場合は、その契約不適合の事実を知った日から1年以内にその旨を通知をすれば、その契約不適合の事実を理由として履行の追完請求、代金の減額請求、損害賠償請求および売買契約の解除が可能です（改正民562等）。

　しかし、同規定は任意規定なので、売買の当事者の合意によって担保責任を負わない旨を定めたり、担保責任を負う期間を自由に定めたりすることも可能です。ただし、売主が契約不適合の事実を知っていて買主に伝えなかった場合や重大な過失によって契約不適合の事実を知らなかった場合は、たとえ、担保責任を負わない旨の合意をしたとしても、売主はその責任を免れることはできません（改正民572）。

　したがって、ご相談の場合、中古住宅とのことなので、品確法の適用はなく、契約書の担保責任を免除する条項も有効であるため、Aが当該中古住宅の契約不適合の事実を知っていたにもかかわらず、これを伝えなかったような場合や重大な過失によって契約不適合の事実を知らなかった場合でなければ、Aに担保責任を追及することはできないということになります。もっとも、Aがその住宅に長年居住していたような場合、雨漏りについて知っていた可能性も高く、その場合には、かかる契約不適合の事実を告げなかったBに対して、契約不適合の事実を知った時から1年以内にその旨を通知すれば、担保責任を追及できる可能性があります。ただし、旧民法下の裁判例（最判平13・11・27判時1769・53）において、瑕疵担保による損害賠償請求権には消滅時効の規定の適用があり、この消滅時効は、買主が売買の目的物の引渡しを受けた時から進行するとされており、この趣旨は、改正民法においても妥当すると考えられますので、目的物の引渡しを受けた時から

第2章　契約類型別のトラブル　　　　195

10年で消滅すると考えられます。

　なお、このように、売主が契約不適合の事実を知っていて、あえてそれを買主に告げなかった場合や契約不適合の事実を容易に知りえたといえるような場合には、売主に故意ないし過失が認められ、不法行為責任を追及できる余地もあると思われます。

　(2)　売主が不動産業者（宅地建物取引業者）の場合

　ご相談の場合とは、違うケースですが、参考までに、売主が不動産業者の場合について、付言しておきたいと思います。

　売主が不動産業者の場合には、民法の規定する売主の担保責任（契約不適合責任）を免除する特約や1年間の担保責任期間を短縮する特約（引渡しの日から2年以上とする特約を除きます。）など民法の規定より買主に不利になるような特約は無効とされます（宅地建物40）。

　したがって、売主が不動産業者の場合、仮にご相談のように、契約書に「売主Aは、本件建物に関する契約不適合について、一切責任は負いません。」との条項があったとしても、そのような条項は無効であり、買主は、契約不適合の事実を知った時から1年以内にその旨を通知すれば、担保責任を追及できることになります（改正民566）。

3　消費者契約法による契約取消

　消費者契約法は全ての消費者取引に適用されます。したがって、売主が法人である場合はもちろん、ご相談のように個人である場合にも、その個人が事業としてまたは事業のために契約の当事者（売主）となる場合、買主が事業としてまたは事業のために契約の当事者となる場合を除き、個人である買主は、売主によって重要事項について不実告知や目的物について断定的判断の提供がなされたために誤認して契約してしまった場合や、売主が重要事項について利益となる旨を告げながら、当該重要事項について不利益な事実を故意に告げなかったため

に契約してしまったなどの場合には、消費者契約法に基づき、当該売買契約を取り消すことが可能と考えられます（消費契約4）。なお、消費者契約法に基づく取消権は、追認をすることができる時から1年間行わないとき、または、売買契約の締結の時から5年を経過したときは、時効により消滅してしまいます（消費契約7）。

　ご相談の場合にも、Aが事業としてまたは事業のために当該中古住宅を販売したと認められる場合、Aが雨漏りの事実を知っていたのにもかかわらず、例えば、「築20年だけど、リフォーム済みで何の問題もないよ。」と告げるなど、相談者に利益となる旨を告げながら、雨漏りの事実を告げなかったというような場合、売買契約を取り消すことができる余地があるといえます。

アドバイス

　回答で説明したように、中古住宅と新築住宅とでは異なる扱いがなされるため、中古住宅を購入する際には、より慎重な検討が必要といえます。もっとも、一般の個人である場合には、なかなか専門的な判断が難しいと思われますので、購入前の点検の際に建築の専門家に同行してもらったり、建物調査（インスペクション）をしてもらったりすることが有効であるといえます。なお、国土交通省では、平成25年6月に「既存住宅インスペクション・ガイドライン」を策定し、検査・調査の項目・方法についてガイドラインを示しています。

　また、既存住宅性能表示制度による住宅性能評価書の利用や既存住宅保証制度等を利用することも有用であると考えられます。

第2章 契約類型別のトラブル　　197

第3　リフォーム契約

31　リフォーム施工業者に対する責任追及

相談内容

　築20年の自宅の外壁をタイル張りにリフォームをしたのですが、タイルに浮きが生じ、目地にクラック（ひび割れ）も入っています。リフォーム業者に補修をするように言っても「大した問題じゃないから、大丈夫だ」などと言って、取り合ってくれません。

　このような場合、業者に補修をさせたりすることはできないのでしょうか。

回　　答

1　リフォームとは

　一口にリフォームといっても、法律上特に定義が定められているわけではなく、増改築など大規模なものから模様替え程度の小規模なものまで様々なものがあります。リフォームを一般的に大きく分けると、増築、改築、模様替え、修繕があります。それぞれの定義は、以下のとおりです。

区　　分	定　　　　　義
増　　築	既存建築物の床面積を増加させること
改　　築	建築物の全部もしくは一部を除去し、またはそれが災害によ

	って滅失した後、引き続き、原建築物と用途、規模、構造上同一性を失わせない限度で、これを改変すること
模様替	建築物の構造、規模、機能の同一性をそこなわない範囲で、これを改変すること
修　繕	建築物が、災害、朽廃等により従前の規模・構造・機能を損なわれた場合に従前の状態に向って回復せしめること

（出所　島田信次＝関哲夫『建築基準法体系（第五次全訂新版）』（酒井書店、1991））

　リフォームをする場合、業者に頼む場合が多いと思いますが、その契約が請負契約（民632）となることは、いずれのリフォームにおいても共通しています。請負契約とは「当事者の一方（請負人）がある仕事を完成することを約束して、相手方（注文者）がその仕事の結果に対してその報酬を支払うことを約すること」です。リフォームを業者に頼む場合もこの請負契約となります。

2　品確法の適用の有無

　品確法94条に基づいて請負人の瑕疵担保責任が10年とされるのは、「新築住宅」の「構造耐力上主要な部分」および「雨水の浸入を防止する部分」についての瑕疵です。

　したがって、小規模なリフォームはもちろん、増改築などの大規模なリフォームであっても品確法の適用はありません。

3　リフォームの担保責任

　リフォームの場合、品確法の適用はありませんが、新築の場合と同様に民法上の請負人の担保責任の規定（売主の担保責任の規定を準用・改正民法559条）が適用されることになります。

第2章　契約類型別のトラブル　　　199

(1)　担保責任の内容

　注文者は請負人（業者）に対して、履行の追完請求、報酬の減額請求、損害賠償請求および契約の解除をすることができます。なお、旧民法では、土地の工作物については契約の解除が制限されていましたが、改正民法では解除が認められています。

　なお、これらの担保責任は、当該不適合が注文者の提供した材料によって生じた場合や注文者の指示によって生じた場合には追及することができません。ただし、そのような場合であっても、請負人が材料ないし指図が不適当なことを知りながら、そのことを注文者に伝えなかったときには、原則どおり、担保責任を追及することができます（改正民636）。請負人の担保責任の詳細については、「16　請負人の担保責任」を参照してください。

(2)　担保責任請求の期間制限

　注文者が請負人に担保責任を請求するための期間制限として、民法上では「注文者がその不適合を知ったときから1年以内にその旨を請負人に通知する」必要があります（改正民637①）。

　また、請負契約書において期間制限について別途の定めが存在する可能性もあります。

　ご相談のケースでも、上記民法の規定や契約上の定めを確認し、期間制限内に適切な処置を行う必要があることに注意が必要です。

アドバイス

　リフォーム工事は既存建物の存在を前提として行われるため、リフォーム工事後に欠陥が発見された場合も、その欠陥は元々あったなどと業者から反論されることがあります。それを防ぐためには、リフォーム前後の状況、リフォーム中の状況等について、写真などで記録を

残しておくことが有効です。また、リフォーム工事の場合、図面や仕様書、見積書等がない場合も多く、工事に何か問題が生じた場合に工事内容を特定することが困難となりますので、注意が必要です。この点、交渉内容を記録し、略図、装品カタログ、概算見積書等をそろえてもらうことも重要といえます。そして、欠陥を発見したらすぐに業者に連絡して、一緒に欠陥の状況を確認し、協議をするようにしましょう。その際、欠陥の発見日時、欠陥の場所・内容、業者との交渉状況等についても記録を作成しておくと後に大きなトラブルになった場合も有効な資料となります。

> **メモ　保証書等のチェック**
>
> 　リフォーム業者の中には、独自の方針で保証を行っているところもあり、保証書や保証約款がある場合、その保証書等に定められた期間、追完請求など保証書等に規定された内容の請求ができる場合がありますので、保証書等をチェックすることも重要です。

32 リフォーム詐欺

相談内容

一人暮らしをしている私の父(70歳)の家に業者がやってきて、「家屋を無料点検させて欲しい。」と言って、父が「点検だけなら」と許すと、家に入って簡単な点検らしきことをやった後「こりゃ駄目ですよ。このままじゃ、ちょっとした地震がきたら一発でつぶれます。」などと言い、リフォーム工事の勧誘をし、最初は渋っていた父も根負けし、無理矢理リフォーム工事契約とクレジット契約を締結させられたようです。これらの契約を解除することはできないのでしょうか。

回 答

1 リフォーム詐欺の要因

建設業を営む場合、原則として建設業法の定める国土交通大臣や都道府県知事の許可を受けなければなりません。しかし、建築一式工事(総合的な企画、指導、調整のもとに建築物を建設する工事をいいます(昭47・3・8建告350)。)以外の工事では、金額が1件当たり500万円未満(税込)の場合、建築一式工事では、金額が1件当たり1,500万円未満(税込)の工事または延べ面積が150m²に満たない木造住宅工事の場合は「軽微な工事」として許可は不要とされています(建設3①ただし書、建設令1の2)。悪徳リフォーム業者は、この規定を悪用し、無許可で特に高齢者を狙い、必要がないのにリフォーム工事をしたり、質の悪いリフォーム工事をしたりして、以前から社会的にも問題になってい

ます。

2 対処方法

悪徳リフォーム業者と契約をしてしまった場合、以下の法律に基づき、契約の解消等が可能です。

(1) 特定商取引法

訪問販売によりリフォーム工事契約をした場合、特定商取引法が適用されるので、以下のような対処が可能です。

ア クーリング・オフ

注文者は、業者が消費者（「注文者」のことです。）に対して交付するよう法律で定められている契約内容、契約の解除に関する事項等が記載された書面（法定書面）を受領した日から8日間は、理由の有無を問わず無条件で契約を解消することができます。

また、法定書面が交付されなかった場合や法定書面の記載事項に不備がある場合には、8日経過後も契約を解消できます。例えば「床下工事一式」とのみ記載した場合、その役務の内容が不明確であり記載事項に不備があるといえ、8日経過後もクーリング・オフが可能です。

さらに、業者からクーリング・オフができない契約であるなど虚偽の説明を受けたり、脅かされたりして期間内にクーリング・オフができなかった場合は、業者からクーリング・オフができる旨の書面と説明を受けた日から8日間は契約を解消することができます。

ご相談の場合、法定書面を受領した日から8日間、法定書面を受領していなかったり、書面に不備があったりすればそれ以後も、クーリング・オフにより契約を解消することができます（既に工事に着手していても可能です。）（特定商取引9）。

イ 契約の取消し

業者が事実と違うことを告げ（不実告知）、または故意に事実を告げ

なかった（事実不告知）ことにより、消費者が誤認して契約をしてしまった場合には、消費者は契約を取り消すことができます。

　なお、誤認に気づいたときから1年ないし契約時から5年の期間制限があります（特定商取引9の3）。

　ご相談の場合、訪問販売であり、特定商取引法の適用があります。そして、業者が「地震がきたら一発でつぶれます。」など事実と違うことを言ったために、お父さんはその業者の言葉を信じて契約をしたと考えられますので、特定商取引法に基づき契約を取り消すことが可能です。

（2）　消費者契約法

　訪問販売による場合ではないため、特定商取引法が適用されない場合であっても、消費者契約法は全ての消費者取引に適用されます。

　したがって、業者が重要な事項について、事実と異なることを告げたり、不利益な事実を故意に告げなかったり、契約の目的となるものについて断定的な判断の提供をしたり、消費者が業者に対してその住居等から退去するようにとの意思表示をしたのに退去しなかったり、逆に消費者が勧誘されている場所から退去したいとの意思表示をしたのに退去させなかったりした結果、消費者が誤認ないし困惑して契約をしたような場合、消費者契約法に基づき、消費者である注文者は契約を取り消すことができます（消費契約4）。

　なお、誤認に気づいたとき、または困惑状態から脱したときから1年ないし契約時から5年の期間制限があります（消費契約7）。

　また、消費者契約法は、消費者に一方的に不利益となるような契約条項は、無効としますので、そのような契約といえる場合には無効を主張することができる可能性もあります。例えば、契約書に「リフォーム後に何か問題があっても当社は一切責任を負いません。」との条項があっても、かかる条項は、消費者に一方的に不利益なものといえ

るため無効となります（消費契約10）。

　ご相談の場合、業者が「地震がきたら一発でつぶれます。」など事実と違うことを言ったために、お父さんはその業者の言葉を信じて契約をしたと考えられますので、消費者契約法に基づいても契約を取り消すことが可能です。

　(3)　民　　法

　詐欺や強迫により契約を締結させられた場合、契約を取り消すことが可能です。なお、追認ができるときから5年、契約のときから20年の期間制限があります（民96・126）。

　また、錯誤があったと評価できる場合には、一定の要件を満たせば、無効を主張することができます（民95）。

　さらに、契約内容や契約における相手方の態度があまりにひどい場合、公序良俗に反する契約として無効を主張できる場合もあると思われます。

　ご相談の場合、契約内容等が明らかでないので公序良俗違反といえるかまではわかりませんが、少なくとも故意にお父さんを欺いていると考えられるので、詐欺として契約を取り消すことが可能と思われます。また、錯誤無効を主張する余地もあるでしょう。

3　クレジットの問題

　本来であれば支払えないような高額なリフォーム工事でも、クレジットの利用によって支払が可能となってしまうために、業者は言葉巧みにリフォーム工事契約と一緒にクレジット契約を締結させることも多く、一層被害が拡大しているのが実情です。

　この点、リフォーム工事契約には、割賦販売法の適用があります（割賦令1・別表第1の3四）。その結果、2か月以上の期間にわたり、かつ3回以上に分割して支払う場合またはリボルビング払の場合（ただし、前者

については支払総額が4万円以上、後者については3万8,000円以上であるもの)、リフォーム工事契約をクーリング・オフしたり、取り消したりした場合、割賦販売法に基づき、クレジット会社に対してその事由を主張してクレジット会社に対する未払金については、支払を拒絶することができます(割賦30の4、割賦令21)。これを抗弁の接続とか抗弁の対抗といいます。

一方、既払金については、現行法上抗弁の接続は認められていないため、クレジット会社に返還義務は認められません。今後の法改正が望まれるところです。

ご相談の場合も、リフォーム工事契約をクーリング・オフや取り消した場合、2か月以上かつ3回以上の分割払またはリボルビング払であれば、未払金については、支払を拒絶することができます。

アドバイス

ある日突然訪問してくる営業マンが建物についての専門的な知識を持っていることはまずありません。まして短時間で建物の状態診断ができるはずはありません。したがって、仮に訪問してきた営業マンからご相談のような内容のことを言われても安易に信用してはいけません。即決をせず、心配なら建築士等の専門家に見てもらいましょう。即決を迫るような業者は悪徳な業者であることが多いといえます。リフォームが必要ないと思ったら、毅然とした態度で断ることが重要です。

設計図書や見積明細書、契約書等を細かくチェックすることも重要です。契約してしまった後、不審に思った場合には、すぐに消費者センターや弁護士会に相談するようにしましょう。

また、高齢者が1人で暮らしているような場合、成年後見制度を利用

したり、民生委員などに見回りを頼んだりしておくことなどもリフォームに限らず悪徳な業者対策として有効だと思われます。

メモ　リフォームと確認申請等の要否

　小規模なリフォームについては、建築基準法に基づく建築確認の申請は不要とされますが、延べ床面積を最終的に10m²以上増やすような増築をするような場合などある程度大規模なリフォームをするには確認申請が必要です。

　確認申請が必要なリフォームかどうか、その他法令上の制限がないかどうかなどについては、専門的な判断が必要なので、役所や建築士の方に相談されることをお勧めします。

　また、マンションの場合、専有部分のリフォームであっても管理組合への届出等が必要な場合も多いので、事前に確認することも重要です。

第3章 欠陥類型別の
トラブル

第1　雨漏り

33　こう配屋根からの雨漏り

相談内容

　1年前に木造2階建ての建売住宅を購入しました。屋根の形状は、こう配屋根ですが、途中で傾斜の角度が緩くなっています。また、材質はアスファルトシングルです。

　大雨が降ると、天井裏にポタポタと水滴が落ちる音がします。天井裏を覗いてみたところ、雨漏りしていることがわかりましたが、まだ、具体的な原因箇所はわかりません。どのように調査したらよいでしょうか。

回　答

1　雨漏りの影響

　品確法では、新築住宅売買・請負につき、「雨水の浸入を防止する部分」の瑕疵担保責任期間を引渡しから10年間と定めています（品確94・95、品確令5）。なお、ここでいう瑕疵とはいわゆる契約内容不適合のことです（品確2⑤）。

　雨漏りは建物の構造駆体を腐朽させ、錆びの原因となることで耐久性に悪影響を与えるため、早めに修理すべきです。

　雨漏りした際の雨の量や風向きを記録しておくことで、原因となる箇所の追及や補修が容易になることがありますので、雨漏りが発生した際の雨の量、風向き、気温等の記録をきちんと取っておく必要があ

第3章　欠陥類型別のトラブル　　209

ります。

　建売住宅ということは、売買契約ですので、初めに売主に現地を見てもらい、売主に雨漏りの原因と補修方法を提示させる必要があります。売主が状況を把握できない場合には、施工者からの説明も聞いた方がよいでしょう。以下は、こう配屋根の雨漏りに関する基本事項と対策を説明します。

2　こう配屋根と雨漏り

　こう配屋根は、こう配の傾斜を利用し雨水を屋根面から速やかに地面または下水に導くことで、屋内への雨水の侵入を防ぎます。こう配は、使用材料によってこう配の角度が決められています。瓦屋根やコロニアル屋根の場合は10分の3（3寸こう配）〜10分の4（4寸こう配）が標準です。金属板屋根の場合は、その部材寸法や形状によってこう配屋根の角度を10分の1（1寸こう配）にすることも可能です。

　一般的には、切妻屋根のように屋根の形状がシンプルなものほど、雨漏り・漏水の可能性が少ないといえます。

　雨漏りの原因箇所として疑わしい箇所としては、谷樋部、屋根の流れの上端部分にある納まり部、換気口廻りの雨仕舞い、納まり部等の屋根葺材のジョイント部分の不具合が考えられます。また、屋根面に生えたコケ等で雨水の流れが滞り、雨漏りの原因となることもあります。

　ご相談では、こう配の角度が途中から緩くなっているとのことですので、その接合部分の不具合が原因であることも考えられます。

図1 谷　樋

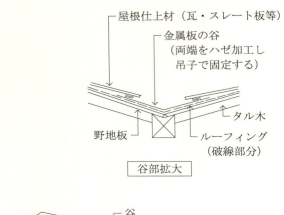

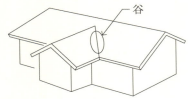

3　事前確認

　発生原因特定のための調査には、住宅の設計図、仕様書、施工状況報告書等を確認することが重要です。住宅性能表示制度に基づいた住宅である場合には、設計住宅性能評価書、建設住宅性能評価書、設計評価申請添付図書を確認することも重要です。万一これらの評価書を紛失した場合には、指定住宅性能評価機関から取り寄せることができます。

　また、特定住宅瑕疵担保責任の履行の確保等に関する法律における保険住宅の場合は、保険契約締結証明書の確認も必要です。

第3章 欠陥類型別のトラブル

4 漏水原因となりやすい箇所と補修方法
(1) 漏水原因となりやすい箇所

一般的に、ある材料と別の材料とが接合するジョイント部分は不具合が生じやすいので、ジョイント箇所を重点的に調査した方がよいでしょう。このほか、漏水原因となりやすい箇所は以下のとおりですので、以下の箇所に不具合がないかをまずは確認してください。

① 継手（屋根材の長さが確保できない時に一直線になるよう屋根材を継いだ継ぎ目）の納まりの不具合

　継手の納まりに不具合がある場合には、よりこう配をつける方法や、葺板の十分な重ね代をとる方法、シーム溶接工法など水密性の高い工法を選定するなどの対処法があります。

図2　継手の納まり

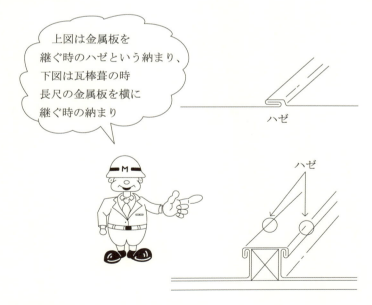

② 屋根材のバタツキ・めくれ現象

　この場合は、屋根材の下地に、密着性の高い工法を選定する対処法が一般的です。

③ すがもれ

すがもれとは、冬季の雪国のこう配屋根で、軒の出部分が氷結して堤防のような状態になり上から流れてくる水をせき止め、せき止められた水が次第に増加して屋根に滞留し、それが氷結することによって軒先が傷められる現象をいいます。

こまめに雪下ろしをすることが大切です。寒冷地域であるのに、断熱が不十分である場合には、屋根裏の断熱を強化することを検討しましょう。

図3 すがもれ

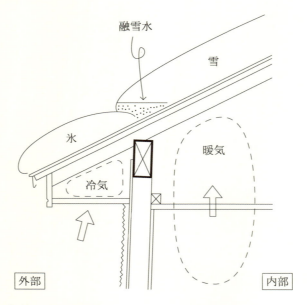

(2) 屋根別の漏水原因

屋根葺材料によって、不具合が生じやすい箇所が異なります。そこで、以下屋根葺材別に漏りやすい主な箇所と補修方法例を示します。

① 金属板葺屋根

金属は熱により膨張します。屋根の表面温度は夏季には80℃以上

第3章　欠陥類型別のトラブル　　　213

に達することがあるため、葺材の伸張により屋根板が浮き上がることがあります。

　この場合、ジョイントの接合部のやり直しや葺板の納め方を変更することで対処できなければ、屋根葺板を張り替えることも検討せざるを得ません。

② 　瓦葺屋根

　瓦葺屋根では、瓦が外的要因によって、ずれたり割れたりすることがあります。この場合は、該当箇所の瓦葺材の張替えを行います。

③ 　スレート葺屋根

　スレートは、石質の薄い板状の屋根材です。一般的に普及しているものは彩色スレートで、セメントと繊維を原料としてつくられており、軽量で施工も容易であり色数も豊富なので、現在最も多く使われている屋根材です。落下物などで割れることがありますが、瓦と違い部分的に張り替えることが困難です。そのため、シール材で補修することが多いのですが、割れがひどい場合には全面的に張り替えるしかありません。

④ 　アスファルトシングル葺屋根

　アスファルトシングルとは、無機系材料にアスファルトを塗覆した板状の屋根材です。

　重ね代不足により葺材ジョイント部から漏水することがあります。この場合には、重ね代を広くとることにより対処できます。

アドバイス

　ご相談者の住宅は、葺材にアスファルトシングルを使用しているとのことですので、重ね代等雨漏りの原因となりやすい箇所を重点的に専門家に調査してもらいましょう。

214 第3章 欠陥類型別のトラブル

34 マンションの雨漏り

相談内容

鉄筋コンクリート造マンションの天井から雨漏りと思われる漏水がおきるようになりましたが、原因箇所がわかりません。どのような箇所からの雨漏りが考えられるのでしょうか。また、誰に対して請求すればよいのでしょうか。

回答

1 マンションの漏水

天井からの漏水といっても、漏水の原因となっている箇所が、その天井の上部であるとは限りません。建物の構造が複雑であるほど、漏水経路が複雑で、漏水の原因となっている箇所が室内の漏水箇所から想定しにくいことが多々あります。

天井を調査しても漏水の原因箇所が明らかにならない場合には、建物の構造上漏水原因となりやすい箇所から順に調査をする消去法による調査方法を選択することもしばしばあります。

いずれにせよ、漏水は建物の耐久性に悪影響を及ぼすため、迅速に修理を進めるべく専門家に調査を依頼すべきです。

2 漏水の原因箇所の推定

雨水の浸入経路が特定できない場合、漏水の原因箇所と推定される

第3章　欠陥類型別のトラブル　　　215

様々な箇所を調査することとなります。

　一般的に、漏水の原因となりやすい部分としては、部材と部材のジョイント箇所の施工不良が考えられますので、まずはジョイント部分の漏水調査をしてみるとよいでしょう。

　なお、漏水の原因が雨漏りではなく結露であることも考えられますので、漏水量や漏水時の天候や気温などを記録した上で、専門家に調査を依頼することをお勧めします。

　各部位ごとに漏水原因となりやすい箇所を上げると以下のとおりとなります。

　(1)　屋根、屋上

　相談者が最上階に住んでいる場合であれば、マンションの屋根・屋上からの漏水が疑われます。

　マンションの屋根は、陸屋根（こう配のないフラットな屋根）とする場合が多いので、陸屋根について説明します。疑われる漏水原因としては、陸屋根の防水層の劣化や、防水層の接合不良、ドレンの詰まりによる雨水の防水層を超えた浸入、パラペットのひび割れから雨水が浸入すること等が考えられます。詳しくは、「35　陸屋根からの雨漏り」を参照してください。

　(2)　上階のベランダ

　上階のベランダの防水層の不具合や、ベランダのドレンの詰まりを原因として、雨水がマンション建物内に浸入して天井から雨漏りが生じることが考えられます。

図　上階のベランダと下の階への漏水経路

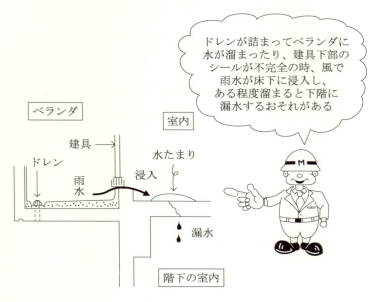

(3)　壁

　上層階の外壁の防水仕上げに傷みが生じ、外壁のひび割れから外壁内に浸入した雨水が建物内部まで浸入して、天井から雨漏りが生じることが考えられます。

(4)　サッシ等の建具

　サッシなどの建具と建物との接合部分の接合不良箇所から雨水が浸入すること等が考えられます。詳しくは、「36　建具からの雨漏り」を参照してください。

3　補修請求先について

　漏水原因が特定できた場合、補修費用の請求相手は、当該原因箇所の占有者ないし所有者となります。建物の占有者ないし所有者は、建物（附合物を含みます。）の瑕疵により第三者に与えた損害を賠償する

責任があるからです（民717①）。賃借人のような占有者は、損害の発生を防止するのに必要な注意をしたときは責任を免れますが、所有者は責任を免れることはできません。

　マンションにおいては、建物の所有・占有関係は共用部分か専有部分かにより異なります。当該漏水原因箇所が共用部分であれば、区分所有者全員に請求し、専有部分であれば当該専有部分の占有者ないしは所有者に対し、補修や損害賠償を請求することとなります。

　もっとも、建物の区分所有等に関する法律9条は、建物の設置または保存の瑕疵により他人に損害を生じたときは、その瑕疵は共用部分の設置または保存にあるものと推定しています。また、漏水の原因が雨であれば共用部分の瑕疵から生じることが多いでしょう。

　したがって、雨漏りの原因となっている不具合が専有部分であることが反証されない限り、区分所有者全員に対し共同して、補修や損害を賠償するよう請求することができます。

　なお、新築の際の設計上や施工上の不具合が原因である場合には、賠償責任を履行した者は設計者または施工者に対し求償することができます（民717③）。

アドバイス

　マンションでの漏水は色々な原因が考えられますが、状況からみて建物の設置または保存の欠陥により雨漏りが生じている場合には、共用部分以外の不具合が原因であることが判明しない限りは、区分所有者全員が賠償責任を負います。管理組合は規約により区分所有者から管理を委託されていると思われますので、管理組合に対し、補修や費用の負担を求めるとよいでしょう。

218 　　　　第3章　欠陥類型別のトラブル

【参考となる判例】

○福岡高裁平成12年12月27日判決（判タ1085・257）

　共用部分の瑕疵による漏水を原因として損害を被った者は、管理組合に対し損害賠償請求できるとした事例。

第3章　欠陥類型別のトラブル　　219

35　陸屋根からの雨漏り

> **相談内容**
>
> 　15年前に鉄筋コンクリート造で3階建ての注文住宅を建てました。その際、洗濯物が干せるように平らな屋上を作ってもらいました。最近大雨が降ったのですが、その際、3階の天井から雨漏りがしました。業者に調査してもらったところ、原因は究明できないまま屋根全体に再度防水層を作る工事を勧められました。このような補修方法で問題ないのでしょうか。

回　答

1　陸屋根の特徴

　相談者の住宅の屋根のように、こう配のない平坦な屋根を陸屋根といいます。

図　陸屋根と部位

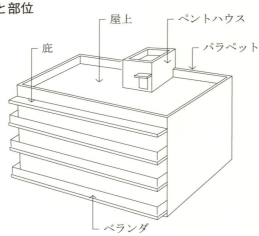

屋根の最も重要な機能は雨水の建物内への浸入を防ぐことにありますが、屋根面に傾斜をつけたこう配屋根では、雨水を速やかに地面または下水に導くことで建物内への雨水の浸入を防止します。

これに対し、陸屋根は、屋上が利用できる平らな構造です。

陸屋根は、その用途やデザイン上、屋根面をできるだけ平らにする必要があるため、100分の1から50分の1程度の最低限の緩やかなこう配をつけ、雨水をドレン（屋上やベランダなどの雨水を排水する箇所に設置されている器具）等から建物外へ排水する方法を取ります。

陸屋根では、屋根面に雨水が溜まりやすいため、完全な防水性と雨水の排水方法が要求されます。

2 防水仕上げ方法

陸屋根の防水層は、一般的に、吸水性のないもので継ぎ目のない膜状の面を作れる材料が用いられます。

陸屋根の表面の仕上げ方法には、防水層が表面に露出している「露出防水（非歩行用・軽歩行用防水）仕上げ」と、防水層の上にコンクリート等の保護層を設ける「保護防水（歩行用防水）仕上げ」があります。

防水の方法には、アスファルト防水、シート防水、塗膜防水などがあります。

ご相談者の住宅は、屋上が利用できるように依頼したとのことですので、「保護防水仕上げ」がされているはずです。

「露出防水仕上げ」は、防水層が露出しており、保護防水に比べて直接紫外線や外傷を受けるため、劣化が進みやすいというデメリットがあります。その反面、不具合があった場合、目視により不具合箇所を特定しやすく、補修も比較的容易に行うことができます。

これに対し、「保護防水仕上げ」は、防水層がコンクリートに隠れて

いるため、防水層の劣化が進みにくいというメリットがある反面、防水層に不具合があった場合、コンクリート等の保護層を剥がさなければ不具合箇所を特定できないことが多く、大掛かりな補修工事が必要となります。

3 漏水原因の特定

天井から漏水が発生した場合、屋根の防水層のほか、外壁のひび割れ、外壁の開口部の雨仕舞いの不具合、屋上のパラペット（屋上などの外周に外壁に沿って立ち上げた低い壁。防水層の端部として、その納まりが防水上重要な役割を果たします。）のひび割れ、ドレンの詰まりにより雨水が溜まり防水層を超えたことによる壁内への雨水の浸入等、様々な原因が考えられます。

なお、漏水の原因箇所が屋根であるか壁であるかは、漏水量から推定できることが多いので、実際に漏水が起きた際に、漏水箇所を写真に残す、日付、天候、気温、降水量等をメモに残す等の対応をとると後々役立ちます。

相談者の住宅は、3階建ての陸屋根の住宅で、3階の天井で漏水が起こっていますので、外壁開口部にトップライトがある場合や、3階から屋上へ階段が通じていて、その出口の扉周りに不具合がある場合等を除けば、漏水原因は屋根にあると考えられます。

4 陸屋根において推定される漏水原因箇所

(1) 不具合が生じやすい箇所の推定

漏水原因が明らかでない場合、建物の防水工法等から不具合が生じやすい箇所を推定し調査するほかありません。

露出防水仕上げにおいては、排水溝、ドレン廻りの詰まり、平坦部のひび割れ、せり上がり、立上りのひび割れ、笠木やパラペット天端

の伸縮目地のひび割れ等から雨水が建物内へ浸入するという例が多々みられます。

　保護防水仕上げでは、防水層が目視できないため、防水層自体に漏水原因があるか否かを確認するためには、防水層を覆っているコンクリート等を撤去しなければならず、大がかりな調査が必要となります。

　ご相談者の住宅のように築年数が10年以上経過している場合、防水層が全体的に劣化し、様々な箇所が漏水原因となっている可能性があります。

　そのため、築年数によっては漏水原因箇所を特定する調査をせずに、再度防水層を作成する補修方法が防水機能の強化につながり、費用面からも適切な場合があります。

　一方で、築年数が浅いにもかかわらず、屋根面から漏水している場合、防水層の部分的な施工不良や防水構造自体の不具合が原因となっていることが考えられ、ある程度の費用をかけても原因をできるだけ調査した方がよいと思われます。

（2）　補修方法

　漏水経路の特定は容易ではないため、漏水原因を特定できないことも珍しくありません。

　漏水原因の調査に多額の費用を要する場合もあり、その場合調査に多額の費用をかけるのではなく、ある程度調査しても漏水原因が判明しない場合には、漏水原因となりやすい箇所の防水を強化し、その効果を期待する場合もあります。そのため、漏水原因が特定できない場合には、専門家と相談し、費用を含めた様々な補修方法のメリットとデメリットを比較した上で、補修方法を決定すべきです。

第3章　欠陥類型別のトラブル　　223

アドバイス

　適切な対処法を選択するために漏水原因はできる限り特定すること
が望ましいのですが、相談者の住宅は築15年ですので、防水層が全体
的に劣化し、様々な箇所が漏水原因となっている可能性があります。
したがって、漏水原因の調査にかかる費用と時間によっては、原因を
特定せずとも、再度陸屋根面の上に新たに防水工事を行うことが現実
的な場合もあります。

224   第3章　欠陥類型別のトラブル

36　建具からの雨漏り

相談内容

　2階建ての建売住宅を購入しました。引っ越してすぐに、雨の日には窓のアルミサッシから水がポタポタと落ちてくるようになりました。ネジをきつく締めなおしてもらったところ水は落ちてこなくなりましたが、このままで問題ないでしょうか。

回　　答

1　建具

　建具とは、壁に開けられた穴（開口部）に様々な機能を生み出す構成部位の総称で、窓、扉、外部サッシなどがこれに当たります。

　サッシに求められる重要な機能として、雨水の浸入防止機能があります。

　最近のサッシの水密性能は優れていますので、サッシ自体の不具合から雨水が浸入することは少なく、サッシ部分からの漏水原因の多くは、サッシの取付け不良と考えられます。

第3章 欠陥類型別のトラブル

図　サッシ

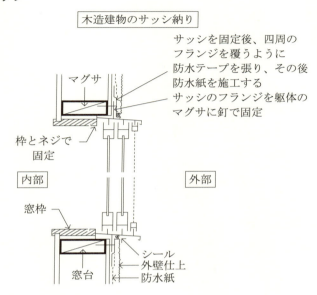

2　サッシと漏水原因

(1)　サッシのネジからの漏水

　サッシのネジを強く締めたところ、水漏れが止まったとのことですが、サッシのネジはあくまでサッシと壁面を接合させる機能を有するものにすぎず、防水を目的とするものではありません。

　ネジを強く止めたことにより、当該ネジ部分からは漏水がしなくなったとしても、外部からネジ部分まで漏水していることには変わりはなく、ネジ部分への漏水自体が問題です。

　したがって、ネジ部分に漏水していた漏水経路を特定し、漏水の原因となっている箇所の補修をする必要があります。

(2)　サッシと漏水原因

　風当たりの強い海辺や山間部、高台、寒冷地など自然環境の厳しい場所に建つ住宅に十分な性能を持ったサッシを使用しない場合、雨水

の浸入や、凍結などの不具合が発生することがあります。まずは、サッシが相談者の方のお住まいの地域や立地に適合したものか否かを確認してください。

　サッシの種類や性能に問題がないにもかかわらず、サッシ周りで漏水が起こっている場合、前記のとおり、サッシと建物との取り合い（外壁とサッシの結合部分）の不具合が原因であることが多々みられます。したがって、まずは、取り合い部分に不具合がないかを調査することをお勧めします。

　また、断熱サッシ以外のサッシは、結露の問題が生じやすいため、サッシ付近での漏水が生じた場合は、結露が原因である可能性も考慮しつつ調査する必要があります。

　漏水は建物の耐久性に悪影響を与えます。ネジを強く締めたことで漏水が一旦は止まったとしても安心せずに、ネジ部分までの漏水経路を専門家に特定してもらい、原因箇所を補修する方がよいでしょう。

アドバイス

　ネジを締めただけでは、根本的な解決にはなりません。漏水は建物の耐久性に悪影響を及ぼしますので、アルミサッシまでの雨水の浸入経路を特定し、適切な補修を行いましょう。

37 外壁からの雨漏り

相談内容

1年前に木造モルタル造2階建ての新築戸建住宅を購入したのですが、台風の後、1階天井の隅に雨漏りと思われるシミが発生しました。業者に連絡し調査してもらったところ、外壁の何箇所かのひび割れから雨水が浸入したので、ひび割れ箇所をコーキングすると言われました。このような対処法で問題ないのでしょうか。

回答

1 外壁の構造

外壁は、一般的に、内外の壁面の壁仕上材、その下地材、屋根や床の荷重を支える壁の構造材という3層により構成されます。

図　壁の断面図

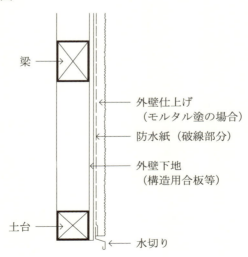

228 第3章 欠陥類型別のトラブル

　外壁は、室内への雨水の浸入を防ぐ役割を有しますので、外壁のひび割れ箇所にコーキングした方がよいのはいうまでもありません。ただし、コーキングに頼る方法は応急処置と考えた方がよいでしょう。

　そもそも、外壁の下地部分には、通常、防水紙が貼られており、仮に、外壁内へ雨水が浸入したとしても、防水紙によって室内への漏水は妨げられる構造がとられています。

　したがって、ご相談者の住宅について、外壁にひび割れがあったとしても、本来は、防水紙によって漏水は防がれて然るべきです。

　防水紙の施工不良が起こりやすい箇所としては、防水紙とサッシ枠のジョイント部分等があげられます。新築して1年であれば、防水紙が劣化したとは考えにくく、防水紙や防水テープの設置不良や、何らかの原因で外壁にひび割れが生じたことで防水紙が破れてしまったこと等が疑われます。

　したがって、単にひび割れをコーキングするだけではなく、壁内に浸入した雨水が室内まで浸入する原因となった箇所はどこかを調査し、当該箇所についても補修することが望ましいといえます。

2　外壁のひび割れ

　外壁からの雨水の浸入は、外壁自体のほか、内部の防水紙によっても防がれているので、外壁にひび割れがあったとしても、即、室内に漏水現象が起きるわけではありません。

　ただし、外壁のひび割れは、美観上の問題のみならず、程度によっては、様々な不具合の徴候である場合があります。

　外壁の仕上げ工法としては、水で練った材料を用いる湿式工法と水を使わない仕上げ材料を用いる乾式工法があり、外壁のひび割れと一口にいっても、外壁の仕上げ材や工法により、外壁のひび割れが意味することは異なります。

第3章　欠陥類型別のトラブル　　　229

　相談者の住宅はモルタル仕上げですので、以下、モルタルとひび割れの関係について説明します。

3　モルタル仕上げの外壁とひび割れ

　モルタルは、セメントと水と砂を混ぜて作られます。モルタル仕上げとは、左官職人がこのモルタルを金網（ラス網）に塗りつける伝統的な工法です。

　モルタルにおいては、乾燥による収縮や振動等の外的要因によって細かい亀裂がある程度入ることは想定されています。

　そのため、モルタル仕上げの外壁は、モルタルに多少のひび割れが生じることを前提として（モルタルに防水機能がないことを前提として）、別途防水紙等によって防水の機能を持たせるよう設計されています。

　したがって、ひび割れ箇所から壁内に雨水が浸入し、室内に漏水が生じた場合には、ひび割れそのものが原因であるというよりも、防水紙等の不具合が原因であると考えられ、防水紙等の補修も含めて大がかりな補修が必要です。

　室内に漏水していない場合であっても、モルタルのひび割れ幅が大きかったり多数発生している場合には、ラス網の錆の原因となり、ひいてはモルタルの剥離につながることがありますので、ひび割れの補修を検討すべきです。

　なお、ひび割れはひびの深さにより漏水性が大きく変化しますので、専門家に調査を依頼した方がよいでしょう。

　また、築年数が浅いにもかかわらず、外壁に多数のひび割れや大きなひび割れがある場合には、建物自体に構造上の欠陥があることや、地盤沈下により外壁に応力がかかったことが考えられます。なお、揺れ（応力）によるひび割れは、一般的には斜めに生じます。

したがって、ひび割れの数、大きさ、生じ方等によっては、ひび割れを補修するだけでなく、ひび割れの原因について専門家による調査を行って原因を突き止める必要が生じます。

アドバイス

仮に外壁のひび割れから雨水が壁内に浸入したとしても、本来であれば壁内の防水層により雨水の浸入は防がれます。

雨水が浸入した原因が外壁にあるのか否かをきちんと調査してもらい、外壁が原因である場合には、ひび割れをコーキングするだけではなく、防水層を調査し補修してもらいましょう。

第3章　欠陥類型別のトラブル　　231

第2　ひび割れ

38　基礎コンクリートのひび割れ

相談内容

　木造住宅の基礎の鉄筋コンクリートに小さなひび割れが多数あることに気づきました。問題はないのでしょうか。

回　　答

1　コンクリートのひび割れ

（1）　ひび割れ幅の目安

　基礎は、建物の荷重を地盤に伝える重要な構造体です。建設省告示上の技術基準（平12・7・19建告1653、品確74参照）では、構造体コンクリートの表面に生じるひび割れ幅は、0.3mmを超えないよう示されています。

　もっとも、これは1つの目安であり、幅0.3mmを超えるひび割れが即、欠陥に当たるわけではありません（ひび割れの箇所等により建物に与える影響は異なります。）が、幅0.3mmを超えるひび割れが生じた場合、10年程度後に鉄筋コンクリート内部の鉄筋が錆びて膨張し、コンクリートの剥落等を誘発して結果として強度低下を招く可能性が高いと推定されます。

　したがって、ご相談者の住宅においても、基礎コンクリートのひび割れの程度によっては、基礎コンクリートの中の鉄筋が腐食する危険

性がありますので、早期に補修する必要が生じます。

(2)　ひび割れの原因

　基礎コンクリートのひび割れの原因としては、乾燥収縮によるひび割れと、構造上の問題から基礎に外力がかかったことによるひび割れの2つが考えられ、ひび割れの原因によって、講ずる対策が異なります。

2　コンクリートクラック（ひび割れ）の原因

(1)　乾燥収縮を原因とするひび割れ

　コンクリートは、セメントに砂と砂利を混ぜて水で練ったもので、水とセメントが化学反応を起こして硬化します。コンクリートは、打設直後の数週間の間に、熱を発しながら激しい化学反応を起こし終局強度の70〜80％に達します。

　コンクリートが、夏場の直射日光などにより凝結前に乾燥しすぎると、コンクリート内の水分が急激に蒸発しコンクリートの体積が急激に収縮して、ひび割れが生じます。

　このような乾燥収縮によるひび割れを防ぐために、夏など乾燥しやすい季節には、施工の際、コンクリートを打設した後に防水シートを被せて養生したり、水分蒸発を防ぐ保水剤を入れることがあります。

　また、コンクリートは、規定より水の量を多くすると、強度が低下する一方で流動性が向上し施工性が高まります。そこで、手早く工事を終わらせるために規定以上に水を多く使用してしまう業者があります。このような場合、水増しされたコンクリートの強度や耐久性が低下するとともに、ひび割れも生じやすくなりますので、ひび割れ多発の原因として水増しが疑われる場合には、コンクリートの強度の検査も必要です。

　もっとも、これら以外の場合でも、コンクリートの水分の蒸発によ

第3章　欠陥類型別のトラブル　　　233

って、多少のひび割れは生じるものです。そのため、コンクリートに
おいては引っ張り方向の強度は、設計上計算に入れられておりません。
コンクリートが設計上計算に入れられているのは圧縮強度の方であ
り、圧縮強度にはひび割れは基本的に影響しませんので、多少のひび
割れがあってもコンクリートの強度にはほとんど影響しないというこ
とになります。

　したがって、細かい網目状のヒビが多少生じている程度であれば、
美観上はさておき、建物の構造上の強度や耐久性には実質的に悪影響
がないと考えられます。

　もっとも、前記のとおり、幅0.3mmを超えるひび割れが多い場合は、
基礎コンクリート内部の鉄筋の腐食を招き、基礎コンクリートの爆裂
を招く可能性がありますので、補修が必要です。

(2)　構造上の問題を原因とするひび割れ

　コンクリートに原因があるのではなく、建物の基礎に想定以上の荷
重がかかることで、コンクリートがその荷重に耐えられずにひび割れ
が生じる場合があります。

　例えば、建物の不同沈下等によって、基礎コンクリートに大きな曲
げの力が生じ、通常想定される程度を超える荷重がかかり、これにコ
ンクリートが耐えられずにひび割れが生じる場合などです。

　このような想定外の荷重がかかったことによるひび割れは、乾燥収
縮によるひび割れのように細かく広がるものとは異なり、荷重がかか
る方向へ向かって斜めに入ることが多いといえます。

図　基礎のひび割れパターン例

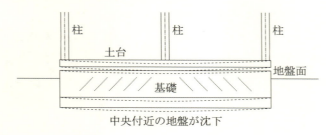

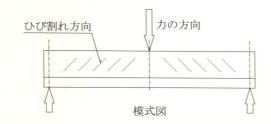

　構造上の問題を原因とするひび割れの場合、建物の地盤が脆弱であるのにそれに適した基礎を設計しなかったこと等の原因が考えられますので、専門家に調査してもらい、補強対策を講じる必要があります。

アドバイス

　基礎コンクリートのひび割れが建物に与える影響は、そのひび割れの幅、ひび割れ箇所、形状、貫通の有無、その数、基礎の構造、建物自体の設計等から総合的に判断されます。
　一応の目安としては、ひび割れが数箇所程度で、その幅が0.3mm以下であれば、ひび割れ箇所を塞ぐ程度の簡易な補修で対応が可能な場合が多いといえます。
　一方、ひび割れの幅が0.3mmを超えている場合や、ひび割れの形状が乾燥収縮とは異なるようでしたら、専門家に原因の調査を依頼するべきです。

第3章　欠陥類型別のトラブル　　235

39　仕上げ材のひび割れ

相談内容

　2年前に木造2階建ての住宅を購入しました。ところが最近になって外壁のサイディングにひび割れが生じていることに気がつきました。また、内部の扉の上部にもクロスの捩れが見られます。売主に連絡をして施工者に見てもらったところ、特に問題ないといわれましたが、あちらこちらに見られるので心配です。直してもらえるのでしょうか。また、構造は大丈夫でしょうか。

回　　答

1　仕上げ材のひび割れ

　住宅の構造材（骨組み）の上に下地材とともに表面を覆って仕上げる材料を仕上げ材といいますが、床、壁、天井、外壁、屋根などの仕上げ材の表面に現れる不具合の代表的なものとして、ひび割れ、欠損があります。また、内装材では、ビニルクロスや布状の仕上げ材の場合の代表的なものが変形、破断または欠損として現れます。これらの不具合現象の発生した原因が、木造、鉄骨造、鉄筋コンクリート造などの構造を問わず、表面材だけの問題なのか、構造躯体部分の欠陥によって発生した現象なのかを見極めることが大切です。ただ構造材は仕上げ材に隠れていることが多いため、まず設計図書に記載された仕様（仕上げ材の種類、形状、下地への止付け方法、下地材の種類、構造材への止付け方法など）を確認してから、表面材から下地材、構造材の順番に発生原因を調査することになります。必要に応じて部分的に壊して調べなければならない場合もあります。

2　仕上げ材の種類

　仕上げ材にはいろいろな種類がありますが、まず大きく分けて外部に使用される外部仕上げ材と室内に使用される内部仕上げ材があります。

　外部に使われる材料は、主として屋根材と外壁材に分かれます。屋根材のうち、こう配屋根では、瓦やコロニアル葺と呼ばれるスレート張りや金属板葺などが用いられ、陸屋根と呼ばれる平らな屋上やバルコニーなどではシート防水や金属板葺に保護塗装、最近はFRP防水に保護塗装が主流です。外壁材でよく使われるのは、湿式材料では、防水紙の上にラス（金網状のもの）を設置した下地に左官で塗られるモルタルやスタッコ塗り、乾式材料では、ボード状のものを下地材に引掛け金物や釘・ビスなどで止め付ける窯業系サイディングや金属板加工サイディングなどが代表的です。

　また、内部仕上げでは、ラスボード下地に漆喰やプラスター塗などの湿式材料も使われることがありますが、代表的なものはプラスターボードに布クロスやビニルクロス張りの乾式仕上げです。

3　仕上げ材のひび割れ等の原因

　一般的に仕上げ材のひび割れ等には、表面の仕上げ材だけに現れるものと下地や取付け方法の不備などから発生するもの、構造躯体自体の変形や地盤の沈下による構造躯体の変形などによるひび割れ等による影響が仕上げ材表面にまで現れたものがありますが、後者は重大な問題です。

　これを見極めることが大切なのですが、これらの仕上げ材のひび割れ等の現象は、湿式材料の場合と乾式材料の場合では材料自体の特性が異なることや、取付け方法、施工環境などいろいろな要因が関係しますので原因の特定が容易でない場合があります。

4　ひび割れ等の評価方法

　不具合の症状と構造耐力上主要な部分に瑕疵が存する可能性について、どのようなひび割れ、変形、欠損が重大かを見極める目安として、構造種別と仕上げ材の種類・仕様（乾式、湿式）を判別した上で、ひび割れ等の形状、幅、深さなどの計測数値からおおよその判断をする方法として、品確法70条の規定に基づく「住宅紛争処理の参考となるべき技術的基準」（平12・7・19建告1653、最終改正　平14・8・20国交告721）があります。これによるとレベル1からレベル3まで評価の段階がありますが、このうちレベル3が最も構造耐力上主要な部分の瑕疵の可能性が高いとされていますので、ここではご相談の木造住宅の場合について説明することにします。

　(1)　床、壁、柱、梁、天井または屋根の部位のひび割れ

①　今回のサイディングのような乾式の仕上げ材による仕上げの場合のレベル3とは

　　a　下地材が乾式である場合には、複数の仕上げ材にまたがったひび割れ（平面方向にまたがった欠損も同様）

　　b　仕上げ材と乾式の下地材または構造材の間にまたがったひび割れ（深さ方向にまたがった欠損も同様）

②　参考にモルタル仕上げのような湿式の仕上げ材による仕上げの場合のレベル3とは

　　a　仕上げ材と乾式の下地材または構造材の間にまたがったひび割れ（深さ方向にまたがった欠損も同じ）。湿式材料では材料特性から構造とは無関係に平面的に収縮クラックが入ることがあるので除かれます。

　(2)　床、壁、柱、梁、天井または屋根の部位の破断または変形

①　今回の布またはビニルクロスのような仕上げ材による仕上げの場合のレベル3とは

a　プラスターボードのような乾式の下地材と連続した破断または変形

b　乾式の下地材または構造材の欠損と連続した破断または変形

以上が該当しますが、胴縁など下地がない場合や固定不十分な場合のボードの継ぎ目にも起こりうるので注意する必要があります。

(3)　参考に基礎の部位では、

①　乾式の仕上げ材による仕上げの場合のレベル3とは

a　(1)の①aと同様

b　仕上げ材と構造材の間にまたがった幅0.5mm以上のひび割れ

c　錆汁を伴うひび割れ

②　モルタルなど湿式の仕上げ材で仕上げる場合のレベル3とは

a　(1)の②aと同様

b　仕上げ材と構造材の間にまたがった幅0.5mm以上のひび割れ

c　錆汁を伴うひび割れ

③　構造材による仕上げの場合のレベル3とは（「38　基礎コンクリートのひび割れ」参照）

a　幅0.5mm以上のひび割れ

b　錆汁を伴うひび割れ

以上が該当します（欠損については省略しています。）。

5　補修方法

外壁についてはひび割れの幅が小さく、深さもないと判断される場合は、材料自体で許容される程度のものか判断をした上で、無収縮パテ等で補修してから塗装を周囲と合わせて塗ればよいでしょう。

また、内部のクロスの捩れ変形が直線的で垂直水平かどうか、パターンとして繰り返し現れているかでボードの継ぎ目かどうか、下地があるかないかなどを確認します。変形が小さい場合で継ぎ目であると

第3章　欠陥類型別のトラブル　　239

判断されれば、下地のパテ処理や下地材の不具合かも知れません。また併せて内部床、壁の傾斜があるかないかなどの結果により、建物の変形によるものかを判断します。軽度の場合は下地材の補強をした上で継ぎ目をパテでしごいてクロスを張り替えればよいでしょう。ただ、外壁、内壁共に上記4(1)①、(2)①でレベル3と判断されるような場合は構造の欠陥の可能性が高いので、仕上げ材や下地材を解体して原因を調査してから補強計画を立てる必要があります。

　このような場合は構造材の補強が必要になる場合もありますので建築士の資格を持つ専門家に十分説明してもらってから実施する必要があります。

アドバイス

　ご相談の場合、木造2階建てで窯業系のサイディングと思われますので、まず、サイディング1枚の形状とサイズ、下地材を設計図や現場で確認します。

　そして、外壁の場合は、ひび割れが隣り合うサイディングにまたがって連続してひび割れていないか、深さ方向で乾式の下地材または構造材にまたがっていないかを確認してください。

　このようなひび割れでなければ、美観上の問題として交換してもらうか、パテ等で補修して塗装する方法もありますので、原因を説明してもらって納得できる方法を決めてください。内壁の場合も、ボードの継ぎ目でなくクロスの破断や捩れが斜めに入っている場合やひび割れの幅が大きく、深さがある、下地材にまたがっているような場合は、売主側とは別の一級建築士事務所の建築士などの専門家に第三者的な視点で調査してもらって、原因の特定や交渉の方法などアドバイスをもらうとよいでしょう。

第3 外壁タイルの浮き・剥落

40 マンションの外壁タイル落下

相談内容

　私が区分所有しているマンション（鉄筋コンクリート造。築15年）の外壁タイル数枚が、ある日突然落下しました。幸い、怪我人などは出ませんでしたが、一歩間違えれば大惨事になるところでした。誰かに責任追及をすることはできますか。

回　答

1　外壁タイル落下の代表的原因

　(1)　マンションの外壁タイルの張付け工法として代表的なのは、モルタルによってタイルを張り付ける湿式工法であり、以下ではご相談のマンションにおいて湿式工法が取られているという前提で説明します（その他、モルタルを使用せず、接着剤等でタイルを張り付ける乾式工法もあります。)。

　外壁タイルの落下は、経年劣化・自然現象を原因とする場合、施工上の問題を原因とする場合、それらの複合的原因によるものが考えられます。

　(2)　経年劣化・自然現象によるもの

　経年劣化としては、いわゆるディファレンシャルムーブメントによるものが代表的であり、これは、部材であるモルタルやタイル、張付け面であるコンクリートについて、それぞれ温湿度の変化による膨張

第3章　欠陥類型別のトラブル　　　　241

係数が異なることから、外気の温湿度変化によりそれぞれ異なる動き
をすることで、"ひずみ"が発生する現象をいいます。

　長期間においてそうした"ひずみ"が何度も生じることで経年劣化
が生じ、タイルの浮き・剥がれにつながり、劣化が更に進行すると落
下につながります。

　一方、自然現象を原因とする落下は、地震、強風などによるものが
典型例です。

　(3)　施工上の問題によるもの

　施工上の問題による落下原因で多く見られるのは以下のようなもの
です。

① コンクリート面とモルタル間の吸着不良

　a　モルタル施工前にコンクリート面のほこり・汚れ、型枠剥離剤
　　を十分に洗浄しなかったことによるもの

　b　目荒し（コンクリート面にあえて細かい傷をつけてモルタルを
　　吸着しやすくする作業）不足によるもの

　c　モルタルの塗りつけ圧不足によるもの

　d　ドライアウト（モルタルがコンクリートに水分を取られて水和
　　反応が阻害され、硬化不良・接着不良を起こす現象）によるもの

② モルタル同士の吸着不良（下地モルタルと張付けモルタルを施工
　する工法の場合）によるもの

　a　下地モルタル面のほこり、汚れの洗浄不足によるもの

　b　モルタルの塗りつけ圧不足によるもの

③ モルタルとタイルの接着不良によるもの

　a　モルタル塗布からタイル張付けまでの時間が開き過ぎたことに
　　よるモルタル接着力低下によるもの

　b　張付け時のタイル押しつけ不足によるもの

2 法的責任追及（ご質問に対する回答）

(1) マンション所有者としては、誰にどのような責任を追及できるでしょうか。

(2) 担保責任追及

まず、マンションの売主に対して担保責任を追及することが考えられます。

分譲マンションに契約内容不適合がある場合、売主が第一次的に責任を負うべき立場にあることは間違いありませんが、ご相談のように築15年が経過しているマンションでは、約定の担保期間が経過していることが多いと思われ、売主から、「期間経過により責任を負わない」旨の反論がなされることも考えられます。

(3) 不法行為責任追及

次に、施工者に対して、不法行為責任を追及することも考えられます。

最高裁平成23年7月21日判決（判時2129・36）は、施工者等の不法行為責任成立の要件である「建物として基本的安全性を損なう瑕疵」の例示として、外壁が剥落した場合をあげており、本件タイル落下も、当該要件を満たすと判断される可能性はあると思われます。

また、分譲から20年以内で、所有者がタイルの不具合を知ってから3年以内ということであれば、改正民法724条による消滅時効期間はいまだ経過していないと判断されることになろうかと思われます。

(4) 主張立証について

売主に対して担保責任を追及する場合は、タイルの落下が契約内容不適合に該当すること、施工者に対して不法行為責任を追及する場合は、上記「基本的安全性を損なう瑕疵」の存在とともに当該瑕疵が故意または過失によって発生したことを立証する必要があります。

第3章　欠陥類型別のトラブル

　立証の前提として、落下したタイル自体および外壁剥離部分の状態の検証は必須です。

　タイルと外壁剥離部分を検証することで、まず、何と何が剥離したのか（躯体とモルタルか、下地モルタルと張付けモルタルか、モルタルとタイルか）を特定します。

　その上で、どの工程にどのような問題があったと推定されるのかを詳しく見ていきます。例えば、タイルにモルタルがほとんど付着していない場合か付着しているモルタルとタイルの間に空洞があるような場合は上記1 (3)の③の問題、特にモルタルごとタイルが落下しており躯体面に型枠剥離剤が残っていた場合は上記1 (3)の①の問題が疑われることになろうかと思われます。

　ここで問題となるのは、経年劣化との峻別です。

　タイル落下が施工の問題か経年劣化かは、問題部分の状況に加えて、問題が生じたタイル枚数・範囲、分譲からの経過年数などを総合的に勘案しながら判断することになりますが、判別が容易なケースもある一方で、判別が難しいケースも確かにあります。

　この問題に関しては、大阪民事実務研究会「外壁タイルの瑕疵と施工者の責任」（判例タイムズ1438号48頁）において、施工不良が推定される目安として、①施工後5年以内に浮き・剥落が発生した場合、②浮き・剥落の発生が施工後5年超から10年以内に外壁タイル面積の3%以上、10年超〜15年以内に5%以上、15年超〜20年以内に10%以上発生した場合との指標が提案されています。

　一方、タイル落下が地震や台風等の自然現象時に発生した場合は、売主・施工者等から、不可抗力である旨反論がされるケースもありますが、実は施工上の問題が元々存在し、当該問題が自然現象をきっかけに顕在化したに過ぎないなどと判断されるケースもあり、その場合

は責任追及が可能といえます。

アドバイス

　タイル落下が起きた場合、現状では落下が起きていない箇所のタイルについても危険な浮き・剥がれが発生している可能性は十分にあります。当該問題を放置して再度別箇所から落下が発生して怪我人等が出た場合には、マンション所有者側が民法717条の法的責任を追及される可能性も否定できませんので、早急に落下危険性の検査（打診検査など）、落下危険性が認められるタイル撤去、防護ネットの設置などの安全対策を検討する必要があり、売主・施工者に対しても危険なタイル全ての張替え費用の賠償を検討していくことになろうかと思われます（ただし、危険性の程度の評価については後日、争いになる可能性はありますが）。

　また、法的責任追及において、落下したタイル、剥落が生じた外壁面は、証拠として極めて重要であり、タイルを捨てることは避け、また（美観上の問題とのからみで難しい判断になりますが）、できれば問題解決までタイルが剥がれた後の外壁面も保存できると望ましいです。

【参考となる判例】
　○最高裁平成19年7月6日判決（判時1984・34）
　○最高裁平成23年7月21日判決（判時2129・36）
　○東京地裁平成27年3月17日判決（平24(ワ)33975・平24(ワ)36129）

第3章　欠陥類型別のトラブル　　　245

第4　音

41　上階の足音が響く中古マンション（上下階のトラブル（固体伝搬音））

相談内容

（1）　中古マンションを購入し、入居時に床仕上げをカーペットからフローリングに変更したところ、階下の住民から足音等がうるさいとクレームがきました。特別大きな音を立てて歩いたり、椅子を引きずって大きな音を立てるようなことはしていませんが、何か対応する必要はありますか。

（2）　当該リフォームの際、階下の方に迷惑をかけてはいけないと考え、リフォームを依頼した工務店に対しては、L_L45の軽量床衝撃音遮音性能の高いフローリング材に張り替えるよう依頼していました。ところが、クレーム後、表記の遮音性能が出ていないのではないかとの疑問を持ちました。この場合、当該工務店に何か要求できますか。

回　答

1　音の種類

　音には、大別して、空気伝搬音と固体伝搬音とがあります。

　空気伝搬音とは、空気だけが媒介となって感知されるものと、空気の振動によって壁や構造体が振動し、これによって副次的に他の側面に音を放射することによって感知されるものの2つをいいます。

246 第3章 欠陥類型別のトラブル

　他方、固体伝搬音とは、振動源から発生した振動が建物の構造体や設備配管等に伝わり、床や壁など構造体が振動することによって空気中に音として放出されることにより感知されるものをいいます。

　固体伝搬音のうち、共同住宅でよく問題となるのが、ご相談の内容にもある上階からの床衝撃音です。

2　固体伝搬音

(1)　表示方法

　一般に、音の大きさは音圧レベル（dB（デシベル））で表されますが、騒音レベルとしては、人間の聴覚の周波数特性を考慮した評価値としてA特性音圧レベル（dBA（デシベルエー））が多用されています。また、音の高低は周波数（Hz（ヘルツ））で表されます。

　固体伝搬音でも床衝撃音については、日本産業規格（JIS）に定める方法により衝撃を加えた場合に下階で発生する音圧レベルで表されます。

(2)　評価方法

　一般に、室内騒音の評価方法としては、騒音レベルやN値が用いられます（N値は、日本建築学会により発表されたもので、中心周波数63～4,000Hzオクターブ帯域について基準曲線により騒音等級を表します。）。騒音レベルの等級については、例えば、集合住宅の居室の場合、騒音レベル35dBAまでが騒音等級1級、40dBAまでが2級、45dBAまでが3級となります。騒音レベル1級は「遮音性能上優れている」場合（日本建築学会が推奨する好ましい性能水準）、2級は「遮音性能上標準的である」場合（一般的な性能水準）、3級は「遮音性能上やや劣る」場合（やむを得ない場合に許容される性能水準）を表します。

　しかし、ご相談のように固体伝搬音の中でも上階からの床衝撃音の場合、上記の騒音レベル（dBA）ではなく、床衝撃音の遮音性能を表

第3章　欠陥類型別のトラブル　　　247

す尺度として、L値という数値が用いられます。L値はJIS A 1419-
2：2000「建築物及び建築部材の遮断性能の評価方法—第2部：床衝撃
音遮断性能」に規定されており、日本建築学会の発表した性能基準と
設計指針はL値で表されています。

　床衝撃音は、幼児が跳びはねる音に代表される重量床衝撃音（L_H）
と、スプーン等の落下音に代表される軽量床衝撃音（L_L）に分けて評
価されます。

建築物	室用途	部位	衝撃源	適用等級			
				特級	1級	2級	3級
集合住宅	居室	隣戸間界床	重量衝撃源	L-45	L-50	L-55	L-60, L-65(注)
			軽量衝撃源	L-40	L-45	L-55	L-60
ホテル	客室	室室間界床	重量衝撃源	L-45	L-50	L-55	L-60
			軽量衝撃源	L-40	L-45	L-50	L-55
学校	普通教室	室間仕切壁	重量衝撃源	L-50	L-55	L-60	L-65
			軽量衝撃源				

（注）　木造、軽量鉄骨造またはこれに類する構造の集合住宅に適用する。
（日本建築学会編『建築物の遮音性能基準と設計指針（第2版）』7頁（技報堂出版、
1997）

　適用等級の特級は「遮音性能上特に優れている」場合（特別に高い
性能が要求された場合の性能水準）であり、1級以下は前述のとおりで
す。

　なお、品確法の「日本住宅性能表示基準」（平13・8・14国交告1346）に
おいても、L_H、L_Lに分けて評価が行われています。

3　床衝撃音の騒音対策

　一般に、騒音を防止または軽減するためには、音源、経路、受音室の1つ以上に対策を実施することになります。

　重量床衝撃音は重くて軟らかい物による衝撃音で衝撃源自体が軟らかいのですから、床仕上材を軟らかくしても効果は期待できません。そこで、重量床衝撃音の軽減のためには、床のコンクリートスラブを厚くするなど構造上の対策が必要となりますが、完成したマンションにおいて、構造上の対策を施すことは不可能な場合が多いのが現実です。このため、完成後のマンションにおいては、専ら軽量床衝撃音に対処することが多くなります。

　(1)　軽量床衝撃音に対する具体的な対策としては、次の方法が考えられます。

①　軽量床衝撃音の遮音性能の高いフローリング材に張り替える（経路対策）。

②　歩行頻度が高く、椅子引きがあるなど、最も音の発生源となる食堂部分にカーペットを上敷きする（経路対策）。

③　上階の住人が生活行動に注意を払う（音源対策）。

④　受音室の吸音力を大にする（受音室対策）。

　(2)　具体的な補修方法としては、次の方法が考えられます。

①　床下地材の取替えおよび張増し（パーティクルボード等の敷込み）

②　床下地材間への制振シートの挿入

③　幅木（際根太）部分の空気抜け設置

④　際根太を防振際根太に取替え

⑤　床の材質の変更（遮音フローリングへの張替えならびにカーペットおよびVシートの敷込み）

⑥　天井仕上げ材の枚数増設

ただし、遮音対策は、状況等により充分な効果が得られるかどうか不明なので、注意が必要です。

4　ご相談(1)について

(1)　消音対策

ご相談(1)の場合は、完成したマンションであり、下階受音室の仕様を変更し吸音力を上げる前記3(1)④の方法を採ることは困難ですから、通常、前記対策のうち3(1)①ないし3(1)③を実施することが考えられます。

ここで、上階に幼児がいる場合は、重量床衝撃音関連として3(1)③の生活上の注意が対策の基本となるケースが多く、下階住人とのコミュニケーションが解決のポイントになります。

(2)　階下の住人との交渉等

床衝撃音が受忍限度を超えるような場合は、階下の住人から損害賠償請求や慰謝料請求等をされる可能性もあります。例えば、東京地裁平成24年3月15日判決（判時2155・71）は、分譲マンション内における階上の部屋の子供による騒音について、不法行為の成立を認め、慰謝料、治療費、騒音測定費用として、約126万円の損害賠償を認めています。したがって、クレームを放置するのではなく、階下の住人の話を聞き、前記3(1)①ないし3(1)③などの対策をとるのがよいでしょう。

なお、マンションの居室をフローリング床にしたことが受忍限度の範囲内であるか否か争われた事案において、東京地裁平成6年5月9日判決（判時1527・116）は、「マンションのような集合住宅にあっては、その構造上、ある居宅における騒音や振動が他の居宅に伝播して、そこでの平穏な生活や安眠を害するといった生活妨害の事態がしばしば発生するところであるが、この場合において、加害行為の有用性、妨害予防の簡便性、被害の程度及びその存続期間、その他の双方の主観

的及び客観的な諸般の事情に鑑み、平均人の通常の感覚ないし感受性を基準として判断して、一定の限度までの生活妨害は、このような集合住宅における社会生活上やむを得ないものとして互いに受忍すべきである」と判示し、フローリング床の遮音性能が低くとも、居住者がテーブルの下に絨毯を引くなどの配慮をしていることを斟酌して、当該事案の場合は受忍限度の範囲内であるとして原告の請求を棄却しました。ただ、その一方で、「受忍の限度を超えた騒音や振動による他人の生活妨害は、権利の濫用として不法行為を構成することになる」ことも判示しています。

5 ご相談(2)について －工務店に対する請求

　ご相談の場合は、軽量床衝撃音遮音性能の高いL_L45の性能を指定しているのですから、そもそもカタログ上でもL_L45の性能を満たさないフローリング材を使用しているためにL_L45の性能が出ないというのであれば施工者は責任を負うことになりますが、L_L45の性能をカタログで表示しているフローリング材を使用しているにもかかわらず、施工上の不注意（緩衝材の硬化、壁材との接触等）のため、その性能を発揮できない場合も散見されます。

　そもそもL_L45の性能を出せるフローリング材を使用していない場合や上記のような施工上の不具合が確認できる場合には、L_L45の性能を確保できるよう補修すること、補修費用相当額を請求すること、または契約不適合の程度に応じて報酬の減額を請求することが考えられます。

　当該不具合等を工務店が認めない場合には、軽量床衝撃音遮音性能の確認をすることになります。L_L45の性能を有しているかどうかの判定・確認は、上階に音源（タッピングマシン（JIS A 1418－1：2000による））を置き、下階で音を測定することにより実施されます。ただ、当

第3章　欠陥類型別のトラブル　　　251

該調査は、想定音より8dB以上小さな暗騒音環境を作りながら測定しますが、一般的な住宅地でこのような環境を作ることはかなり難しいため、当該測定はかなり困難な調査といえます。

アドバイス

　床衝撃音に関するトラブル防止には、事前確認（物件目視、マンション管理規約等の確認）が有効です。

　集合住宅の場合、マンション管理規約に、床衝撃音防止のための条項が設けられている場合があります。この場合、当該条項に違反すれば、他の住人とトラブルになる可能性があることはもちろん、場合によっては、損害賠償、もしくは管理規約に違反しない床に戻す義務が生じますから、注意が必要です。

　マンションの上下階の遮音の問題は、自分の家だけでなく隣接する他の家の状況を把握する必要があります。

【参考となる判例】
　〇東京地裁平成3年11月12日判決（判時1421・87）（床衝撃音（フローリング））
　〇東京地裁平成6年5月9日判決（判時1527・116）（床衝撃音（フローリング））
　〇東京地裁八王子支部平成8年7月30日判決（判時1600・118）（床衝撃音（フローリング））
　〇東京地裁平成18年10月25日判決（平15(ワ)8904）（遮音性能の瑕疵）
　〇東京地裁平成19年10月3日判決（判時1987・27）（床衝撃音（子供の足音））
　〇東京地裁平成24年3月15日判決（判時2155・71）（床衝撃音（フローリング））

252　　　第3章　欠陥類型別のトラブル

42　ピアノの音が響くマンション（隣戸とのトラブル（空気伝搬音・固体伝搬音複合型））

相談内容

　鉄筋コンクリート造の新築マンションを購入して同マンションに住んでいますが、隣に住む人が弾くピアノの音がうるさくて困っています。

　まるで自分の家の中で弾かれているかのようにピアノの音がはっきりと聞こえるのですが、これは建物に欠陥があるからですか。音が小さくなるような方法はありますか。マンションの売主や隣戸の住人に対して何か請求できますか。

回　答

1　隣戸のピアノの音の種類

　音には、大別して、空気伝搬音と固体伝搬音とがあることはすでに述べましたが、隣戸で聞こえるピアノの音の場合は、空気伝搬音とピアノの脚から躯体を経由する固体伝搬音の双方があります。なお、ピアノの音は空気伝搬音の中でも大音量（強打した場合1m離れた地点で100dBに達することもあります。）であることから問題を一層深刻なものとしています。

2　隣戸のピアノの音の騒音対策

　隣戸のピアノの音に対する具体的な対策としては、次の方法が考えられます。

第3章 欠陥類型別のトラブル

① 界壁の遮音性能を上げる。

　これは、空気伝搬音の遮音性能を大きくして、隣戸からの騒音を軽減する方法で、3つの騒音対策の対象（音源、経路、受音室）のうち、経路に着目したものです。

　音源側で発生し、壁体に入射した空気伝搬音が背面に抜けるとき、壁体などを構成する材料の抵抗で音の一部が壁体を通過（透過）できなくなります。この通過しにくさ（遮断性能）をdB単位で表した指標を透過損失といいます。この透過損失（遮断性能）を大きくすることにより、外部や隣戸からの騒音を軽減することが可能です。

　D値とは、音源側と受音側の室平均音圧のレベルの差をいい、通常、2室間の遮音性能は、このD値により評価されます。

　日本建築学会における隣戸間界壁の適用等級によると、D－55は特級（「遮音性能上特に優れている」（特別に高い性能が要求された場合の性能水準））に相当します。

　しかし、ピアノは前記のとおり大音量を発するので、「界壁」だけで遮音対策をするとなると、遮音性能としてD70～80が必要となります。しかし、前記のとおりD55でも特別に高い性能とされており、D70～80の遮音性能を一般的な集合住宅の仕様で確保することはほぼ不可能です。したがって、界壁の遮音性能を高めるだけでなく、他の対策も取る必要があります。

　なお、界壁の遮音性能を高めるためには、界壁の壁厚を大きくするだけではなく、二重壁による二次遮音層を設ける必要があります。

② 浮床工法を採用する。

　固体伝搬音を減少させるためには、浮床工法の採用が有効です。浮床工法とは、躯体床の上に緩衝材で分離した別床を作り、振動の伝達を防ぐ工法です。床だけではなく壁、天井、出入口全て構造躯体と縁を切り、浮いた状態の部屋を作ります。

③　ピアノ室の吸音力を大きくする。

　　空気伝搬音の削減のためには、ピアノ室の吸音力を大きくすることも効果があります。吸音とは、材料面に音が入反射する場合に音量が減衰することをいいます。どのくらい吸音されたかについては、通常、入射音の何％が吸収されたか（それにより何％の音量が減退したか）を表す吸音率で表します。例えば、吸音率0.7とは70％の音が吸収されたことを示します。

　　ピアノ室の仕上材を吸音率の大きいもので作ることにより、吸音力（吸音率×面積）を大きくします。

　　ただし、吸音力を大きくしても、残念ながら、その効果はあまり大きいとはいえません（吸音力を2倍にして3dB、5倍にして7dB下がります。）。特に、ピアノの音が気になるときには低音域の吸音の必要性が高いのですが、限られた空間では吸音複合材を使用して低音域の吸音率を大きくするのは困難です。

3　誰にどのような請求ができるか

(1)　売主に対する請求

　前述のとおり、ピアノは非常に大きい音量を出す楽器であり、売主には、特にピアノ演奏可能な条件で販売された物件でもない限り、ピアノに対応する遮音設備を備えることまでは要求されていないと考えられ、通常、売主への請求はできないと考えられます。

　ただし、ピアノだけでなく他の生活音もよく聞こえるなど、通常の遮音性能すら満たしていない場合であれば、売主に対し、担保責任等の責任を追及できます。

(2)　隣戸の住人に対する請求

　建物の欠陥ではなく、かつ受忍限度を超える場合であれば、損害賠償請求、慰謝料請求のほか、一定の防音対策を施すこと（通常、大規模かつ高額な工事を伴います。）やピアノの演奏に一定の制限をする

第3章　欠陥類型別のトラブル　　　255

ことなどを請求することができます。

　また管理組合規約でも、楽器の禁止や使用制限が決められている場合がありますので、調べてみるとよいでしょう。

　相手が任意に応じない場合、受音側の住人は、自らの居住室側に防音対策を取って、その費用相当額を損害賠償として請求することもできます。ただ、通常、音源側、すなわちピアノを演奏する側で行う工事と合わせて行う方が防音の効果が上がりますので、できれば双方の部屋に防音工事を行いたいところです。

アドバイス

　隣戸のピアノの音に関するトラブル防止には、次の事項に注意する必要があります。

① 　購入前の確認

　a 　建設住宅性能評価書の確認

　　品確法施行後の建物で、建設住宅性能評価を取得している場合には、建設住宅性能評価で界壁の透過損失等級が表記されていますから、これを確認した上で等級の高い物件を購入することも自衛手段となります。

　b 　マンション管理規約の確認

　　マンション管理規約には、楽器の演奏について何らかの定めがなされているものが多数あります。どのような定めがなされているかによって、入居後の楽器の演奏についての許容度を予測する判断材料になるでしょう（ただし、マンション管理規約は変更が可能ですから、将来変更されるおそれが皆無ではないことも頭に入れておく必要があります。）。

② 　受忍限度と他の住民への配慮

　楽器の演奏をする方の中には、演奏を制限する方がおかしいとい

う気持ちを持っている方もいらっしゃるでしょう。しかし、マンションでの生活は共同生活なので、トラブルに発展しないためには、演奏の時間帯や演奏時間に配慮するだけではなく、音の出ない電子ピアノを使用したり防音室を設置したりするなど近隣の方への配慮をすることが重要です。その前提として、ピアノの演奏者が、通常のマンションはピアノに対する防音に対応していないこと、および専用の防音室でも設けない限り遮音することは極めて困難であることを十分認識することが大切です。

③　演奏者側がなかなか騒音として認めない場合

　　この場合には、客観的なデータを示すことが有効です。客観的なデータを示すために、受音地点の騒音測定調査を行うとよいでしょう。

④　音の特性

　　音の問題の場合、気になり始めた音は、いつまでもその音を追いかける傾向があります。結果として音量が物理的に小さくなっても、それを追いかけながら聞いている者にとっては小さくなったと感じない場合もあります。

　　演奏者が前記②のような配慮をする一方で、聞かされる側も、実際、音量が小さくなったときにはそれを感覚的にも受け入れるように努めることも重要です。

【参考となる判例】

　〇神戸地裁明石支部平成9年10月20日判決（欠陥住宅判例1・24）（遮音材の施工の欠落（ただし木造軸組2階建て））

　〇東京地裁平成11年12月10日判決（判タ1079・301）（防音水準など）

　〇東京地裁平成16年5月27日判決（平14（ワ）2731・平12（ワ）18304）（遮音性能の瑕疵）

　〇東京高裁平成28年8月3日判決（平27（ネ）4337）（遮音性能に関する契約内容）

第3章　欠陥類型別のトラブル　　257

43　流水音および換気システム稼動時の騒音（固体伝搬音）

相談内容

(1)　現在、鉄筋コンクリート造のマンションに住んでいますが、自宅部分および隣戸の給水時に大きな流水音が聞こえます。

(2)　鉄筋コンクリート造のマンションに住んでいますが、換気システムが稼動しているとき、換気用の管から音がします。夜はまわりが静かなためか特に気になって眠れません。

　　住み始めて数年経過したころから聞こえ始めましたが、原因としては何が考えられますか。解決方法としてはどのようなものがありますか。

回　　答

1　音の種類

　音には、大別して、空気伝搬音と固体伝搬音とがあることはすでに述べましたが、一般的に、給水時の流水音や換気システム稼動時の空気が管を通過していく音は固体伝搬音です。

2　ご相談(1)について

　給水時の流水音が聞こえる主な原因としては、①配管が建物の躯体に埋設されている場合や、管が直接躯体に接し流水時に固体振動音が生ずる場合、②配管の支持材が躯体に緊結されて流水音が伝わる場合、③天井支持材を利用して配管を支持している場合、④給水圧力が高い

ため、使用時の給水器具廻りの発生騒音が大きい場合が考えられます。
　各原因別の解決方法は、次のとおりです。
　(1)　配管が建物の躯体に埋設されている場合や、管が直接躯体に接し流水時に固体振動音が生ずる場合
① 　壁や梁の貫通部で管が直接躯体に接している場合は緩衝材を管の周囲に巻きつけることにより消音効果が得られます。
② 　配管が全て躯体に埋設されるケースは少ないのですが、躯体壁に洗面器や便器の配管が埋設される場合は見かけることがあります。この場合、露出配管またはライニング（配管用二重壁）を設けその中に配管することにより、消音効果が得られます。

図　ライニング

　(2)　配管の支持材が躯体に緊結されて流水音が伝わる場合
　振動源からの振動が建物躯体等に伝わりにくくすることを防振といいますが、配管の支持材が躯体に緊結されて流水音が伝わる場合には、配管と躯体が直接接触しないように、支持金物と躯体の間に防振材を

第3章　欠陥類型別のトラブル　　　259

介して支持するという方法が考えられます。

　(3)　天井支持材を利用して配管を支持している場合

　天井支持材を利用して配管を支持している場合には、天井板の共振等により音を増幅させることがあります。この場合、配管専用の支持材を設けることにより減音できます。

　(4)　給水圧力が高いため、使用時の給水器具廻りの発生騒音が大きい場合

　近時、シングルレバー水栓の急開閉による場合や管内の流速が大きい場合など、いわゆるウォーターハンマー（水撃音）が生じることがあります。この場合、各戸ごとに給水減圧弁を設け、必要圧力範囲内で使用すること、水撃防止器を取り付けることにより、騒音を防止することが可能です。

3　ご相談(2)について

　(1)　送風機の運転音が大きい場合

　現在多用されている換気用機器の発生騒音は非常に小さくなっており、通常の場合は、生活に支障が生じるような状況は考えにくいです。ただ、次のような場合には、換気機器の音が気になることもあるので、各原因を取り除く措置をとることになるでしょう。

①　換気機器の取付けが、水平になされておらず、芯ずれを起こしている場合

②　換気機器の羽が汚れて歪んだ回転をする場合

③　軸受けのベアリングやグリース等が経年変化で劣化している場合

　(2)　吸引部分の擦過音が大きい場合

　埃等により吸引部分が目詰まりし、擦過音を生じている場合があります。この場合は、こまめに吸引部の埃を取り除くことにより擦過音を減少させることができます。

アドバイス

給水時の流水音や換気システム稼動時の音に関する次のような特徴を理解し、トラブルを防止する必要があります。

① 共同住宅の場合は、全ての住戸が同じ配管工法で施工されている場合が多いので、自分の家の流水音を聞くことにより他住戸への影響を推定できる。

② 隣戸（上下を含む。）との水廻り平面計画（便所、浴室、台所）が一致していない場合は流水音を意識しやすいので、マンション購入前には近隣の水廻り平面計画を調べるとよい。

③ 便器の流水、シャワー使用の音は大きいので深夜の使用についてトラブルになりやすい。

④ 換気用機器、ダクトは天井部スラブ（上階の床スラブ）から支持されており、防振を考慮した支持が不充分である場合は、上階で固体振動音が問題となる。

【参考となる判例】
　〇大阪高裁平成12年12月15日判決（判時1758・58）（ポンプ室からの騒音）
　〇神戸地裁平成14年5月31日判決（平10（ワ）1666）（トイレ給排水音等の生活騒音）
　〇東京地裁平成18年4月14日判決（平16（ワ）27041）（ポンプ室からの騒音）

第3章　欠陥類型別のトラブル　　261

44　家の前の道路を通る車の音（交通騒音（空気伝搬音））

相談内容

（1）　窓を閉めて建物の中にいるにもかかわらず、自宅前の道路を通る車の音が気になります。

　　　解決方法としてはどのようなことが考えられますか。

（2）　自宅前道路の交通量が多いことはわかっていたので、建築士の方に依頼し、その地域の道路騒音等を測定した結果と希望する室内騒音レベル（設定値）から遮音性能を求めサッシの仕様を決定してもらいました。しかし、竣工後、実際に住んでみると、自宅前の道路を通る車の音などが非常に気になります。そこで、室内騒音レベルをあらためて測ってもらったところ、その測定値は上記設定値を上回っていました。その場合、原因としては何が考えられますか。

回　答

1　音の種類

　音には、大別して、空気伝搬音と固体伝搬音とがあることはすでに述べましたが、交通騒音は空気伝搬音と固体伝搬音の双方があります。固体伝搬音の表示方法および評価方法については、「41　上階の足音が響く中古マンション（上下階のトラブル（固体伝搬音））」で説明し

ていますから、以下では空気伝搬音の表示方法および評価方法を説明します。

2 空気伝搬音

(1) 表示方法

音の大きさは一般に音圧レベル（dB（デシベル））で表されますが、騒音レベルとしては、人間の聴覚の周波数特性を考慮した評価値としてA特性音圧レベルが多用されています。

また、音の高低は周波数（Hz（ヘルツ））で表されます。

空気伝搬音の中でも交通騒音の場合は、JIS Z 8731：1999「環境騒音の表示・測定方法」に規定する時間率騒音レベルLAN、等価騒音レベルLAeq等でも表されます。LANは、その値以上になる時間率が実測時間のN（％）以上になることを示す値をいいます。また、LAeqとは、全騒音暴露量を実測時間で割って平均した値をいいます。

(2) 評価方法

室内騒音の評価方法としては、騒音レベルやN値が用いられます（N値は、日本建築学会により定められた騒音の等級で、中心周波数63～4,000Hzオクターブ帯域について、基準曲線によって等級を決定します。）。

例えば、集合住宅の居室の場合、騒音レベル35dBAまで、および騒音等級がN－35までを適用等級1級とし、「遮音性能上優れている」場合を意味し、騒音レベル40dBAまで、および騒音等級がN－35までを適用等級2級とし、「遮音性能上標準的である」場合を意味し、騒音レベル45dBAまで、および騒音等級がN－45までを適用等級3級とし、「遮音性能上やや劣る」場合を意味します。

第3章 欠陥類型別のトラブル　　　263

図1　建物の内部騒音に関する騒音等級の基準周波数特性

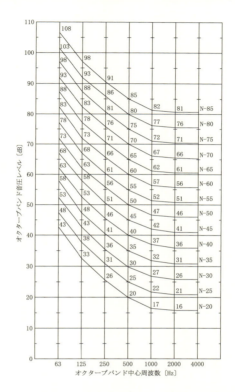

（出所　日本建築学会編『建築物の遮音性能基準と設計指針（第2版）』5頁（技報堂出版、1997））

3　交通騒音の騒音対策

　一般に騒音対策としては、音源の発生騒音を小さくするのが、直接的で大きな効果があり、最も根本的な解決になるのですが、家の前を走る車の音などの交通騒音を住人個人が制御することは困難です。

　そこで、交通騒音に対する具体的な対策としては、次の方法が考え

264 第3章 欠陥類型別のトラブル

られます。

① 交通騒音対象側の建物外周部を、充分な遮音性能を有する工法、材質とする。

　例えば、密閉性の高い工法で、かつ重量の大きな材質のものとしてRC（鉄筋コンクリート）造が挙げられます。

② 交通騒音の音質を特定し、その対策を取る。

　騒音源が、幹線道路の走行音、交差点近くの発停音、電車軌道音などのいずれであるかによって、対策は異なります。また、騒音の高低（Hz）、大きさ（dB）、間隔、時間帯の差などによっても、対策は異なってきます。

③ 窓等のサッシ仕様の選択

　防音サッシおよび二重サッシ（防音サッシ＋普通サッシ）を使用すること、密閉度を上げるためはめ殺し、エアタイトおよび開き戸を使用すること、普通ガラスより防音の性能を向上させるため耐衝撃性の合わせガラスを使用することが考えられます。

④ 単なる開口（隙間）は遮音能力低下の要因となるので、交通騒音対象側に開口部を配置しない。換気口は防音型にすることが望ましい。

4　ご相談(1)について

(1) 消音対策

消音対策としては、上記3①ないし④が考えられます。

(2) 特約がある場合

当該建物を建てる際、設計者に遮音性を高めた建物にしてほしい旨依頼していた等、注文主と設計者の間で具体的な特約がある場合で、引渡しを受けた建物がその特約の性能を有していない場合は、設計に

第3章　欠陥類型別のトラブル　　265

問題がある場合であれば設計者に、設計には問題がなかったが設計ど
おりに施工されていないためその性能が出ないという場合には施工業
者に損害賠償請求ができます。

5　ご相談(2)について

（1）　設計に用いた環境騒音測定値が実状を反映していなかった場
　　　合

設計時に環境騒音を測定するに当たっては、当然、現場（道路等）
の状況と住居側の条件を併せて検討し、適正な測定方法を選定する必
要がありますが、この選択が不適切な場合等にはご相談内容(2)のよ
うに竣工後の室内騒音レベルの測定値が設計時の設定値を上回ること
があります。この場合、適切な測定方法を選択し、新たに測定した値
に基づきサッシの仕様を変更することになります。

（2）　環境騒音測定値がマンションの上階部と下階部で大きな差が
　　　ある場合

高架道路が近くにある場合には、その道路に遮音塀が設置されてい
る場合があり、その遮音壁の効果によって、測定地点が地盤面近くの
測定値は小さくなりますが、遮音壁の高さを超えた部分においては測
定値が大きくなることがあります。また、掘割道路が近くにある場合
も、同様の理由で、地盤面近くの測定値は小さくなりますが、掘割を
覗くことができる高さまで上がると測定値が大きくなることがありま
す。

図2　掘割道路

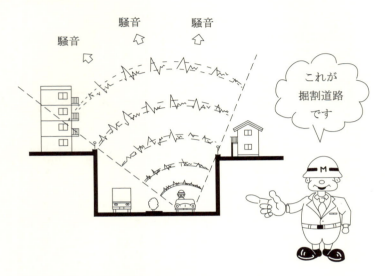

　また、音源と測定位置の間にある低層建物の遮音効果の影響も無視できないことから、どの高さで測定したかにより測定値が本来の値と乖離することがあります。

　よって、これらの場合、道路の状況、音源と測定値の間の状況等を踏まえた上で再測定の位置を決め、その位置で再測定してサッシの仕様を変更することになります。

　(3)　複層ガラスを採用している場合

　複層ガラスを採用することによって必ず遮音性が高まるわけではありません。例えば、ガラス同士が共振し、却って遮音性が低下する場合もあります。対策としては、複層ガラスの一方の厚さを変える方法があります。ただし、既存サッシの改造は困難な場合が多いので、そのような場合は、複層ガラスの内側にサッシを増設し二重サッシとする方法が考えられます。

第3章　欠陥類型別のトラブル

（4）　換気口からの通過音がある場合

開口部から進入した音が騒音の原因となることはよくあることですが、その場合、室換気用換気口を防音型と交換することにより一定の遮音効果が得られます。

アドバイス

交通騒音に関するトラブル防止には、次の事項に注意する必要があります。

① 環境騒音を適切に測定する。

② 環境騒音にあった適切な騒音対策をとる。

45 用途地域と冷暖房室外機の騒音

相談内容

自宅から道路ひとつ隔てて建つ小工場の冷暖房の室外機が24時間稼働しています。夜はその音が特にうるさく感じます。なんとか、冷暖房室外機の音を小さくする方法はないでしょうか。

なお、私の住む建物の敷地の用途は第一種住居地域ですが、その小工場の敷地の用途は準工業地域です。

回　答

1　工場の騒音

(1)　騒音に関する法令

騒音規制法は、著しい騒音を発生する施設を特定施設とし、また、これを設置する工場または事業場を特定工場等として、指定地域内に特定施設を設置する者は、規制基準の遵守を定め、また、施設の設置・変更の際には事前に届け出を行わなければならない旨定めています。また、多くの地方公共団体は騒音に関し、法より厳しい基準を設けた条例を制定しています（例えば、東京都の場合は、「都民の健康と安全を確保する環境に関する条例」（環境確保条例）（平12・12・22都条例215）で騒音についての基準を定めています。）。

まず、問題となっている騒音が、これらの法令が定める基準に違反していないか調べることになります。

第3章　欠陥類型別のトラブル　　269

(2)　用途地域と騒音

　前記法令における騒音の基準値は、主に用途地域ごとに定められています。

　用途地域とは、土地利用計画の基本となるものであり、それぞれの地域に合わせ、お互いに守るべき最低限の土地利用規制を行うものです。現在、次の13の用途地域があります（都市計画法8①一・9①～⑬）。

用　途　地　域	内　　　　容
第一種低層住居専用地域	低層住宅に係る良好な住居の環境を保護するため定める地域
第二種低層住居専用地域	主として低層住宅に係る良好な住居の環境を保護するため定める地域
第一種中高層住居専用地域	中高層住宅に係る良好な住居の環境を保護するため定める地域
第二種中高層住居専用地域	主として中高層住宅に係る良好な住居の環境を保護するため定める地域
第一種住居地域	住居の環境を保護するため定める地域
第二種住居地域	主として住居の環境を保護するため定める地域
準住居地域	道路の沿道としての地域の特性にふさわしい業務の利便の増進を図りつつ、これと調和した住居の環境を保護するため定める地域
田園住居地域	農業の利便の増進を図りつつ、これと調和した低層住宅に係る良好な住居の環境を保護するため定める地域

近隣商業地域	近隣の住宅地の住民に対する日用品の供給を行うことを主たる内容とする商業その他の業務の利便を増進するため定める地域
商業地域	主として商業その他の業務の利便を増進するため定める地域
準工業地域	主として環境の悪化をもたらすおそれのない工業の利便を増進するため定める地域
工業地域	主として工業の利便を増進するため定める地域
工業専用地域	工業の利便を増進するため定める地域

　ご相談のように、別の用途地域が隣接している場合、隣戸と騒音に関する基準値が異なることがありますから注意が必要です。

（資料）騒音規制法に基づく特定工場等に係る規制基準〔東京都〕（騒音規制4、昭44・2・20都告示157）

区 域 の 区 分		時 間 の 区 分			
	当てはめ地域	朝 6時〜 8時	昼間 8時〜 19時	夕 19時〜 23時	夜間 23時〜 6時
	・第一種低層住居専用地域 ・第二種低層住居専用地域				

第3章 欠陥類型別のトラブル

第1種区域	・ＡＡ地域（注1） 清瀬市松山3丁目 竹丘1丁目および3丁目の一部 ・前号に接する地先および水面	40dB	45dB	40dB	40dB
第2種区域	・第一種中高層住居専用地域 ・第二種中高層住居専用地域 ・第一種住居地域 ・第二種住居地域 ・準住居地域 ・第1特別地域（注2） ・無指定地域（第1、第3、第4種区域を除く。）	45dB	50dB	45dB	45dB
第3種区域	・近隣商業地域（第1特別地域を除く。） ・商業地域（第1特別地域を除く。） ・準工業地域（第1特別地域を除く。） ・第2特別地域（注2） ・前号に接する地先および水面	55dB	8時～ 20時 60dB	20時～ 23時 55dB	50dB

第4種区域	・工業地域（第1、第2特別地域を除く。） ・第3特別地域（注2） ・前号に接する地先および水面	60dB	8時〜20時 70dB	20時〜23時 60dB	55dB

ただし、第2種区域、第3種区域または第4種区域の区域内に所在する学校（幼稚園を含む。）、保育所、病院、診療所（患者の収容施設を有するものに限る。）、図書館、特別養護老人ホームおよび認定こども園の敷地の周囲おおむね50mの区域内（第1特別地域、第2特別地域を除く。）における規制基準は、当該値から5dBを減じた値を適用する。

注1　平成11年3月30日都告示259号（騒音に係る環境基準の地域類型の指定）

注2　2段階以上異なる区域が接している場合、基準の厳しい区域の周囲30m以内の範囲

(3)　時間帯と騒音

　騒音に関する法令の基準は、用途地域のほか時間帯によっても別の基準を設けています。通常、夜間については、昼間より低い基準値が設定されています。

2　空調室外機の騒音対策

(1)　音の種類

　音には、大別して、空気伝搬音と固体伝搬音とがあることはすでに述べましたが、一般的に空調室外機（隣戸の工場設備）の音は空気伝搬音です。空気伝搬音については「44　家の前の道路を通る車の音（交通騒音（空気伝搬音））」を参照してください。

第3章　欠陥類型別のトラブル　　　273

(2)　騒音対策

　空調室外機の音の対策としては、①設置場所を相談者住居から離れたところに変更すること（位置、距離）、②室外機自体を音の小さなものに変更すること（音源の音量）、③防音壁を設けること（経路）等が考えられます。

(3)　工場主への請求について

　ご相談の場合、工場の建つ土地は準工業地域にあります。よって、騒音についての基準は、住居地域より緩やかなものとなっていると考えられます。

　騒音に関する法令の基準を確認し、少なくとも、当該空調室外機の音をはじめとした工場からの騒音が法令で定める値を超える場合には、前記騒音対策の①ないし③の方策等、騒音を減少させるような措置を取るように工場主に請求することができます。また、この場合、自家の敷地に防音壁を自ら設置し、その費用相当額について、工場主に損害賠償請求することもできます。

　なお、騒音の測定は、敷地の境界線上において、騒音計を用いて行います。また、騒音対策を立てるためには、併せて周波数分析を実施する必要があります。

アドバイス

1　用途地域と住環境

　用途地域は騒音を始め住環境に大きな影響を与えます。土地、建物を購入する際は、事前に、現況のみならず用途地域の確認もしましょう。

274　　　第3章　欠陥類型別のトラブル

2　騒音規制法の規制基準値

　騒音規制法の規制基準値は、受音室の音ではなく、土地の境界上の音圧レベルで表示されているので、当該基準値と比較する場合、この点に留意することが必要です。

メモ　　　**騒音に関する規制**

① 　騒音に関する法令・告示
・建築基準法30条、建築基準法施行令22条の3、遮音性能を有する長屋又は共同住宅の界壁の構造方法を定める件（昭45・12・28建告1827）
・環境基本法16条、騒音に係る環境基準について（平10・9・30環告64）、航空機騒音に係る環境基準について（昭48・2・27環告154）、新幹線鉄道騒音に係る環境基準について（昭50・7・29環告46）
・騒音規制法、特定工場等において発生する騒音の規制に関する基準（昭43・11・27厚・農・通・運告1）、特定建設作業に伴って発生する騒音の規制に関する基準（昭43・11・27厚・建告1）
・固定伝搬音については「41　上階の足音が響く中古マンション（上下階のトラブル（固体伝搬音））」の246頁以下参照。
② 　騒音に関するその他の基準
・日本産業規格（JIS）
・日本建築学会の推奨測定規準
・住宅金融支援機構の住宅技術基準規程（住宅技術基準実施細則）
・騒音に係る環境基準の評価マニュアル（環境省）
・住宅紛争処理技術関連資料集（（公財）住宅リフォーム・紛争処理支援センター）

　　　　　　　　　　　　　　　　　　　　　　　　　　　　　　等

第3章　欠陥類型別のトラブル

【参考となる判例】

　○名古屋地裁平成14年1月29日判決（平11（ワ）2443）

　○京都地裁平成20年9月18日判決（自保ジャーナル1791・7）

　○京都地裁平成22年9月15日判決（判時2100・109）

　○さいたま地裁熊谷支部平成24年2月20日判決（判時2153・73）

　○最高裁平成29年12月19日決定（平29（オ）1457・平29（受）1789）

　　（下級審：大阪高裁平成29年7月18日判決（平29（ネ）696）、神戸地裁平

　成29年2月9日判決（平26（ワ）1195））

276　　　第3章　欠陥類型別のトラブル

第5　揺れ・振動

46　大型車の通行、風等による建物の振動

相談内容

(1)　築8年の木造3階建ての建物に住んでいます。家の前の幹線道路をバスやトラックが通るたびに家が大きく振動します。

(2)　築8年の木造3階建ての建物に住んでいますが、強風が吹いたときに家が大きく揺れます。

それぞれ対策としてはどのようなことが考えられますか。

回　答

1　振　動

　振動のうち「体感領域の振動」とは、人間が身体全体の感覚で振動と感じることをいいます。この体感領域の振動が大きくなると、揺れとなります。

　日本建築学会編著『建築物の振動に関する居住性能評価指針・同解説』では、居住環境としての性能を維持する観点から「鉛直振動（床振動）」と「水平振動（建物の揺れ）」に分類して評価されています。「鉛直振動」は3ないし30Hz（速い振動）の範囲、「水平振動」は0.1ないし1.0Hz（ゆったりした振動）の範囲を対象として評価しています。

2　振動に関する法令

　振動に関する法令としては、振動規制法（昭51・6・10法律64号）が

第3章　欠陥類型別のトラブル　　277

あります（なお、関連法規として、振動規制法施行令（昭51・10・22政令280号）、振動規制法施行規則（昭51・11・10総理府令58号）があります。）。

　振動規制法は、全ての地域ではなく、指定地域（都道府県知事が振動を防止することにより住民の生活環境を保全する必要があると認める地域）が規制の対象になります。工場振動および建設振動について規制値を定め、その基準に適合しないことによりその特定工場等および特定建設作業の場所の周辺の生活環境が損なわれていると認めるときは、改善勧告・命令が出されます。また、道路交通振動については振動防止の措置を要請するものとしています。例えば、東京都の場合、振動規制法の規定に基づく特定工場等の規制基準（昭52・3・30都告示240）において特定工場等の振動についての基準が定められています（後記 メモ の1参照）。

3　体感領域の振動
（1）　表示方法
　体感領域の振動は振動加速度レベル（dB）で表示されます。人体の振動感覚補正を行った「振動レベル」（dB）は公害振動や作業環境における振動の評価に用いられます。この振動レベルは、既述の音圧レベルのdBとは異なるものです。なお、地震の加速度表示にはdBのほかgal（1gal＝振動加速度レベル60dB）も用いられます。

（2）　評価方法
　振動による影響としては、振動レベル58～67dB（振動加速度レベル65～75dB）で振動を感じ始め、67～77dB（同75～85dB）で浅い睡眠に影響が出始め、77～86dB（同85～95dB）で深い睡眠でも影響が生じ、産業職場においても振動が気になる状況となり、86dB（同95dB）以上で人体に生理的影響が生じ始めるといわれています（（社）日本騒音制御

278　　　　　第3章　欠陥類型別のトラブル

工学会編『地域の環境振動』（技報堂出版、2001）参照）（後記 メモ の2・3参照）。

4　ご相談(1)について　―道路交通による振動とその対策

(1)　道路交通による振動の特徴

　道路交通による振動は、路面の舗装精度、通行する自動車の種類と走行速度等により決まります（路面の舗装精度など、道路交通による振動に影響を与える要素による振動については予測式があります。）。

(2)　道路交通による振動対策

　ア　振動源での対策（道路に対して）

　走行する車の速度を低減するなど加振力を小さくすること（警察への速度制限の依頼）、路面の凹凸をなくすこと（役所道路係への陳情）、またはジョイント部をなくす等の路面整備をすること（加振力を伝えにくくすること）（役所道路係への陳情）が考えられます。

　イ　伝搬経路での対策（道路に対して）

　振動経路に溝を掘ったり、地盤と密度の異なる壁を地中に埋めたりするなど、地盤を経由する振動の軽減を図ることが考えられます。ただし、実際に当該工事を行うとすると大がかりなものとなります。

　ウ　剛性（建物に対して）

　敷地の環境状況、地盤状況に応じた建築構造上の対処を行うことが考えられます。例えば、適正な基礎の選択、地盤改良、筋交、方杖、火打ちの適正配置、開口部の補強、ボルト、かすがい等の緊結金物にて構造材を結合するなど、固くていわゆる剛性（外力に対する部材の変形のしにくさ）の大きい構造の住宅とします。

(3)　考えられる建物の欠陥

　振動を感じる要因としては、次にあげるものが考えられます。

① 筋かいや耐力壁の不足および取付け不良

第3章　欠陥類型別のトラブル　　279

② 各部接合金物の弛み。接合金物の絶対量不足

③ 土台の腐食。床下換気不足による土台の腐れやシロアリによる被害

④ 地盤の耐力不足

5　ご相談(2)について　―風による揺れとその対策

(1)　風による揺れとその対策

風による揺れの対策としては、筋かいや耐力壁をバランス良く増設して建物の剛性を大きくする方法が考えられます。

(2)　考えられる建物の欠陥

揺れを感じる要因としては、前記4(3)の振動を感じる原因と同様、次にあげるものが考えられます。これらの場合、構造耐力が不足していて建物に構造上の欠陥があるといえるケースもありますから、専門家による調査をすべきでしょう。

① 筋かいまたは耐力壁の不足

② 筋かいまたは耐力壁のバランス不良

③ 筋かいまたは耐力壁取り付け用金物の緊結不足

④ 土台の腐食

アドバイス

1　木造3階建ての建物と揺れ

木造3階建ての建物の場合、確認申請は2階建てで行い、実際には3階建てにしているという建築基準法違反のケースがまれにあります。木造2階建ての建物には構造計算が義務づけられていませんから、このような場合には、本来行われなければならない構造計算が行われず、

構造耐力上問題となる建物も存在しています。大型車の通行時や暴風時において、異様な揺れを知覚し、調査した結果、構造上重大な欠陥を有する建物であることが発覚する場合があります。したがって、木造3階建ての場合には、構造計算がなされているかについて購入時等に建築確認書を確認する等の注意が必要です。

　ただし、そもそも木造3階建ては木造2階建てに比べて揺れやすくなっています。したがって、木造3階建ては揺れるから直ちに欠陥というわけではなく、欠陥か否かの判断においては、どのような原因でどの程度揺れるのかが問題となります。揺れの感じ方は個人差が大きいため、利害関係人間で揺れの問題を解決するには、公平に判断するために、数値的な測定を行う必要があります。揺れの測定や結果の判定については専門家と相談する方がよいでしょう。なお、幹線道路の揺れの場合は、並んで建っている他の家の状況を聞いてみたり、その家の揺れと自分の家とを比較することも必要です。

2　交通振動と欠陥の判断について

　振動規制法により規制基準値が定められていますが、これらの基準値は敷地境界線上での値です。

　振動障害は人体の感覚で決まりますが、振動障害を客観的に評価するため、次のとおり測定することになります。

　複雑な振動を一括りにするのは難しいのですが、現状では振動加速度を測定し、振動の周波数により人体の感度に合わせて数値を補正することにしています。振動周波数が人体の物理的な固有周波数に近いと感度が増える傾向にあるためです。この補正した加速度レベルを振動レベルと呼び、振動レベル計はこの振動レベルをデシベル（dB）の単位で表しています（前記「回答」3(1)参照）。

第3章　欠陥類型別のトラブル　　281

　人の体は振動自体を不快に感じ、住居においては、僅かな振動に対しても敏感であることが多いといわれています。しかし、旅の電車や車の振動は快感になることすらあります。このように、精神的な環境により左右されるので、微妙な振動に対しては欠陥としての見極め判断が非常に困難です。

　1つの判定基準としては、Meisterの振動感覚曲線（日本建築学会編『鉄筋コンクリート構造計算規準・同解説2018』（日本建築学会、2018）の付録5に紹介されているMeisterの振動感覚曲線）があります。この感覚曲線は振動数と変位の2つのパラメータから感じ方の度合いを決めています。

　現地にて振動数と変位を測定すればある程度客観的に振動の不快感を形式化することができます。

　欠陥かどうかについては感覚曲線にプロットした点と具体的な被害状況を勘案して判定することになります。

3　地盤振動を増幅させない工法

　一般的には、屋外の地盤上で振動を感じてクレームとなる例は少なく、屋外地盤振動に対して屋内で振動が増幅（鉛直振動では5～10dBとの報告もあります。振動加速度レベルが5dB増えるごとに振動加速度レベルは1.778倍ずつ増大します。）されることにより問題が発生する例が多いようです。そこで、地盤振動を増幅させず、軽減する工法を採用する必要があります。例えば、軟弱地盤上の鉄骨造2階建ての住宅で鉛直方向について比較すると、杭地業（根切り底に杭を打ち込んで行う地業）なしの場合には10Hz以上で5～8dB増加する例も報告されていますから（（社）日本騒音制御工学会編『地球の環境振動』217・218頁（技報堂出版、2001））、杭地業を採用することが考えられます。

282　　　第3章　欠陥類型別のトラブル

【参考となる判例】

○大阪高裁平成11年12月16日判決（欠陥住宅判例1・104）（構造耐力不足
による揺れ）

○名古屋地裁平成17年4月22日判決（判時1921・120）（地下鉄の騒音・振
動）

○東京地裁平成17年12月28日判決（判時1950・103）（風による揺れ等）

○東京地裁平成19年4月27日判決（平13（ワ）3467・平15（ワ）5972）（車両
通行等による振動）

メモ　　1　振動に関する規制

（1）　振動に関する法令・告示

　振動に関する法令・告示として、振動規制法、振動規制法施行
令、振動規制法施行規則および特定工場等において発生する振動
の規制に関する基準（昭51・11・10環告90）等があります。

（参考）振動規制法等における規制基準

　①　工場振動：著しい振動を発生する特定施設を設置する工場
　　または事業場（特定工場等）に関する規制

【特定工場における規制基準】

	昼	夜
第1種区域	65dB ≧ 規制基準値 ≧ 60dB	60dB ≧ 規制基準値 ≧ 55dB
第2種区域	70dB ≧ 規制基準値 ≧ 65dB	65dB ≧ 規制基準値 ≧ 60dB

（特定工場等において発生する振動の規制に関する基準（昭51・11・10環告
90）

② 建設作業振動：建設工事として行われる作業のうち、著しく振動を発生する作業（特定建設作業）に関する規制

【特定建設作業振動】

	禁止時間	作業時間	規制基準
1号区域	日・祝日 平日19:00〜翌7:00	10 h ／日	75dB
2号区域	日・祝日 平日22:00〜翌6:00	14 h ／日	

ただし、適用除外の作業等がある。

（振動規制法施行規則別表第1）

③ 道路交通振動に関する要請：道路の周辺の生活環境が著しく損なわれていると認めるとき

【道路交通振動の要請限度】

	昼間	夜間
第1種区域	65dB	60dB
第2種区域	70dB	65dB

（振動規制法施行規則12・別表第2）

(2) 振動に関するその他の基準

・日本産業規格（JIS）

・日本建築学会環境基準（日本建築学会編著『建築物の振動に関する居住性能評価指針』）

・住宅紛争処理技術関連資料集（(公財)住宅リフォーム・紛争処理支援センター）

等

2 振動加速度レベル（VAL）と振動加速度 （A）の関係

振動加速度レベル（VAL）の定義

$$VAL = 20 \cdot \log（A／Ao）dB$$

$$Ao = 10^{-5}m／（加速度の基準値）$$

A（gal）	A（m／sec^2）	VAL（dB）
1	0.01	60.0
5	0.05	74.0
10	0.10	80.0
15	0.15	83.5
20	0.20	86.0
25	0.25	88.0
30	0.30	89.5
35	0.35	90.9
40	0.40	92.0
45	0.45	93.1
50	0.50	94.0
55	0.55	94.8
60	0.60	95.6
65	0.65	96.3
70	0.70	96.9
75	0.75	97.5
80	0.80	98.1
85	0.85	98.6
90	0.90	99.1
95	0.95	99.6
100	1.00	100.0
105	1.05	100.4
110	1.10	100.8
115	1.15	101.2
120	1.20	101.6
125	1.25	101.9

第3章　欠陥類型別のトラブル

3　振動加速度レベル（振動レベル）と新震度階の（1995）対応

震度階級	地震加速度（ガル）参考	振動加速度レベルdB	振動レベルdB	振動速度mm／s	人間	屋内の状況	屋外の状況
0	0.8以下	55以下	49以下	0.11以下	人は揺れを感じない。	—	—
1	0.8〜2.5	55〜65	49〜58	0.11〜0.3	屋内にいる人の一部が、わずかな揺れを感じる。	—	—
2	2.5〜8	65〜75	58〜67	0.3〜0.8	屋内にいる人の多くが、揺れを感じる。眠っている人の一部が目を覚ます。	電灯などのつり下げ物がわずかに揺れる。	—
3	8〜25	75〜85	67〜77	0.8〜2.4	屋内にいる人のほとんどが揺れを感じる。	棚にある食器類が音を立てることがある。	電線が少し揺れる。
4	25〜80	85〜95	77〜86	2.4〜6.2	かなりの恐怖感があり、一部の人は身の安全を図ろうとする。眠っている人のほとんどが目を覚ます。	つり下げ物は大きく揺れ、棚にある食器類は音を立てる。座りの悪い置物が倒れることがある。	電線が大きく揺れる。歩いている人も揺れを感じる。自転車を運転していて、揺れに気付く人がいる。
5弱	80〜	95〜	86〜	6.2〜	多くの人が身の安全を図ろうとする。一部の人は行動に支障を感じる。	つり下げ物は激しく揺れ、棚の食器類、書棚の本が落ちることがある。家具が移動することがある。	窓ガラスが割れて落ちることがある。補強されないブロック塀が崩れることがある。

5強	～250	～105	～96	～17.2	非常な恐怖を感じる。多くの人が行動に支障を感じる。	棚にある食器類、書棚の本の多くが落ちる。テレビが台から落ちることがある。タンスなど重い家具が倒れることがある。	補強されていないブロック塀の多くが崩れる。自動販売機が倒れることがある。自転車の運転は困難となる。
6弱	250～	105～	96～	17.2～	立っていることが困難になる。	固定していない重い家具の多くが移動、転倒する。開かなくなるドアが多い。	かなりの建物で壁のタイルや窓ガラスが破損、落下。
6強	～400	～109	～99	～25.7	立っていることができず、はわないと動くことができない。	固定していない重い家具のほとんどが移動、転倒する。戸がはずれて飛ぶことがある。	多くの建物で壁のタイルや窓ガラスが破損、落下。補強されないブロック塀がほとんど崩れる。
7	400以上	109以上	99以上	27.5以上	揺れにほんろうされ、自分の意思で行動できない。	ほとんどの家具が大きく移動し、飛ぶものもある。	ほとんどの建物で壁のタイルや窓ガラスが破損、落下。補強されているブロック塀も破損するものがある。

(注)　加速度（ガル）と振動レベル（dB）との換算は鉛直振動を対象に、振動数が4～8Hzと仮定した。

加速度値はピーク値で表わしている。

(出所　櫛田裕『環境振動工学入門－建築構造と環境振動』188頁（理工図書、1997））

第3章　欠陥類型別のトラブル　　287

第6　軋　み

47　床鳴り等の軋み

相談内容

　施工者に依頼して木造2階建住宅を建てて、1年が経過しました。
(1)　入居当初からフローリング仕上げの床や廊下を歩くとギシギシ、ミシミシという軋み音がひどく、非常に不快です。
(2)　また、1階の廊下を歩くと、音はあまりしませんが、床が僅かに沈むのを感じます。
　原因としては何が考えられますか。対策としてはどのようなことが考えられますか。

回　答

1　軋みとその原因

　軋みとは、床を歩くとき、ギシギシ音が発生したり、戸や障子などが滑らかに動かずガタガタ音を立てたりすることをいいます。

　原因としては、部位構成材に力が加わったときに円滑に力が伝わらず構成材の変形によって音が発生する場合（①材料の膨張・収縮、集中荷重による部分変形および全体変形など材料の変形によるもの）と、構成材同士が擦れて音を発生する場合（②下地材と仕上材、構造部材間の接合等の施工精度が低いもの）とがあります。

　①の材料の膨張・収縮の場合として、経年変化による歪みの進行、

季節による温湿度変化、床暖房などによる乾燥等が考えられます。また、①の集中荷重による部分変形の場合としては、重量物の設置や部分的な天井・床の下がり、または風圧や振動等が考えられます。さらに、①の全体変形としては、地盤沈下や接合金物の変形等が考えられます。

②の施工精度が低い場合としては、施工準備段階においては部材の割付の不適合、実質的な施工段階においては下地材を水平に施工する施工精度の不良、部材の固定方法の不良、仕上材施工前のレベル調整の不良などが考えられます。

2 床の軋み

前記のとおり、軋み音の原因にはさまざまなものが考えられます。ただ、その中でも、床の軋みは、原因の特定が比較的容易です。例えば、2階の床の軋みの場合は、その床材かその下地材の部材材質、寸法、設置間隔または取付方法に不備があることが多く、1階の床の軋みの場合は2階と同様の原因が考えられるほか、1階の床の下地材を支える束や束石の設置方法、地盤、基礎または木構造に問題がある場合も考えられます。

その他フローリングで床暖房を設置している場合には、床下地材と床暖房パネルまたはフローリングとの接触面に隙間ができ、そこに摩擦が生じることにより軋みが生じることもよくあります。

軋み音の原因を特定するに当たっては、軋み音が発生する場所を平面図に記載して、軋み音の分布を調べてみるのもよい方法です。室内の中央部分に多いのか、隅の部分に多いのか、全体にわたって分布しているのかがわかると、その原因や補修方法を知る手がかりとなります。また、軋み音の原因の特定には、常時軋み音が発生しているのか、

第3章　欠陥類型別のトラブル　　289

季節によって発生するのかという軋み音発生の時期も重要です。なお、高温多湿な梅雨の時期は一般に軋み音の発生が多くなります。そのほか、床のたわみの程度を調べることも有用です（床鳴りとたわみ量は、たわみ量が小さければ床の振動が抑えられ、床鳴りが起こりにくいという関係にあります。なお、たわみの許容量については、平成12年5月31日建設省告示1459号に規定されています。）。

3　ご相談(1)について　―床鳴り

　ギシギシ、ミシミシという軋み音は床板と床板がせり合って出る摩擦音で、いわゆる床鳴りといわれるものです。上記2で述べたとおり、その原因としては、床下の材料が浮き上がってその材料同士が摩擦し合うことが考えられます。その代表的な補修方法としては、次のものがあります。

① 　床下からの補修

　　床鳴り発生箇所の床下から、木材などを補強材として取り付けて動きを止める補修方法があります。また束の設置が不足している箇所には束を追加して変形を防止すべきです。

② 　床上からの補修

　　フローリング表面から2mm程度の穴を開け、そこから床鳴り発生箇所に接着剤を充填し固定する方法があります。

　なお、近時、フローリングの床材を使用する住宅が多いですが、木質材料の性質上、軋み音を全く発生させないというのは困難です。その軋み音が許容限度内のものか否か、音が発生する箇所がどのくらいあるのかなどが問題となりますが、これらの許容限度については、法令上基準がないため、軋み音がするというだけでは、施工者に補修を請求できるか否かの判断が容易でないケースが多いでしょう。当該請

求の可否を判断するためには、専門家による調査を行い、構造的な欠陥、材料の欠陥または下地材の不備など、具体的な欠陥の原因を特定することが必要です。

4 ご相談⑵について　―床の軋み

　1階の床の軋みの原因については、前述のとおり、床材かその下地材の部材材質、寸法、設置間隔または取付方法の不備のほか、1階床の下地材を支える束や束石の設置方法、地盤、基礎または木構造に問題がある場合が考えられます。後掲の東京地裁平成13年6月27日判決（判タ1095・158）も、地盤沈下に伴って床鳴りなどが発生した事案です。

　このように、根本的な原因が床ではなく、地盤、基礎または木構造に欠陥がある場合も考えられますので、専門家に調査を依頼するとよいでしょう。

アドバイス

　軋みの発生場所を歩くと常に軋みが発生する場合には、専門家に調査を依頼しやすいのですが、軋みが発生したり発生しなかったりする状況である場合、専門家が調査する当日には軋み発生がないこと、または発生はするが少ないことがありえます。軋みの原因を究明するためには、その軋みが、いつから、どの部分に、どの位の頻度で発生するのかを記録しておくことが重要です。

　なお、ギシギシ、ミシミシという軋み音に対する感覚は人によって差があるため、生活に支障があるかどうかを判断することは困難です。また、発生音の許容範囲を決めた基準がないことも軋みに関する問題解決を難しくしています。

第3章　欠陥類型別のトラブル　　　291

【参考となる判例】
　○札幌地裁小樽支部平成12年2月8日判決（判タ1089・180）（床鳴り）
　○大阪地裁平成12年6月30日判決（欠陥住宅判例2・170）（振動・揺れ）
　○東京地裁平成13年6月27日判決（判タ1095・158）（床鳴り（地盤沈下））
　○仙台高裁平成13年11月28日判決（平13（ネ）132）（床の軋み）
　○東京地裁平成25年2月13日判決（平22（ワ）8955）（床鳴り）
　○東京地裁平成25年7月19日判決（平23（ワ）19467）（床鳴り）
　○東京地裁平成29年9月29日判決（平28（ワ）13655）（床鳴り）

メモ　　フローリングの素材による軋み音

　合板フローリングは、薄板を何枚か張り合わせた合板の表面に1mm位の表面材を張り上げた工場生産品ですが、無垢材のフローリングは、原材料をカットして熱加工処理をした製品で、合板フローリングに比べて自然素材度が高いといえます。自然素材度が高い分、高級感があり高価です。注文主から高価な無垢材のフローリングを張ったのに床の軋み音が発生するという苦情をよく耳にします。フローリングは1枚1枚を張って仕上げるのですが、合板フローリングは30cm×1.8mが標準サイズの板であるのに対し、無垢材のフローリングは、通常、それより小さいサイズの板であることが多く、その結果接合部が多くなります。また、無垢材は温湿度変化による変形が起きやすい素材です。よって、無垢材のフローリングは、軋み音が発生しやすいという特徴があります。フローリングの選択に際して、この点も判断要素の1つとするとよいでしょう。

第3章　欠陥類型別のトラブル

48　建具の軋み

相談内容

　築2年の木造2階建ての建物に住んでいますが、最近、部屋と廊下を仕切る引き戸を開けるときに、ギシギシという軋み音がします。また、木造の階段を昇り降りするときには、ミシミシという軋み音がします。

　原因としては何が考えられますか。対策としてはどのようなことが考えられますか。

回　　答

1　軋　み

　軋みとは、床を歩くとき、ギシギシ音が発生したり、戸や障子などが滑らかに動かずガタガタ音を立てたりすることをいいます。

　住宅の軋みとしては、床、柱・壁、天井、建具および階段などがその対象となります。

2　建具の軋みとその対策

　一般に建具に関する軋みとしては、建具の開閉時に建具枠が周辺部材と擦れて生じるもの、連続している建具同士が擦れて生じる音、丁番や鍵など建具金物が擦れて生じるものなどがあります。

　片引き戸、両引き戸、引違い戸を一般的に引き戸と呼んでいます。ご相談前段の場合は片引き戸だと思われますが、片引き戸を開けるときの軋みは、通常、建具と建具枠が擦れて生じるものと考えられます。竣工して1年目位までは、木製の建具の場合にはよくある現象で、建具

第3章　欠陥類型別のトラブル　293

工事の職人が鉋（かんな）等で建具本体か建具枠のいずれかを少し削るなどして調整することによって、この軋みを解決することができる場合もあります。

　ただし、建具は、地盤沈下や床および壁の傾斜、反りなどの影響を受けやすいという特徴があり、建具の軋みの原因を調べることにより地盤沈下など建物全体の欠陥を発見できることもありますから、建具の軋みがあり建物全体の欠陥が疑われる場合は、建物全体を調査する方がよいでしょう。

3　階段の軋みとその対策

　階段は、通常、段板、蹴込み板およびそれを支える斜材で構成されています。階段を昇り降りするときに生じる軋みは、階段を昇り降りする人の荷重が段板にかかるため、その段板が変形したり各構成部分の接合部が擦れたりすることにより生じます。木造の階段の場合、温度や湿度の変化および経年変化により、木材の膨張、収縮、曲がりまたは反りなどの変形を生じたところに、人の荷重がかかることにより軋みが生じることもよくあります。

　ご相談後段の階段の軋みも、前記のような原因で生じているのであれば、木工事の職人（大工）が軋みを発生させる箇所を削ったり修復したりする事によって、この軋みを解決できる場合もあります。

アドバイス

1　建具について

　（1）　木製の引き戸の場合、建具の下地材の木が反ることによって建具全体が反ってしまい、摺れて軋み音が発生することがあります。

　また、木製の引き戸で両方の面の仕上げ材が異なる場合（廊下側を合板貼りとし居室側をクロス張りとするなど）には、材料の膨張率が

異なることにより建具が反ってしまうことがあります。

　何年経っているかにもよりますが、建具本体が反っていて、軋み音が発生する場合は、欠陥であるといえる場合もあるでしょう。この場合、建具を微調整して補修できる場合と建具本体を取り替えなければならない場合があります。

　(2)　廊下と居室の間の建具の場合は、居室の冷暖房が原因で建具の両側の温度に極端な差が生じて反ってしまい、摺れて軋み音が発生することがあります。建具の反りの程度が少ない場合には、一時その建具を裏返しにすると、反りが修復されて摺れる音の発生がなくなることがあります（建具を裏返して対処する方法は、昔の人々がよくやっていた方法の1つです。）。

　(3)　建具の軋みの箇所が多い場合は、構造的な欠陥や老朽化の信号と考えて、建築全体を調べてみる必要があります。

2　階段について

　階段部分は、柱や梁に斜め部材のささら桁を渡し、踏み板と蹴込み板を取り付けるので、施工精度にもよりますが、階段に上り下りの際の体重が加わり、多少の軋み音が発生することは多々あります。

　なお、軋みそのものについての規制等を定めた客観的な基準というものはありません。そこで、軋みに関するトラブルは、その現象のみに着目するのではなく、原因を突き止め、その原因ごとに対応することにより、解決していくことになります。その際、木造住宅の場合には、ある程度の軋み音が発生するのは常です。柱、間柱、梁、床下地材などの木材を組み合わせて接合して構成していますから、それぞれの部材同士が擦れて、擦れ音が多少発生するのは自然なことであることを念頭においておきましょう。

【参考となる判例】

　○仙台高裁平成13年11月28日判決（平13(ネ)132）（床・建具の軋み）

第3章　欠陥類型別のトラブル　　295

第7　結　露

49　開口部の結露

相談内容

　自宅のリフォームに伴って、業者にサッシを取り替えてもらったところ、取り替えたサッシにひどい結露が生じるようになりました。
(1)　サッシの結露を防ぐにはどうしたらよいでしょうか。
(2)　取り替えてもらったサッシは、業者から結露が発生しにくいと説明されていた断熱サッシです。それにもかかわらず、結露が生じて、床に敷いていた絨毯にしみが残ってしまいました。このような場合、業者に損害賠償などを請求することはできませんか。

回　答

1　結露とは

（1）　結露とその原因

　結露とは、空気中に含まれる水蒸気が、冷たい物体に触れて水に変わり、物体に水滴が付着する現象をいいます。例えば、夏に生ビールのグラスの表面に水滴が付着する現象です。

　一定の温度環境下では、空気が含むことのできる水蒸気量は決まっています。温度が高いほど多くの水蒸気を含むことができ、逆に温度が下がるほど含むことができる水蒸気量は少なくなります。空気中の

水蒸気量が変化しないまま、温度が徐々に下がっていくと、それに伴い空気に含むことのできる水蒸気量が減少し、ある温度において、空気中の水蒸気量とその空気が含むことのできる水蒸気量が等しい状態（飽和状態）となります。このときの温度を露点温度（結露が生じる温度）といいます。空気が露点温度以下の状態となった場合、空気に含むことのできなくなった水蒸気が水になり物体に付着して結露となります。

　空気が露点温度より低い物体に触れると、空気の温度が露点温度以下に冷やされて結露が生じるのです。

　(2)　結露の種類（発生時期）

　結露は、冬季・夏季のいずれの季節でも生じます。

① 冬季結露

　冬は室内温度が高く、外気温は低い状態ですから、外気によって壁、床、窓ガラス等が冷やされ、それらが露点温度以下となるとそれら各部位の室内側の表面に結露が生じます。

　また、冬は、一般的に室内側の絶対湿度（空気中の水蒸気の量）が外気より高いので、水蒸気はその性質上、絶対湿度の低い外気に向かって壁等を透過しようとします。水蒸気が、壁等の中を外気に向かって透過する途中で露点温度より低温の層に出会うと結露が生じます。

② 夏季結露

　夏の空気は高温であり、しかも水蒸気を多量に含んでいます。そのような高温多湿な外気が建物の中に入り込んできたときに、壁面や床面が露点温度より低いと結露が発生します。特に、夏は地中の温度が外気の露点温度以下となっていることが多いので、その影響から地下室の壁や床、土間床などが露点温度以下となりやすく、結露の被害を受けるケースが多くあります。

第3章　欠陥類型別のトラブル

(3)　結露の種類（発生部位）

また、建物における結露は、発生する部位により、表面結露と内部結露の2つの現象に大きく分けることができます。

①　表面結露

壁、床、窓ガラス等の表面に空気中の水蒸気が水滴となって付着する結露です。壁、床、窓ガラス等の表面の温度が室内空気の露点温度を下回る場合に生じます。例えば、前述のとおり、冬は、暖房時には室内温度が高く、外気温は低い状態ですから、断熱が不十分であったり、室内の水蒸気量が多すぎると外気によって冷やされる壁、床、窓ガラス等が露点温度以下となり、それらの室内側に表面結露が生じます。また、壁に密着させたタンスの裏側など、暖房による暖気が行き届きにくい場所は、壁によってその場所の空気が冷やされて露点温度以下になりやすく、表面結露が発生しやすい場所です。

②　内部結露

壁体内部、小屋裏、床下など建物内部で生じる結露のことです。内部結露は、水蒸気を含んだ空気が建物の各部位の構成材の中を透過する際に露点温度以下となった場合や、外壁・屋根・床等で、低温側に透湿抵抗の大きい（水蒸気を透過しにくい）材料を使用して水蒸気せき止め効果が生じた場合などに発生します。例えば、空気が、室内側から外気側に向かって、壁体内の通気性のある断熱材を透過するときに、徐々にその温度が下がって露点温度以下となり、断熱材裏面側（外側）などで結露することがあります。

(4)　結露の影響

結露による悪影響は、壁面や天井のしみ・汚損、家具や建具の膨潤等を生じさせ、建物や家具等の美観を損ねることだけではありません。カビやダニの繁殖を促進し、それらにより居住者に喘息やアレルギー

等の健康被害を招くこともあります。また、住宅の主要材料である木材を腐らせてしまう腐朽菌の繁殖を招き、土台や柱の根本等を腐朽させ、建物の耐久性を著しく損なう甚大な被害を引き起こすこともあります。

(5)　結露防止のための基本的な視点

住宅の結露防止のための基本的な視点は、①壁や床等の表面を露点温度以下にしないこと、②室内空気の湿度を下げることといえます。壁や床等の表面を露点温度以下にしないためには、住宅の断熱性を高めること、室内をまんべんなく温めること（低温な箇所を作らないこと）が大切です。また、室内空気の湿度を下げるため、室内に水蒸気を発生させない、室内に水蒸気を入れさせない、換気により室内から水蒸気を排出するということに気をつけてください。

2　結露に関連する基準等

建築基準法関連では、建築基準法施行令22条および同22条の2において、最下階および地下階の居室の防湿について触れられていますが、結露に関して直接規定しているものではありません。

建築基準法関連以外では、品確法3条1項に基づき規定された「評価方法基準」（平13・8・14国交告1347、最終改正　令元・6・28国交告222）中の第5「5　温熱環境・エネルギー消費量に関すること」に結露の発生を防止する対策に関する基準が規定されています（断熱材、防湿層の設置、通気層による水蒸気の排出等）。

3　ご相談(1)について

(1)　サッシに生じる結露の原因

サッシは、住宅の中でも結露の生じやすい部位の1つです。サッシ

枠の多くはアルミ製であるため、熱を伝えやすく（ガラスも同様です。）、特に冬季においては、サッシ枠やガラスに断熱仕様の製品を用いないと、サッシは外気と同じ低温な状態となり、表面結露が生じます（冷熱橋による結露（「52　鉄骨造住宅の結露、熱橋結露」参照））。また、カーテン・ブラインド・和障子等が閉められている場合、それらが室内の空気の温かさを遮断するため、サッシとカーテン等との間の空気の温度が低下し、さらに結露が生じやすい環境となります。

(2)　開口部に生じる結露の対策

　サッシに結露が発生する要因として、室内外の温度差が大きいことおよび室内の温度・湿度が高いことが挙げられます。これらを上手くコントロールすることが、結露発生を防止する方法となります。

　　ア　サッシの表面温度を高く保つ

　断熱性に優れたサッシを用いれば、サッシが外気の影響で低温となることを防ぐことができ、表面結露の発生を防止できます。断熱サッシの種類は非常に多く、サッシ枠、ガラス、窓の構造の組み合わせによって断熱性能が異なります。例えば、サッシ枠に断熱アルミサッシや樹脂サッシ、ガラスに複層ガラス、窓の構造に二重サッシを用いることで、サッシの断熱性能が高まります。室内外の温度差が大きくなる寒冷地では、結露防止のため上記のような断熱性能に優れたサッシが用いられることが一般的です。

　また、カーテン、ブラインド、和障子等を開けて、サッシの室内側表面の温度を上げることやサッシの外側に風よけや雨戸等を設けてサッシが低温にならないようにすることも結露の防止方法となります。

　　イ　室内の相対湿度を下げる

　窓を開けたり換気扇を使い（計画換気設備がある場合には電源停止させないことが重要です。）、できるだけ換気を心がけて室内の湿度を

下げることが結露対策となります。

　また、室内では洗濯物をできるだけ干さない、開放型石油・ガスストーブ（開放型とは、燃焼に必要な空気を室内からとり入れ、排出ガスを室内へ放出する方式のことです。）は水蒸気を大量に発散するので使用しない等、室内を必要以上に加湿しないようにすることも大切です。

　　　ウ　結露受皿の設置
　結露の発生を防ぐ方法ではありませんが、結露受皿を設置してサッシの結露水を適切に排出あるいは蒸発させることができれば、シミ・カビの発生等の結露による被害を防ぐことができます。

4　ご相談(2)について

　サッシは結露の生じやすい部位ですので、通常、結露が生じたことをもって直ちに欠陥であるということは難しいと思われます。

　もっとも、適切な断熱サッシを用いればサッシの結露を軽減できるのですから、ご相談のように結露防止のために断熱サッシを用いたにもかかわらず、ひどい結露が生じている場合には、サッシの施工や断熱施工の欠陥があるのではないかと疑われます。

　結露の発生は、気象条件、居住者の住まい方等様々な要因に影響されます。断熱サッシの種類、結露の発生時期、時間帯、発生の状況、地域の気候、カーテン・ブラインド・和障子の設置状況等を踏まえ、取り替えてもらった断熱サッシが、通常有すべき品質・性能を欠くかどうか、専門家による判断が必要でしょう。

　また、場合によっては、住宅の不適切な設計・施工による換気あるいは断熱の不全が結露の原因である可能性もあります。

第3章　欠陥類型別のトラブル　　　301

アドバイス

1　結露と雨漏りの区別

　サッシ廻りから雨漏りすることも多くあります。絨毯のしみは、サッシ廻りの雨漏りが原因となっている可能性もあることに注意する必要があります。

2　空気線図の利用

　空気線図というグラフ（横軸が温度、縦軸が絶対湿度で表現されたグラフ）を用いると、温度ごとの空気中に含みうる最大水蒸気量（飽和状態における水蒸気量）、露点温度などを簡単に調べることができます。

50　木造住宅の結露

相談内容

　木造2階建ての自宅を新築しました。冬になると、北側にある部屋に結露が生じます。特に北面の壁にひどく結露して困っています。建築業者に苦情を言ったところ、「結露は暖房のせいだ」と言われました。室温をあまり上げないように気をつけていますが、結露は解消しません。どうしたらよいでしょうか。

回　　答

1　結　露

　結露は、空気中に含まれる水蒸気が、露点温度より低い温度の物体に触れると水に変わり物体に水滴が付着する現象です。結露の発生は、温度と湿度のアンバランス（温度の低下または湿度の上昇、あるいはその双方）が原因です。このような温度と湿度のアンバランスが生じた原因を調べる必要があります。

2　結露の原因および対処方法

　（1）　住宅北側の温度低下

　住宅の北側は、日照不足や冷たい北風の影響から、断熱材が十分でない場合には他の部屋に比べて低温となりがちです。特に北側の壁が冷えるので、壁面の室内側に表面結露が生じることがあります。

　このような温度低下を防ぐ対策として、住宅の断熱を十分に行うことが有効なのはもちろんですが、住宅の北側の風当たりが強い場合、

第3章　欠陥類型別のトラブル　　303

垣根や塀を設けて北側が冷えることを防ぐことも有効です。

　（2）　暖房器具の使用

　開放型石油・ガスストーブ（開放型とは、燃焼に必要な空気を室内からとり入れ、排出ガスを室内へ放出する方式のことです。）を使用すると、燃焼によって燃料の中の水分が室内に放出されます。このため、室内の湿度が上昇して、結露発生を促進することになってしまいます。

　水蒸気は、空気の絶対湿度（空気中の水蒸気の量）を一定にしようとする性質をもっていますので、住居の各部屋が完全に密閉されていない限り、暖房器具を使用した部屋（絶対湿度が高い方）から非暖房室（絶対湿度が低い方）に入り込みます。ですから、開放型石油・ガスストーブの使用による水蒸気の放出は、そのような暖房器具を使用していない別の部屋にも影響します。

　燃焼タイプの暖房器具を使用するときには、こまめに換気をして、発生した水蒸気を室外に放出することが必要です。また、水蒸気を発生させにくい暖房器具であるエアコンや床暖房等を使用して水蒸気の発生を抑えることで、結露の発生を軽減できます。

　（3）　家具の設置

　タンス等の家具を壁に密着させて設置させた場合、それら家具の背面に結露が生じることがあります。タンス等を壁に密着させて設置した場合、その背面は、空気の流れがほとんどなく、また、タンス等の家具自体やその収納物の熱抵抗が大きいため、低温状態となります。しかし、水蒸気は、このような低温状態にある家具の背面にも、空気がある限り侵入しますので、壁に密着させて設置されたタンス等の背面は、低温高湿の結露しやすい条件となるのです。

　壁面から50mm程度の間隔をあけて家具を設置すると家具の背面の通気がよくなり、結露の発生を防ぐことができます。

304 第3章 欠陥類型別のトラブル

(4) 部屋の隅部

室内における空気の流れが弱い場合、部屋の隅部は局部的に低温となりやすく、結露が生じやすい環境となります。

3 ご相談について

確かに、業者がいうように暖房器具の使用は、その種類や換気量によっては結露発生の大きな要因となることがあります。

しかし、結露が発生する原因はさまざまですから、業者が言うことを鵜呑みにせず、専門家に相談して、きちんと原因を調査してもらうべきです。

断熱材の欠損、その不適切な配置や設置方法等、設計や施工に問題がある場合にも結露が生じますので、それら設計あるいは施工上の問題がないか確認する必要があります。

設計図書に断熱材が入っているのにもかかわらず、実際には入っていなかった等の問題がある場合には、建築業者に対して履行の追完請求（改正民636、旧民634①における修補請求）をすることができるでしょう。

アドバイス

押入れの中に結露が発生し、それに気づかずにカビなどが繁殖して異臭を放つこともよくあります。室内の見える壁だけでなく、押入れの中もチェックしてみることが肝心です。

第3章　欠陥類型別のトラブル　　305

51　断熱工法と結露

相談内容

　鉄筋コンクリート造の自宅の新築を予定しています。施工業者から、結露対策のためにも外断熱工法にしてはどうかと勧められています。

(1)　内断熱・外断熱とは何ですか。また、結露の発生とどのような関係がありますか。

(2)　施工業者は、外断熱では結露は生じないというのですが、本当でしょうか。

回　答

1　断熱方式の種類

(1)　内断熱工法

　内断熱工法とは、壁の中にグラスウールなどの断熱材を充填していく（在来木造住宅等）、あるいは壁の室内側に断熱材が配置される（鉄筋コンクリート住宅）工法です（図1、図2）。

　日本では、高度成長期以後用いられるようになり、現在でも広く普及している工法の1つです。

図1　木造内断熱

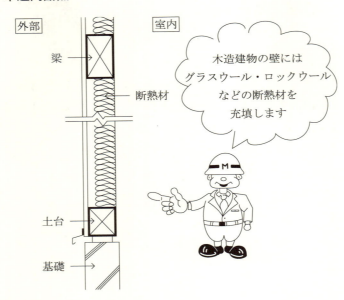

図2　RC内断熱

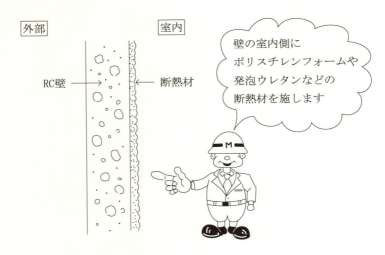

第3章　欠陥類型別のトラブル

(2)　外断熱工法

　外断熱工法とは、内断熱工法のように壁の中あるいは室内側に断熱材を入れる方法とは違い、壁の外側に隙間なく断熱材を貼っていく工法です。断熱材には、保水性のあるグラスウール等を用いることはあまりなく、通常ポリスチレンフォーム等の発泡プラスチック系の断熱材等が用いられます。住宅全体を断熱材で包み込みその外側に仕上材を施工するため、内断熱工法と比較して費用が高くなる傾向があります。近年、省エネルギーの観点等から外断熱工法を採用した住宅が増加しているようです（図3、図4）。

図3　木造外断熱

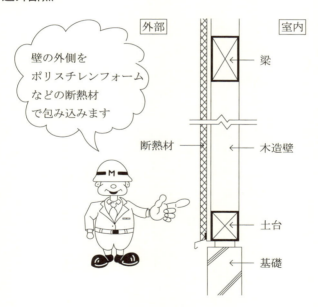

図4 RC外断熱

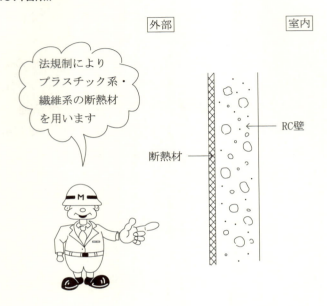

2 断熱工法と結露

鉄筋コンクリート住宅の場合、コンクリート壁の内側で断熱する内断熱工法と外側で断熱する外断熱工法とでは、比熱・比重・熱伝導率・透湿抵抗が大きいというコンクリートの物理的特性や工法上生じる熱橋（部分的に熱が流れやすい物や状態。局部的に低温となり結露の原因となりやすい）の特性の違いにより結露の発生原因が異なってきます。

(1) 内断熱住宅の結露

内断熱工法は、床や間仕切壁等の断熱材が配置されていない部分に熱橋部分が生じるため、その熱橋付近の室内側コンクリート部分に表面結露が生じるケースが多くあります（図5）。内断熱工法では、断熱材の外側（外気側）にコンクリートが配置されるので、外気によって大量のコンクリートが冷やされます。コンクリートは、熱容量が大き

く、熱伝導率も比較的大きいため、熱橋部分では、室内の熱が外気側に向かって激しく流れだし、熱橋付近の室内側表面温度が低下して、そこに激しく結露する場合があります。鉄筋コンクリート造で内断熱とするときは、熱橋部分をつくらないよう配慮することが結露対策の上で重要です。また、透湿抵抗と熱伝導率が高いコンクリートが低温な外気側に配置されるので、断熱材と低温になっているコンクリートの境界付近に内部結露が生じることがあります（図5）。

図5　内断熱の熱橋と結露

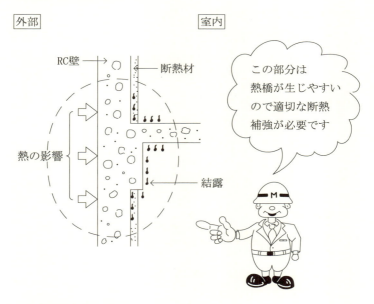

(2) 外断熱住宅の結露

　外断熱工法は、住宅全体を断熱材で包み込むため、熱橋となる部分が生じにくいことや、内断熱工法と比べて屋内の温度の差が小さいことなどから、一般に、外断熱住宅は内断熱住宅に比べて結露が生じにくい性質を持つといわれていますが、次のような場合には結露が発生することがあります。

まず、躯体コンクリートに庇やバルコニーを直接取り付けた場合、十分な配慮をしないと、そこに断熱材の欠損箇所が生じて熱橋部分となり、結露の原因となることがあります（図6）。

また、通気層をとらないで透湿抵抗の大きな金属系外装材を使った場合などには、コンクリートの躯体を透過した水蒸気が外装材の裏側（躯体側）で内部結露することがあります。もっとも、このような内部結露が発生する場合でも、透湿抵抗の大きなコンクリートを透過して外装材まで到達する水蒸気量は少ないため、被害の程度は大きくないことが多いと思われます。また、躯体コンクリートの外側での結露ですから、室内側での結露とは異なり、家財道具や健康への被害はなく、室内側で結露しやすい内断熱の場合よりも被害が少ないといえます。

図6 外断熱の熱橋と結露

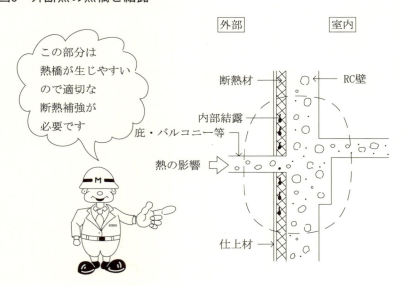

第3章 欠陥類型別のトラブル　　　311

アドバイス

　外断熱住宅であっても、サッシや換気扇など外気と室内を結ぶ金属質の物が存在すると、その部分が熱橋となり、結露することがあります。また、熱橋となっているサッシや換気扇の付近で結露した水分が流れて、他の部分で結露したように錯覚することもありますから、注意が必要です。

52　鉄骨造住宅の結露、熱橋結露

相談内容

　鉄骨造の自宅で、冬になると室内側の壁にいつも結露する部分があります。知り合いの業者に相談すると、その結露は熱橋が原因ではないかと言っています。

　熱橋とは何でしょうか。また、自宅を建築した業者に対して、結露の発生を防ぐような措置をするよう求めることができるでしょうか。

回　答

1　熱橋とは

　熱橋（ヒートブリッジ）とは、壁体中の金属部分や壁の隅角部など、その周囲と比較して熱が伝わりやすい場所・状態のことをいいます。

　住宅の室内と室外で熱伝導を引き起こすような要因がある場合（例えば、鉄骨が室内と室外を横断している場合）、その熱伝導によって室内の熱が室外に奪われたり、逆に室内に室外の熱が侵入したりする現象が生じ、これが熱橋の原因となります。

　特に冬場に生じる熱橋を冷熱橋といいます。冷熱橋が生じる部位は、断熱材を貫通して室内と室外を結ぶ水道管やガス管、内断熱工法の天井の吊りボルト廻り、柱型・梁型の断熱材の未施工部分、サッシ廻り、フォームタイ金物（コンクリート打設時の型枠間隔を調整するための器具）の残穴等、数多くにわたります。

第3章　欠陥類型別のトラブル　　313

　冷熱橋は、局部的な低温を招くため、低温となった部位に表面結露
を生じさせる原因となります。

2　鉄骨造の結露

（1）　鉄骨造

　鉄骨造とは、建物主要部に鋼材を使って組み立てる工法です。鉄骨
造の住宅では、鉄という非常に熱を伝えやすい材料によって、柱、梁、
筋かい等が作られていることから、構造材の金具や釘・ネジなどが冷
熱橋となりやすいのです。鉄骨造の住宅における多くの結露の被害
は、冷熱橋によるものです。

（2）　断熱材の配置

　柱の間の壁体内に断熱材が配置されている場合（図1）、鉄柱が当た
っている部分は熱がよく伝わるため冷熱橋となります。冷熱橋が生じ
た部分を中心として、室内側の壁面の表面温度が局部的に低温となる
ため、そこに表面結露が生じてしまいます。

　また、断熱材を鉄骨の室内側に配置した場合（図2）、冬場になると、
内装材を取り付けるためのビスやボルトが冷熱橋となって、ビス頭が
局部的に低温となり、そこに表面結露が生じます。

図1 鉄骨・柱間への押入断熱

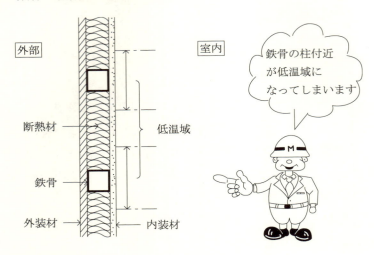

図2 鉄骨内側断熱

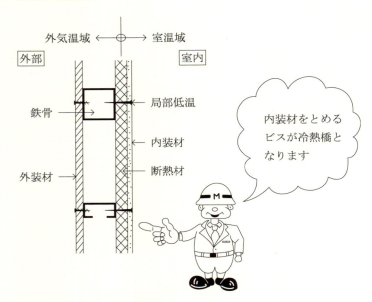

第3章 欠陥類型別のトラブル

(3) 冷熱橋の防止

このように、鉄骨造住宅では、冷熱橋の発生をいかに防ぐかが設計・施工上の1つのポイントとなります。そのため、例えば、冷熱橋の発生を防ぐために、外側に断熱材を配置する（図3）といった工夫がされることがあります。

図3　鉄骨外側断熱

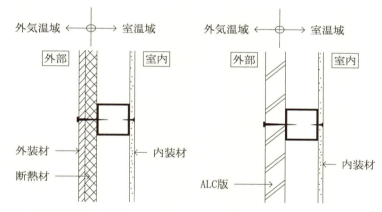

(4) 防露対策の検証

ご相談のケースでは、知り合いの業者が指摘するように、壁に冷熱橋が生じたため結露が発生している可能性があります。設計・施工上、防露対策が不十分という契約不適合が存するのであれば、建築業者に対して履行の追完を求めることができます（改正民636、旧民634①における修補請求）。冷熱橋の発生を考慮しない不適切な設計となっていないか、また設計図書どおりに施工されているか、専門家に調査を依頼するとよいでしょう。

アドバイス

他の場所で発生した結露水が流れてきて、その場所に発生したよう

に見える場合もあります。結露が発生する正確な原因を究明するため、結露の発生状態や発生部分の分布をよく観察して、記録しておくことが重要です。

第3章　欠陥類型別のトラブル　　　317

53　配管・トップライトの結露

相談内容

　半年ほど前に住宅を新築したのですが、天井にしみができてしまいました。雨漏りかと思って調べてもらったら、

(1)　1階の天井にできたしみは、天井の裏側を通っている配管が結露し、その結露水が原因となっていることがわかりました。配管の結露を防ぐためにはどうしたらよいでしょうか。

(2)　2階の天井にできたしみは、屋根裏部屋のトップライトが結露し、その結露水が天井のしみの原因となっていることがわかりました。トップライトの結露を防ぐためにはどうしたらよいでしょうか。

回　　答

1　配管の結露

（1）　天井のしみの原因

　天井のしみの原因となった配管の結露については、給水管や排水管の外側表面に表面結露が生じたものであると考えられます（なお、給水管や排水管の表面結露ではありませんが、排気ダクトの内部で結露が生じ、その継手部分等から結露水が外部に漏れ、そのため天井にしみが生じることもあります。）。

（2）　配管の表面結露発生の原因

　結露は、空気中に含まれる水蒸気が、露点温度以下に冷えた物体に触れた場合に生じます。

多くの住宅では、天井材に防湿加工を施さないので、室内空気が含んでいる水蒸気は天井裏側に入り込んでしまいます。天井裏にある給水管や排水管がその中を流れる水によって露点温度以下の状態となっている場合、配管の表面に結露が生じます。

例えば、温度33℃、湿度80％の空気の場合、約29℃が露点温度になりますので、給水管や排水管がそれ以下の温度となる場合には、配管表面に結露が生じることとなります。

(3) 配管の結露の予防方法・対処方法

天井全体に防湿加工を施す方法もありますが、費用が高額になるため、多くの場合、配管を発砲ウレタン材の吹き付けやグラスウール保温筒等の保温材で被覆する措置が施されます。このような措置により、配管の結露を防ぐことができます。

なお、配管の保温筒の厚さに関する基準としてはJIS A 9501：2019「保温保冷工事施工標準」があります。

2　トップライトの結露

(1) トップライトの結露発生の原因

トップライトの結露は、ガラス面やサッシ枠が露点温度以下となり、表面結露したものと考えられます。

室内で温められた空気は湿気とともに上昇するため、トップライトの周囲は、そのような高温高湿な空気が溜まりやすいものです。そのような空気が溜まるトップライトにおいて、そのガラス面やサッシ枠が外気によって冷やされると、室内側表面は非常に結露しやすい状態となります。そのためトップライトの設置条件によっては、断熱ガラスや断熱サッシを用いた場合であっても、結露が生じることがあります。特に、浴室のように、高湿度な環境にある室内にトップライトを設置した場合には、サッシやガラス面の結露の発生は避けがたいもの

第3章　欠陥類型別のトラブル　319

です。

　(2)　結露が生じやすい状況

　トップライトに結露が生じやすい条件としては、寒冷地であること、降雨・降雪があったこと、トップライトが風当たりのよい所に設置されていることなどが挙げられます。

　また、梅雨時期、加湿要因のあるとき、換気が不十分であるときなど、室内が高湿度であるときも結露が生じやすい状況となります。

　(3)　トップライトの結露の予防方法・対処方法

　結露が常に発生しているようであれば、トップライトの断熱性能の不足が結露の原因であると思われます。このような場合には、高断熱仕様のトップライトとすることが必要でしょう。

　結露が時々発生するという場合には、室内空気が高温多湿な状態となることや、降雨・降雪・風によってトップライトの表面が急に温度低下することが原因となっていると思われます。このような場合には、室内で水蒸気を過剰に発生させる要因（暖房器具、加湿器、洗濯物の室内干し等）がないか、換気が不十分となっていないか、トップライトの設置箇所に問題がないか検討してみてください。

　前述のとおり、トップライトは、壁面の窓のサッシと同様に、外気により室内空気の露点以下に冷やされやすく、結露が発生しやすい部位です。断熱サッシが用いられている場合であっても、設置条件や気候によっては結露が発生します。そのため、結露の発生を前提に結露水を溜める結露受皿が設置されることがあります。

　しかし、結露受皿が設置されていても、その容量が不足している、あるいは結露受皿に溜まった結露水の排出機能（蒸発、あるいは外部への排出）が充分でない等の理由から結露水が溢れてしまうことがあります。また、トップライトガラスには、結露受皿に結露水を集積するためこう配がつけられていることがありますが、そのこう配が緩す

ぎる場合、結露受皿に結露水を集積できず、結露水がガラス面から天井裏の床に落下してしまいます。結露受皿の容量、結露水の排出機能およびガラスのこう配に問題がないかも検討してみてください。

アドバイス

　トップライトの場合は、結露と雨漏りが組み合わさっていることもあります。発生する季節や頻度によってもその対策には差が出てきますので、結露が発生する時期を記録しておく必要があります。

第3章　欠陥類型別のトラブル　　321

第8　水漏れ

54　配管の腐食による水漏れ事故

相談内容

　築1年ぐらいの自宅（戸建て）で、最近、時折1階の天井裏でポタポタと水滴が落ちるような音がします。その原因を調べてもらうと、1階の天井裏にある外部の給湯器から2階の洗面所に繋がる温水パイプ（銅管）から水漏れが発生していることがわかりました。

　調べてくれた業者が言うには、問題のパイプは施工当初から折り曲げられて取り付けられていたため、その屈曲部分が腐食し、そこから漏水したのではないかとのことです。

　自宅の建築を注文した工務店に連絡して、何とかしてほしいと頼んだのですが、一向に対応してくれません。工務店に対して配管の取替えや修理を求めることはできるでしょうか。

回　　答

1　水漏れとは

　水漏れとは、一般に、配管や機器類などから不要な水が出てくる現象をいいます。水漏れには、吹出し、滴下、滲出などの様々な態様があります。

　例えば、給水管のように内部が高圧となっている配管からは常時、少量の場合は滲むように、霧のようにまたは噴き出すように水が流出

し、排水管のように管内を間欠的に水が通過する配管では、水漏れは、滴下、滲出という態様となります。

水漏れは、目につく範囲で発生したときにはすぐに対応することができますが、天井裏や床下のように、日頃見えない箇所で発生した場合には、気がつくまでの間に相当時間が経過してしまうことがあります。その間、水漏れによる仕上げ材、下地材や断熱材、経過時間が長い場合には構造材にまで達して腐敗するなどの被害が拡大し、しみや異臭、カビや虫の発生を伴って始めて気づくこともあります。なお、水漏れとは異なりますが、配管表面の結露現象も、結果としては漏水と同じような悪影響が生じます。

2 配管設備からの水漏れの原因

配管設備からの水漏れが、建物の完成後短期間のうちに起こった場合、その原因の多くは施工上のミスです。よくある施工上のミスとしては、例えば、配管の接合部の施工が不完全であること（パッキンのずれ・キズ・入れ忘れ、ねじ部の締め忘れ・ゆるみ、接合接着剤の不十分な塗布など）、配管の支持材が不十分であり変形が生じていること、配管内に異物が詰まっていたことなどがあります。

そのような施工のミスを除くと、配管からの水漏れの原因は、多くが配管設備の腐食です。

腐食とは、金属がそれを取り囲む環境中の物質によって化学反応し、変質、消耗することをいいます。腐食は様々な形態となって発生します。配管の内側では、亜鉛めっき鋼管の錆こぶ、銅管やステンレス鋼管の孔食、ステンレス鋼管のすきま腐食などの内面腐食（配管の内側の腐食）が生じ、配管の外表面では、地中埋設配管のマクロセル（埋設されている配管を取り囲む環境の電位差によって、配管が巨大な電池のようなものになります。）による腐食や埋設土壌の特性による腐

第3章 欠陥類型別のトラブル

食などの外面腐食（配管の外表面の腐食）となって現れます。

その他、地中に埋設された配管が、建物の不同沈下、配管に対する荷重、配管の伸縮や配管内の水の凍結などを原因として破損し、水漏れが生じることもあります。

3 修補請求について

（1） 配管の耐用年数

給湯用のパイプは、一般に、耐熱塩ビライニング鋼管、ステンレス鋼管、銅管が用いられています。特別な腐食進行要素がなければ、その耐用年数は20年ないし30年程度であるとされています。また、以下のリストにはないのですが、最近では、可撓性（やわらかく曲げられる）のある合成樹脂管で架橋ポリエチレン管やポリブデン管は、施工性がよく超高耐久の新しい素材として使用されることも多くなってきています。この耐用年数については、まだ実績が浅いのですが、40年以上は可能とみられています。

■ 配管の期待耐用年数の例（特別な腐食進行要素がない場合）

使 用 管 材	給 水	給 湯	排 水	通 気
亜 鉛 め っ き 鋼 管	20年		30年	40年
塩 ビ ラ イ ニ ン グ 鋼 管	40年			
耐熱塩ビライニング鋼管		30年		
排水用塩ビライニング鋼管			30年	
ス テ ン レ ス 鋼 管	30年	30年	30年	
銅 管	30年	20年		
硬 質 塩 化 ビ ニ ル 管	40年		40年	60年

| 鋳　　鉄　　管 | 60年 | | 60年 | |
| 水道用ポリエチレン管 | 40年 | | | |

（出所　建築保全センター編『建築設備の耐久性向上技術』表3-6（オーム社、1986）を改変）

　ご相談のケースでは、築1年ほどで配管の腐食を原因とした水漏れが生じたというのですから、配管に何らかの欠陥があったことが疑われます。配管が折り曲げられて取り付けられていたことが原因となって、屈曲部において、流水のせん断応力や気泡の作用から銅管の被膜が除去されて、銅管の銅が露出して腐食が急速に進んだことが考えられます。

（2）　施工上の欠陥の確認

　問題の給湯パイプについて、施工上の欠陥がある場合には、業者に対して配管の取替えや修理を求めることができます。配管が折り曲げられていたことが施工上のミスであるのか設計図等から確認してみてください。また、設計どおり施工がなされていたとしても、わずか1年で腐食が進み、水漏れが生じた場合には、前記配管の通常の耐用年数からみてもやはり欠陥がある可能性が高いといえます。

アドバイス

　水漏れ事故は、通常、配管が隠れていることから、その原因箇所の特定が困難なケースが少なからずあります。そのようなケースでは、水漏れの生じた時期、部位、態様、降雨状況との関連性の有無等の事情から、その原因を究明する必要があります。これらの事情を具体的に記録しておくことが重要です。また、水漏れ事故の場合、建築物の

第3章　欠陥類型別のトラブル

隠蔽された内部で起こった場合、構造材や二次的な部材、断熱材、仕上げ材の下地材などに拡大被害が及ぶことがありますので、これは専門家に確認をしてもらう必要があります。この場合、水漏れ自体が施工による欠陥であれば、賠償してもらうことができます。

326　　　第3章　欠陥類型別のトラブル

第9　排　水

55　排水口からの悪臭

相談内容

　旅行で1週間ほど部屋を空けていたのですが、戻ってきてみたら、部屋の中を悪臭が漂っていました。

　臭いの元を探してみたところ、どうやら洗面所の配水管のようです。

　このような悪臭がする原因は何でしょうか。また、それは欠陥に当たらないのでしょうか。

回　答

1　排水トラップ

　排水管は、洗面所の排水口から公共汚水処理場まで繋がっており、その中を排水が流れていきます。

　したがって、配水管内は汚水により汚れ、ガスなどの発生によって悪臭が充満していると考えられます。

　この悪臭が排水口から出てこないのは、途中に排水トラップがあるためです。

　排水トラップとは、例えば、洗面所の排水管の途中に設置されているＳ字を横にした形状の排水管のことです（違う形状による排水トラップもあります。）。このＳ字状の配管の中に水が溜まり、これが配水

第3章　欠陥類型別のトラブル

管の蓋の役割をして悪臭が排水口に逆流するのを防いでおり、この水を封水といい、全体の仕組みを排水トラップといいます。

図　トラップ

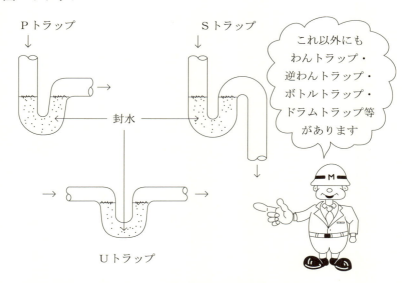

　排水口から悪臭がする場合には、原因の多くがこの排水トラップに何らかの問題がある場合です。したがって、まず排水トラップを調べることになります。

2　排水トラップの不具合

　この排水トラップが機能するためには、水が溜まっていることが必要です。通常は、水を頻繁に使用するために、排水管に水が流れるので、排水トラップの封水がなくなることはめったにないのですが、ご相談のように1週間もの間、水が流れないと、①水が蒸発してなくなったり、②トラップに毛髪や糸くずなどが引っ掛かっている場合は、いわゆる毛細管現象によりトラップの封水が流されてしまうことがありま

す。これらの場合、排水トラップは機能しませんので、悪臭が部屋の中までくることがあります。

これらの現象によって悪臭が部屋に漂ってしまったのであれば、必ずしも、配管設備に関する欠陥とはいえません。

しかし、このような原因で排水トラップの水が切れることは、当然想定されることですので、注水が困難な場所に床排水金物などを設置してあったり、トラップ部の目視や清掃が困難な位置にトラップを設置したり、浴槽の下に排水金物を設けたりすることは、通常避けるべきであり、場合によっては設計不良による欠陥といえるかもしれません。これらの可能性がある場合には、建築士と十分に相談する必要があります。

また、この排水トラップの封水が、配管の繋ぎ目から漏れていたためになくなったような場合には、施工不良として欠陥になります。

3　通気管の不具合等

以上のほかに、封水がなくなる場合として、通気管に問題がある場合があります。通気管は、排水トラップの封水の保護に必要不可欠なもので、通気管のない排水管は排水設備とはいわない、とまで表現されるほど重要なものです。

配管の中では、水が流れることによって、管内圧力が変動し、ある場所は負圧（－）になり、ある場所は正圧（＋）になりますので、通気管がないと、封水が不安定な状態になり、封水が押されたり引っ張られたりして、封水がなくなる場合があります。通気管は、このような配管内の圧力の変動をなくすために設置されます。

したがって、排水管に通気管や通気弁等が有効に設けられていない場合には、欠陥となります。

第3章　欠陥類型別のトラブル　　329

アドバイス

　まずは水を流してしばらく様子をみましょう。排水トラップに問題がない場合などは、再び悪臭が生じることはないでしょうし、継目から漏れていれば周囲がぬれて気づくと思われます。

　それでも悪臭が生じ、原因が直ちに分からない場合には建築士に相談するとよいでしょう。

【参考となる判例】

○京都地裁平成13年10月30日判決（平11（ワ）2311）

　目皿付椀型トラップの封水の深さが0.5cmしかなく、JIS規格が5ないし10cmであることと比べると極めて浅いことを認定し、保水が十分に行われていればトラップの機能上問題がないが、老人の一人暮らしの家庭における洗面所床のトラップとしては、封水が浅すぎるとして、設計もしくは施工上の瑕疵に当たると判断した。

56　排水管の逆流

相談内容

　先日、我が家のトイレから水が溢れました。家族に聞いても何か落としたり、トイレットペーパーを大量に使用したりしたことはありません。私たちの使用方法に問題はないと思いますので、これは排水設備の欠陥といえるのではないでしょうか。

回　答

1　総　論

　排水設備とは生活活動による汚水（固形物を含みます。）、不要になった水を「詰まらない」ように「悪臭を出さない」ように生活範囲から排除することを目的とした設備であって、「55　排水口からの悪臭」でも述べたとおり、通気設備が必要不可欠となっています。

　排水管の逆流（排水器具からの溢れ）現象が生じる原因としては、大きく分類すると①配管内が詰まっている場合、②配管内の圧力が変化した場合、③大雨により下水道本管が満流となった場合とが考えられます。

2　配管内の詰まり

　排水管が詰まった場合には、これを除去すれば取りあえずは流れますが、排水管が詰まった原因を特定する必要があります。この原因を取り除かなければ、いずれ再び詰まる可能性がありますし、その原因によっては工事上（設計・施工・監理）の欠陥が考えられるからです。

第3章　欠陥類型別のトラブル

　ご相談では、使用者がトイレットペーパーなどを大量に流したというような事情がないので、設備に問題がある可能性があります。

　まず、排水は、水の流れによって異物を運ぶようになっていますが、水の流れが速すぎると水だけが流れて管内に異物が残り、水の流れが遅すぎると駆動力が不足して同じように管内に異物が残ります。したがって、この水の流れ（流速）を適切にする必要があり、配管の口径とこう配を適切に設定することが大切です。したがって、配管の口径が小さ過ぎたり、こう配の設定が適切でないために異物が流れないような場合には、排水設備の施工上の欠陥といえます。

　次に、排水配管を接続する継手は、給水等に用いる継手とは異なり、通常は差し込んだ管口が段差にならずに異物が引っ掛らないように考慮されています。また、排水竪管の継手は角度が91度10分となっていて、横引き枝管への接続が50分の1のこう配を維持できるようになっています。このような役割を持つ継手が使用されていない場合は、排水設備の機能が充分でないといえ、施工上の欠陥の可能性があります。

　また、建物の使用目的によっては、排水管が詰まる原因となる内容物を含んだ排水を流すことが予定されている場合があります。例えば、営業用厨房の油脂を含んだ排水、外科医院のプラスター（石膏）、美容院・理髪店の毛髪等です。この場合は設計において排水管に流れ込む前に阻集器を設け、詰まる原因となる物質を取り除くことが必要です（昭50・12・20建告1597第2四）。

　屋外の排水桝も使用目的によって形状が異なります。異物を含む排水を流す汚水桝は、底部に接続管の断面に合わせた導水溝（上方に開放された半円形の溝）を作り、管内を流れるような状態とします。一方、雨水桝は雨水とともに流れてくる屋根・道路面の土や細かい砂等を沈殿させる目的で、接続管底から150mm程度下方に空間（泥溜りといいます。）を設けます。これにより排水管内への土砂の堆積を防止

します。ただし、泥だまりに溜まった土砂の排出を桝ごとに定期的に行う必要があります。

このような阻集器が必要であるにもかかわらず設置されていない場合や形状が不適切な排水桝が設置されていて、水が溢れた場合も、設計上もしくは施工上の欠陥といえるでしょう。

3　配管内の圧力変化

排水管内の圧力が変化すると流れが悪くなります。特に、排水管内の圧力変化（＋圧）が生じやすい箇所に排水枝管を接続している場合は、排水枝管の流れが悪くなって先詰まりのような状態になります。例えば、マンションなどの場合、竪管が最下階で横引きに移行する部位では圧力変動が大きく、洗剤を含んだ排水が再発泡して、管内が泡で閉塞に近い状態になることがあります。そのため、最下階の器具の排水管は、上層階の排水管とは別に桝等の開放個所まで単独配管とすることが必要です。もし竪管から横引きに移行する排水管に、最下階の排水管を接続した場合は、最下階の排水トラップの封水が跳ね出したり、浴室の排水口から泡が出てきたり、最悪のケースでは排水の逆流が生じます。したがって、この場合は欠陥となる可能性があります。また、1系統内に直列で排水トラップを設ける、いわゆる二重トラップとなっている場合は、2つのトラップ間の管内空気がクッションのようになって管内圧が上がり、この抵抗で排水が流れにくくなります。この閉塞区間に連続して排水が流れ込んできた場合は、2つのトラップのうち、低い位置の排水器具（浴室等）から溢れ出すこともありえます。

悪臭の防止のみに捉われて二重トラップを形成しないようにすることが大切です。昭和50年12月20日建設省告示1597号第2三ロに二重トラップとならないよう定められており、これに該当すれば欠陥といえ

るでしょう。

4　大雨による下水道本管の満流

　都市下水道の排水配管方式には合流式と分流式があり、合流式は雨水と汚水が同一管内を流れ、分流式では雨水と汚水がそれぞれ専用の排水管を流れます。合流式は降雨水量によっては最終処理場の水質コントロールが難しく、分流式の方が望ましいのですが、分流式は配管が二重になり設置費用が増大するため、日本各地のほとんどが合流式です。

　この合流式の地域によっては、大雨が降ると下水道本管が満流状態となり、直接下水道本管に接続されている建物の排水管は先詰まりの状態で流れにくくなります。この状態の建物内で水を使用（排水）すると、最低位置の器具から溢れ、あたかも下水道本管より逆流したようにみえることがあります。2階以上の建物で上階から排水した場合、1階の器具から溢水する例もあります。

　また、谷状の地域で下水道管が周囲から集まっている場合、大雨の時は下水道本管の許容流量を超えて雨水が道路面上に冠水することもあり、冠水深さによっては取付け位置の低い浴室の排水器具や中庭の排水器具から逆流することがあります。このような状況で溢れる場合には、トイレ以外の流しや洗面所からも溢れることになり、近隣の家屋でも同様な症状が出ると思います。

　そこで、建物を設計するに当たっては、地域の諸官庁のハザードマップなどで大雨時の冠水の有無、下水道管の容量などを事前に確認すべきです。また、このような場合は、原則として地階や半地階などにトイレや、洗面設備などの排水器具を設けることは避けるべきですが、どうしても設ける必要がある場合には貯留槽を設けてポンプアップするなど特別な配慮が必要です。下水道が合流式の場合でも敷地内では

第3章　欠陥類型別のトラブル

雨水と排水を分流して、最終桝から公共桝までの排水管内に逆流防止弁を設けて公共桝からの逆流を防ぐとともに、雨水排水の接続は逆流防止弁より公共桝側に設けて、敷地内からの雨水を開放桝から地上に溢水させることができるようにするなどの設計上の工夫も必要になります。

　大雨の時に設備器具から溢水した場合、事前調査の有無や設計内容の適性など総合的に判断して欠陥の有無を確認する必要があります。

アドバイス

　トイレから水が溢れたといってもその原因は様々です。、溢水の時期や状態などとともに設計図や施工図等を総合的に検討して原因をある程度推定してから具体的な特定調査に入ることが必要です。

第3章　欠陥類型別のトラブル　335

第10　換　気

57　給排気の不具合

相談内容

　給気口のある部屋でトイレの臭いがひどいので調べたところ、給気口の近くにトイレの排気口があり、排気が戻ってくるようです。業者に言っても問題ないと言われます。本当に問題がないのでしょうか。直すように求めることはできるのでしょうか。

回　答

1　換気一般

　住宅は、外気と一線を画することで、暑さや寒さの影響から逃れ、風雨から身を守るものです。

　しかし、外気から完璧に一線を画すると、室内の空気はよどみ、呼吸や燃焼器具などで酸素が消費され、息苦しいものとなってしまいます。

　そのため、室内の空気と外気とを入れ替えることが必要となり、住宅にはそのための設備である換気設備が設けられています。

　かつての日本家屋においては、隙間風といわれるように、自然に多少の外気が入り込みましたし、窓を開ける機会も時間もあったので、当然のように換気が行われていました。しかし現代住宅は、冷暖房効率を高めるために高気密となり、また、空調機械の普及により窓を締めきることが多くなったため、自然な給気と排気がほとんどなくなっ

ていることが多くなっています。そこで、給気口と排気口をバランスよく設置し、場合によっては機械による強制的な換気をする必要が生じてきました。

特に、シックハウスが問題となり、換気の必要性および認識が高まってきているのが現状です（「58　シックハウス」参照）。

そこで法律は、換気について次のように規定しています。

① 　火気使用室（燃焼の種類、排気設備の形状により算定式あり）（建基28③、建基令20の3）

② 　無窓居室（1人当たり20m²／hを最低換気量とする計算式あり）（建基28②、建基令20の2）

③ 　外気に接する窓を有しない便所（建基令28）

④ 　シックハウス対策関連（建基28の2、建基令20の5〜20の9、品確6①③）

⑤ 　品確法に基づき性能評価を受けた住宅、共同住宅（品確6②、平13・8・14国交告1346）

2　換気設備一般

換気設備として一番最初に思いつくものは、換気扇だと思います。

しかし、換気扇は排気をすることが目的の換気設備であって、どこかにこれと対をなす給気口があるはずです。

ほとんどの家にあるのが台所の換気扇ですが、台所の換気扇は排気量が多いですし、また日頃頻繁に使用するために、給気口が居室にあると、外気が居室を通り抜けて台所に流れるために、寒くなったり暑くなったりしてしまいます。

そこで、台所の換気扇は、レンジフード廻りで給気・排気をバランスさせる給排気型のレンジフードファンにすることがよくあります。

また、給気と排気とは双方がバランスよく行われなければなりません。

クリーンルームなどは、意図的にルーム内の圧力を高くして、入口

第3章　欠陥類型別のトラブル　　　337

が開いた場合にはルーム内の空気が外に出るようにして、入口からの埃の侵入を防止していますが、通常の居宅の場合には給気と排気とがバランスするように、給気口と排気口とを設置します。

3　ご相談に対する回答

ご相談は、トイレの排気口が別の部屋の給気口のそばであったためにトイレの臭いがそのまま給気口に吸い込まれていたという事案です。

給気口と排気口とがどこにあるのかは、室内部分は目で見ればある程度はわかりますが、それがどこの外壁のどの穴に繋がっているのかは、目視するだけでは必ずしもわかりません。

給排気口は、天井裏や壁の中にあるダクトによって繋がっており、その経路は建物を建てた際の設備図面で確認することができます。

このような図面がないときは、給排気口と思われる場所で音を立てたり、煙を通してみたりして確認する方法もあります。

さて、ご相談の場合は、調査結果があり、トイレの排気口がそばにあることが判明しています。

排気口と給気口との距離を定めた法律はありませんが、トイレから排出された空気をそのまま居室に給気しているのであれば、それは給排気口としての通常期待される機能を果たしていないわけですから、欠陥といえるでしょう。

この場合の補修方法としては、給気口や排気口の位置を変更することも考えられますが、共同住宅の場合には躯体は共用部分であるので新たな穴を開けることはできないことが多いでしょう。また、ダクトの経路を変更することは大がかりな工事を伴います。したがって、排気口を庇先まで延ばす方法や、排気口のガラリの向きを変更する方法などで対応せざるを得ないでしょう。

アドバイス

　給気口と排気口とが対となることを、建築時や住宅購入時には忘れがちです。

　給排気の設備は、壁の中などにありますので、問題が生じたときの調査のためにも、将来リフォームをする場合のためにも、設備図面は必ず入手しておくようにしましょう。

第3章 欠陥類型別のトラブル 339

第11 化学物質

58 シックハウス

相談内容

新築住宅に入居したところ強い化学物質臭がし、めまいや頭痛等の体調悪化が発生しました。シックハウスだと思いますが、請負人からは、自分たちには責任はないとして対処を拒まれてしまっています。請負人の責任を追及するためにはどうすればよいでしょうか。

回 答

1 問題となる化学物質について

「シックハウス」は、公的な定義がある訳ではありませんが、室内環境における化学物質を原因として健康被害が発生することを指すことが多いといえます。

建物内には、目には見えないものの、実は多くの化学物質が様々な濃度で存在しています。

化学物質の発生源も、建物の構成部材（木材、仕上げ材、断熱材、接着剤、塗料など）、家具、衣服、合成洗剤、芳香剤、整髪料・香水、本などの印刷物など多岐に渡ります。

ただ、特に新築の建物やリフォーム直後の建物では、建築部材から揮発する化学物質が高濃度になる傾向にあり（多くの場合、部材由来の化学物質濃度は時間の経過により減少していきます。）、かつては"新

340 第3章　欠陥類型別のトラブル

築病"なる呼ばれ方をしたこともあります。

　この点、厚生労働省では、平成9年以降、下記のとおり13物質の室内空気中化学物質濃度指針値、TVOC（13物質以外の指針値の示されていないVOC個々の濃度の合計）の暫定目標値（400 μg/m³）を策定・公表しています（VOC：揮発性有機化合物の略号）。

揮発性有機化合物	室内濃度指針値（注）	毒性指標	設定日	改定日
ホルムアルデヒド	100 μg/m³（0.08ppm）	ヒト吸入暴露における鼻咽頭粘膜への刺激	1997.6.13	
アセトアルデヒド	48 μg/m³（0.03ppm）	ラットの経気道暴露における鼻腔嗅覚上皮への影響	2002.1.22	
トルエン	260 μg/m³（0.07ppm）	ヒト吸入暴露における神経行動機能及び生殖発生への影響	2000.6.26	
キシレン	200 μg/m³（0.05ppm）	妊娠ラット吸入暴露における出生児の中枢神経系発達への影響	2000.6.26	2019.1.17
エチルベンゼン	3800 μg/m³（0.88ppm）	マウス及びラット吸入暴露における肝臓及び腎臓への影響	2000.12.15	

スチレン	220 μg/m³ (0.05ppm)	ラット吸入暴露における脳や肝臓への影響	2000.12.15	
パラジクロロベンゼン	240 μg/m³ (0.04ppm)	ビーグル犬経口暴露における肝臓及び腎臓等への影響	2000.6.26	
テトラデカン	330 μg/m³ (0.04ppm)	C8-C16混合物のラット経口暴露における肝臓への影響	2001.7.5	
クロルピリホス	1 μg/m³ (0.07ppb) 小児の場合 0.1 μg/m³ (0.007ppb)	母ラット経口暴露における新生児の神経発達への影響及び新生児脳への形態学的影響	2000.12.15	
フェノブカルブ	33 μg/m³ (3.8ppb)	ラットの経口暴露におけるコリンエステラーゼ活性などへの影響	2002.1.22	
ダイアジノン	0.29 μg/m³ (0.02ppb)	ラット吸入暴露における血漿及び赤血球コリンエステラーゼ活性への影響	2001.7.5	

フタル酸ジ－n－ブチル	17μg/m³ （1.5ppb）	母ラット経口暴露における新生児の生殖器の構造異常等の影響	2000.12.15	2019.1.17
フタル酸ジ－2－エチルヘキシル	100μg/m³ （6.3ppb）	ラット経口暴露における精巣への病理組織学的影響	2001.7.5	2019.1.17

（注）　両単位の換算は、25℃の場合による。

（厚生労働省ホームページ「室内濃度指針値一覧」）

　　ただ、当該指針値等は、建築業者等にその値を超えないようにするべき法的義務を直接的に課すものとはされていません。

　　また、平成15年7月には、クロルピリホス（防蟻剤）の使用禁止、ホルムアルデヒド発散建築材料の規制、全ての建物の居室に対して機械換気設備設置義務を課すことを主な内容とする建築基準法（建基28の2三、建基令20の5〜20の9）の改正がなされています。

2　ご相談に対する回答（法的請求について）

　　室内化学物質を原因として体調不良が発生したとして、請負人に法的責任追及（担保責任構成もしくは不法行為責任構成となることが多いと思われますが、いずれにしても）を検討する場合、大前提として、医師による診断、化学物質濃度測定等は必須といえます。

　　その上で、体調不良の原因となった化学物質が何で、当該物質がどこから発生したのかという特定作業を行う必要があります。

　（1）　医師の診断について

　　法的責任追及を検討する場合、医師の診断を受けるに当たっては、

第3章　欠陥類型別のトラブル　　343

他覚的検査（神経学的に異常が客観的な形で示される検査）を実施している病院を受診することが必要です。

　他覚的検査を経ていない診断は、疾患の発症自体が争いになった場合に説得力を持ちづらくなります。

　他覚的検査の代表例として、眼球運動検査、コントラスト感度検査、瞳孔反応検査、SPECT（脳内血流量検査）、チャレンジテスト（原因と疑われる化学物質を低濃度で暴露させて体の変化を見るテスト）といった検査があります。

　疾病への罹患が診断される場合、病名として、「シックハウス症候群」や「化学物質過敏症」といった診断となることが多いといえますが、病名の定義・診断基準が医療機関によって異なることも珍しくないことから、当該診断がどういった定義・基準でなされたのかは確認しておくとよいです。

（2）　化学物質濃度測定

　室内化学物質測定は、どういった化学物質が、どの程度の濃度で室内に存在しているのかを客観的に示す証明資料として重要です。

　この点、室内の化学物質濃度は、時間の経過と共に減少していくことが通常であるため、できる限り早期に測定が行われることが望ましいといえます。

　測定依頼は、民間業者に依頼するほか、地域によっては保健所等自治体が無料測定を実施している場合もあります。

　測定内容についても、測定者や料金によって可能な測定が変わってくることもありますので、状況と獲得目標に照らして、誰にどのような調査を依頼するのかを判断していく必要があります。

　測定対象として、以前はホルムアルデヒドに絞った測定が実施されることも多かったのですが、疾病を引き起こしうる化学物質は他にも多数存在しますので、できる限りTVOCを含む複数の化学物質を測定

することが望ましいと思われます。

　測定結果を検討する場合、厚生労働省の指針値が策定されている物質が検出された場合には、その濃度が指針値を超えているかどうかが大きなポイントとなります。

　この点、測定時に指針値を下回る濃度しか検出されない場合も、体調悪化時にはより高い濃度であることが推定されるような場合もありえますので、そうした可能性がある場合は当該可能性をどう立証していくかの検討が必要です。

　また、指針値が策定されていない物質が高濃度で検出された場合は、当該物質のSDS（安全データシート＝多くの場合ネットで入手可能です。なお、以前はMSDSと呼称されるのが一般でした。）を調べるなどして、その毒性を検討していくことになります。

　(3)　原因物質の特定

　化学物質測定によって何らかの原因物質候補が推定された場合、当該物質の発生源の特定を行うことになります。

　この点については、建築業者等に、建物に使用された建築部材（塗料・接着剤・ワックス等も含みます。）の製造会社・型番の特定を求め、さらにSDSの提出も求めることが有用です。

　また、発生源と推定される箇所にフレック（特定部材に密着して空気を捕集する装置）を使用した測定を行い、特定の部材から原因物質候補が放散されているか否かを確認することが検討されるべき場合もあります。

　(4)　過失・契約不適合の立証

　化学物質による健康被害が争点になった訴訟（職場環境、家具・家電からの化学物質が問題となった訴訟も含みます。）では、不法行為責任・債務不履行責任における過失の存否、担保責任における契約不適

第3章　欠陥類型別のトラブル　　345

合の存否が、最大の争点となるといえ、健康被害を主張する側の請求
が棄却された事例の多くは相手方の過失ないしは契約不適合（旧民法
では「瑕疵」）が否定されたことが棄却の理由となっています。

　ある化学物質が一定濃度で室内に存在したという事実が認められた
場合も、（使用自体が法的に禁じられた物質でない限り）室内化学物質
濃度を直接的に制限する法的規制は存在しないことから、そこから直
接的に過失や契約不適合が認定されるとは言い難いです。

　そのため、過失・契約不適合を立証する側は、厚生労働省指針値等
やSDSにおける毒性、発生源となっている部材の使用方法に問題はな
いか、業界における当該化学物質の危険性に関する一般的認識、化学
物質に関して当事者間で特別な合意はなかったか、換気設備の性能に
問題はなかったか、化学物質に関する注意喚起をするべき義務はなか
ったか等々の個別事情を踏まえて、注意義務違反（過失の場合）ない
しは契約で要求されていた水準に反する状態（契約不適合の場合）に
ついての主張立証活動を行っていく必要があります。

アドバイス

　シックハウス問題の検討には、医学的知見、化学的知見、建築技術
的知見、法律的知見がからむなど、他の建物の欠陥紛争と比べてもそ
の専門性はかなり高いといわざるを得ません。

　シックハウス問題で請負人等と争いになった場合、注文者側として
は弁護士に依頼する必要性が高い事案と思われ、さらに弁護士として
も、診断を行った主治医、検査機関、建築士、学術研究者等に聞き取
りを行うなど専門家相互の連携を計って事案に当たっていく必要があ
ると思われます。

346　　　　第3章　欠陥類型別のトラブル

　また、検討に当たっては、過去の裁判例、特に後記参考判例に揚げた健康被害を訴えた側などが勝訴をした事案について検討をすることも有益と思われます。

【参考となる判例】

　　（住宅の建築部材から放散された化学物質について建物の売主や工事業者の責任を認めた判例）

　○東京地裁平成17年12月5日判決（判時1914・107）

　○東京地裁平成21年10月1日判決（欠陥住宅判例5・244）

　　（職場環境における化学物質に基づき健康被害が発生した場合に雇用主側の責任を認めた判例）

　○東京地裁八王子支部平成17年3月16日判決（労判893・65）

　○大阪地裁平成18年12月25日判決（判時1965・102）

　○東京高裁平成24年10月18日判決（判時2172・30）

　　（家電から発生した化学物質に基づき売主の責任を認めた判例）

　○東京高裁平成18年8月31日判決（判時1959・3）

第3章　欠陥類型別のトラブル　　　347

第12　地盤沈下・傾斜

59　基礎構造の種類

相談内容

　造成地に自宅を建築しました。べた基礎の方が頑丈で安心という説明を受けてべた基礎で施工しました。しかし、半年後、盛土部分が大きく沈下してしまい、基礎の中心部分にひび割れが発生して基礎が折れてしまいました。また、これにより、建物が傾斜してしまいました。べた基礎なら建物が傾斜することなどないと思い込んでいたのですが、べた基礎を選択したこと自体が間違っていたのではないでしょうか。そもそも、べた基礎とはどのようなものなのですか。他の基礎工法も合わせて教えてください。

回　　答

1　基礎構造の種類

　戸建住宅の場合は、建物荷重が比較的小さいことから、布基礎かべた基礎が多く用いられていますが、軟弱地盤においては杭基礎が選択されることもあります。

図1 基 礎

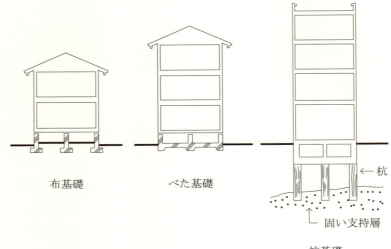

布基礎とは、基礎立ち上がり部分下部に連続底盤（フーチング）を設けた基礎構造をいい、べた基礎とは、建物1階面積と同面積の単一基礎スラブまたは格子梁と基礎スラブを設けた基礎構造をいいます。べた基礎の場合、地盤に接する面積が布基礎に比べて大きいため軟弱な地盤でも安定した基礎になると一般的にいわれています。

杭基礎とは、建物に作用する荷重や外力を基礎下部に打ち込みまたは埋設した杭によって地盤に伝える形式の基礎をいい、地質および地層が軟弱で建物の加重や外力を布基礎やべた基礎で地盤に伝えるには地耐力が不足している場合に用いられます。ただし、杭基礎は布基礎、べた基礎より費用がかかります。

2 基礎構造の選択

建物に作用する荷重や外力は梁から柱、土台へと伝わり、最終的に基礎がこれらの力を地盤に伝えます。これらの力が地盤の有する耐力

第3章　欠陥類型別のトラブル　　　349

（地耐力）より大きい場合に沈下が生じますので、どのような基礎を
選択するかは構造上重要です。

　そこで、基礎については、地震時のみならず、通常の使用時におい
ても沈下を未然に防ぐために、建築基準法施行令38条および平成12年
5月23日建設省告示1347号で建築物の基礎構造の選択基準が規定され
ています。建築予定地の地耐力に対して不適切な基礎構造を選択した
場合は、その設計は契約不適合となります（福岡地判平11・10・20判時1709・
77）。

■　地耐力に応じた構造方法の選択（平12・5・23建告1347第1）

地　耐　力	基礎構造の種類
20KN／m²未満	杭基礎
20KN／m²以上30KN／m²未満	杭基礎またはべた基礎
30KN／m²以上	杭基礎、べた基礎または布基礎

　地耐力が30KN／m²以上の場合には、経済性も考慮して、通常べた
基礎か布基礎かを選択することになります。その際、基礎の深さが同
じである場合は、べた基礎の方が底面積が大きく不同沈下の防止に有
効な基礎構造であることから、べた基礎を選択することが多いようで
す。

　しかしながら、必ずしもべた基礎にさえすれば建物の沈下を防ぐこ
とができるわけではありません。べた基礎は、布基礎と比較して基礎
が重くなるため、軟弱地盤にのせるとかえって沈下量が布基礎より大
きくなる場合もあります。また、地層が傾斜していて転圧が不十分な
場合や地中に異物が混入している場合などでは、布基礎はもちろんべ
た基礎であるからといって安心できません。

350　　　　　　第3章　欠陥類型別のトラブル

　以上より、どのような基礎を選択するかは、地盤の性質や建物の形状等を総合考慮して決することになります。

3　不同沈下の原因

　不同沈下とは、建物が一様に沈下するのではなく部分的に偏って沈下することをいいます。不同沈下は、盛土された地盤、L型擁壁のある地盤、地中にガラ（コンクリート廃材など）がある場合などに多く発生します。

　盛土が原因の不同沈下は、造成時の盛土の転圧（土を締め固めること）不足等の場合に、建物の加重が盛土に加わることで、土の構成要素の水が土粒子と分離して流出して盛土自体が収縮する圧密沈下現象が生じ、この圧密沈下が不均等に起こるために生じます。盛土が原因の不同沈下は不同沈下の約3割を占めるともいわれています。盛土造成地の場合、既存地盤より盛土部分が軟弱な場合が往々にしてよくあり、べた基礎を採用しても、既存地盤と盛土との境界部がいわゆるテコの支点となり、不同沈下を起こすこともよくあります。盛土部分がしっかり転圧されていることが、必要不可欠です。

　また、L字型の擁壁を造成するためには、土をいったん掘り起こして、擁壁のコンクリートを打設した後で、土を埋め戻します。この擁壁の背後の埋め戻しの土が転圧不足の場合も、不同沈下の原因となります。

　また、土中にガラがあると地盤の強度が不均等になる上、ガラの隙間に土が流れ込むことでさらに地盤の耐力が落ちて不同沈下しやすくなります。

第3章　欠陥類型別のトラブル　　351

図2　不同沈下

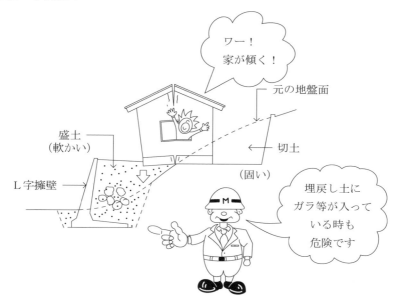

4　地盤の調査方法

　地盤の調査方法は数多くありますが、一般的な木造住宅では、費用が安価でかつ容易に調査できることから、スウェーデン式サウンディングが用いられることが一般的です。ハウスメーカーでもスウェーデン式サウンディングが多く用いられているようです。

　スウェーデン式サウンディングとは、スクリューポイントを取り付けたロッドの頭部に、100kgまでの荷重を加えて貫入量を測り、貫入が止まったらハンドルに回転を加えて地中にねじ込み、1mねじ込むのに必要な半回転数を測定する方法で、地耐力（N値）を容易に算出できます。費用は1宅地4か所の調査を実施して数万円前後です。

　ただ、この方法では土質はわかりません。土質がわかれば、地盤改

良の必要性も含めて専門家による基礎構造部の細部にわたる検討も可能になります。

　土質を調べるにはボーリング試験を行う必要がありますが、10mの深さで2～3か所の調査をすると数十万円前後の費用がかかります。もっと手軽に土質を調べる方法としては、管轄の役所の建築指導課で、近隣のボーリング試験のデータを閲覧させてもらうという方法もありますが、常にデータがあるとは限りません。

5　地盤の調査義務と適切な基礎構造を選択する義務

　設計者には、地盤の調査義務と適切な基礎構造を選択する義務があります。例えば、福岡地裁平成11年10月20日判決（判時1709・77）は、「一般に建物の建築をする業者としては、安全性を確保した建物を建築する義務を負うものであるから、その前提として、建物の基礎を地盤の沈下又は変形に対して構造耐力上安全なものとする義務を負うものというべきであり、右義務を果たす前提として建物を建築する土地の地盤の強度等について調査すべきであり、その結果強度が不十分であれば、盛土部分に対して十分な転圧を掛けるか、強度が出る地盤まで支持杭を伸ばして基礎を支える構造にするなどの措置をとる義務を負うものと解される。」と判示し、設計と施工を請負った業者について、注意義務違反を認めました。

アドバイス

　べた基礎であれば、建物の不同沈下を生じさせることがないというものではありません。建物を建てるときは、よくその地盤を調査して、その地盤にあった基礎を選択することが肝要です。

第3章　欠陥類型別のトラブル　　353

【参考となる判例】

○横浜地裁平成9年7月16日判決（欠陥住宅判例1・48）
　不同沈下により売買契約の解除が認められた事例。

○福岡地裁平成11年10月20日判決（判時1709・77）
　地盤強度の調査義務を怠ったとして建築業者に対する損害賠償が認められた事例。

○東京地裁平成14年1月10日判決（欠陥住宅判例2・240）
　損害論として建物代金額を上限とした事例。

○盛岡地裁一関支部平成14年5月10日判決（欠陥住宅判例3・206）
　基礎かぶり厚不足、基礎と土台の緊結不良の事例。

○京都地裁平成16年12月10日判決（欠陥住宅判例4・4）
　重大な欠陥のある建売住宅の売買契約において解除を認めなかった事例。

○神戸地裁平成18年3月31日判決（欠陥住宅判例4・314）
　地盤に対応する基礎の不施工を瑕疵と認定した事例。

○和歌山地裁平成20年6月11日判決（欠陥住宅判例5・170）
　基礎構造の選定が争いとなった事例。

354 第3章 欠陥類型別のトラブル

60 建物の傾斜の測定方法と傾斜の修補方法

相談内容

築9年の木造の自宅の敷居が傾いていて、引き戸の合わせ目に隙間があります。家が傾いているのか不安です。家の傾きはどのようにしたらわかりますか。また、地盤沈下が原因のようにも感じますが、地盤沈下はどういう場合に生じるのですか。

建物が傾斜していた場合、直す方法を教えてください。

回 答

1 建物の傾斜を推測させる現象

傾斜している建物に初めて足を踏み入れたとき、何か変だと感じる人もいますが、気づかない人ももちろんいます。ましてや、当初は傾斜していなかった建物に長年居住しているうちに傾斜が進んだ場合などは、建物の傾斜に一般的に気づきにくいといえます。

相談内容にも挙げられている引き戸の合わせ目の著しい隙間、引き戸あるいは窓が閉まりにくくなったこと、ドアの自動開閉、外壁モルタルや基礎コンクリートの亀裂などが建物の傾斜を推測させる現象として考えられます。

不具合の現象と傾斜（変形角）との関係は下表のように考えられています。

■ 建物の傾斜角と障害の程度

段　階	RC造・CB造・S造	木　造	傾斜角の程度
初　期	壁に幾分かのきれつが発生するが使用上の障	モルタル外壁・コンクリート犬走りにき	1/1,000

第3章 欠陥類型別のトラブル 355

	害とはならない。	れつ発生	
第1期	壁のきれつ、仕上げ材の障害起こる。天井クレーンの走行障害起こる。	束立床に不陸を生じ、布基礎土間コンクリートにきれつ発生	3/1,000
第2期	非たわみ性仕上材の変形の限界。外見上傾斜が気になる。	構造材、窓出入口枠材の接合部に隙間を生じ、壁にきれつが発生	5/1,000
第3期	たわみ性仕上材の変形限界。床が傾斜して支障をきたす。	柱が傾き、建具の開閉不良。床が傾斜して支障をきたす	10/1,000
最　終	倒壊の危険あり。床の傾斜の生理的限界	柱の傾斜著しく倒壊の危険あり。床の傾斜は生理的限界	15/1,000

（出所　芳賀保夫『住宅建築の不同沈下障害を防ぐ』70頁（ふくろう出版、2006））

2　建物の傾斜の測定方法

　上記の表のような現象が生じている場合、それらの原因が不同沈下による可能性があります。建具自体の単なる反りが原因であるならば、容易に補修可能ですが、床や壁が傾斜していることが原因だとすると建物自体が歪んでいることになりますので、その補修は容易ではありません。床の傾斜は、簡易にはゴルフボールを床に落として常に同じ方向に転がるようであれば床の傾斜があることが疑われます。壁の傾斜については、重りのついた糸を壁の一点から垂らせば傾斜の程度がわかります。

ゴルフボールや重りのついた糸によって傾斜が確認できた場合には、専門家によって、具体的に傾斜の割合を測定してもらうことが必要です。
　床の傾斜の測定方法としては、オートレベルやレーザー光線を用いた測量機器が用いられています。壁の傾斜の測定方法としては、下げ振りやレーザー光線を用いた測量機器が一般的です。

図1　建物の傾斜の測定方法

3　建物の傾斜と構造上の安全性

　傾斜が確認されたとしても、元来、完璧に水平・垂直が保たれている建物はほとんどありません。施工上の誤差、温度や湿度による材料の伸縮、居住による変形等で若干の傾きがあることの方が普通かもしれません。
　そこで、当該傾斜が建物の構造上の瑕疵を原因とするものであるかが問題となりますが、これについては品確法74条の規定が1つの指針となります。同条に基づく平成12年7月19日建設省告示1653号では、

第3章　欠陥類型別のトラブル

傾斜の程度を3つのレベルに分けて、構造耐力上主要な部分に瑕疵が存在する可能性を表示しています。

（なお、改正民法では「瑕疵」という用語が「契約不適合」に改められましたが、品確法では「瑕疵」という用語が引き続き用いられています。）

■　傾斜の基準《壁または柱》

レベル	住宅の種類		構造耐力上主要な部分に瑕疵が存する可能性
	木造住宅・鉄骨造住宅・鉄筋コンクリート造住宅または鉄骨鉄筋コンクリート造住宅		
1	3/1,000未満のこう配（凹凸の少ない仕上げによる壁または柱の表面と、その面と垂直な鉛直面との交差する線（2m程度以上の長さのものに限る。）の鉛直線に対する角度をいう。以下この表において同じ）の傾斜		低い
2	3/1,000以上　6/1,000未満のこう配の傾斜		一定程度存する
3	6/1,000以上のこう配の傾斜		高い

■　傾斜の基準《床》

レベル	住宅の種類		構造耐力上主要な部分に瑕疵が存する可能性
	木造住宅・鉄骨造住宅・鉄筋コンクリート造住宅または鉄骨鉄筋コンクリート造住宅		
	3/1,000未満のこう配（凹凸の少ない仕上げによる床の表面における2点（3m程度以上離れて		

1	いるものに限る。）の間を結ぶ直線の水平線に対する角度をいう。以下この表において同じ）の傾斜	低い
2	3/1,000以上　6/1,000未満のこう配の傾斜	一定程度存する
3	6/1,000以上のこう配の傾斜	高い

　しかし、これはあくまでも可能性であって、構造上の瑕疵の有無については別途調査が必要です。

　床などの傾斜に気づいたときは、仕上材の不具合にとどまらず、地盤沈下など構造的な瑕疵の可能性もありますので、すぐに表面的な補修をするのではなく、原因をよく調査してから補修方法を検討すべきです。

4　修補方法

　建物の傾斜が生じている場合、施工に原因があり建物だけを水平に修正すれば足りるのか、それとも支持地盤の地耐力不足に原因があり地耐力を回復したり基礎を大がかりに修補することまで必要かで、補修方法が変わってきますので原因を究明することが必要です。

　(1)　建物の傾きを水平にすれば足りる場合

　地耐力に問題はなく、建物さえ水平に修正すれば足りる場合であれば、基礎と土台の間にジャッキを設置しジャッキアップを行い、基礎と土台の隙間にモルタルを充填する方法（ジャッキアップ工法＋隙間充填）や基礎を一部はつって土台の下に爪付きジャッキを挿入してジャッキアップする方法が一般的です。ただし、ジャッキアップしても補修できない場合もありますので、個別に検討が必要なのはいうまでもありません。

第3章　欠陥類型別のトラブル

図2　ジャッキアップ工法＋隙間充填

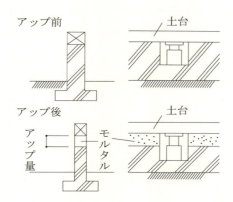

(2)　地耐力に問題がある場合

地耐力に問題がある場合は、基礎下に鋼管を支持層まで圧入し、基礎ごとジャッキアップする、基礎下へ注入管を設置しセメント系の薬液を注入する方法などがあります。

建物の傾斜の補修方法には様々なものがありますので、専門家に相談することが不可欠です。また、費用の点から建て替えた方がよい場合もあります。

図3　鋼管杭圧入工法

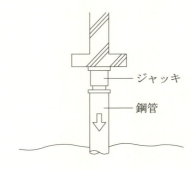

5 不同沈下と品確法

　平成12年4月施行の品確法は、構造躯体の耐力と雨水の浸入防止について、10年間の瑕疵担保責任を設計者や施工者に義務づけています。地盤の地耐力不足は直接主要構造の瑕疵に当たるわけではありませんが、設計者は、地盤に適合した基礎（平12・5・23建告1347第1）を設計しなければなりません。地盤の調査が不十分あるいは調査はしたもののその地盤に対応する基礎の検討が不十分であったために基礎が損壊した場合は、基礎の瑕疵として瑕疵担保の対象になります。

アドバイス

　建物の傾斜が気になる場合は、専門家に測定してもらうべきです。構造上の安全性が疑われるような傾斜の場合は、さらに傾斜の原因を充分に調査すべきです。

【参考となる判例】
　○横浜地裁平成9年7月16日判決（欠陥住宅判例1・48）
　　不適切な盛土工事による地盤の不同沈下が生じた事案で売買契約の解除を認めた判決。
　○東京地裁平成13年6月27日判決（欠陥住宅判例2・32）
　　基礎工事が不十分なため、地盤沈下が生じた事案で、売買契約の解除を認めた判決。
　○大阪地裁平成14年6月27日判決（欠陥住宅判例3・226）
　　宅地造成業者と建物建築業者の共同不法行為責任を認めた判決。
　○神戸地裁平成14年11月29日判決（欠陥住宅判例3・296）
　　基礎の設計に関する瑕疵を認めた判決。
　○大阪地裁平成15年11月26日判決（欠陥住宅判例3・172）
　　買主の過失を認め建物の傾斜を「隠れた瑕疵」には該当しないとした判決。

第3章　欠陥類型別のトラブル　　361

61　液状化現象

相談内容

　液状化現象とはどのようなものですか。また、事前に液状化が起きやすいか否か判断する方法、対策としてはどのようなものがあるのでしょうか。

回　答

1　液状化現象とは

（1）　液状化現象とは

　「液状化現象」とは、地下水位が浅く（高く）緩い砂質地盤が、一定の強度の地震による振動で液体状になる現象です。これにより重い構造物に沈下や傾きが生じたり、地中にある空洞の多い構造物（浄化槽や下水道管等）が浮き上がったりします。近年では、1964年新潟地震、1978年宮城県沖地震、1995年兵庫県南部地震（阪神・淡路大震災）、2000年鳥取県西部地震、2007年新潟県中越地震、2011年東北地方太平洋沖地震（東日本大震災）、2018年北海道胆振東部地震等で数多くの液状化現象が発生しています。

（2）　具体的な被害の内容

　液状化により、噴砂、地面の沈下・陥没が生じます。これにより、通行に支障が出たり、管渠が破損したり、噴出した土砂が下水道管等に流入し管の閉塞を招いたりします。下水道管は低い方に流れるように勾配が設けられているため、沈下の影響で勾配が逆になると排水ができなくなることもあります。地盤の沈下が大きい場所に雨が流れ込

み床下・床上浸水が生じることもあります。

　また、地盤の支持力が低下することにより、建物が沈下しますが、建物の地上部分に大きな損傷を生じない場合が多く見られます。しかし、その沈下量が一様ではなく建物が傾くことで居住性が損なわれ、健康にも悪影響が出ます。東日本大震災後の千葉県浦安市では、24棟が1／20以上の傾斜があると判定されて全壊（建て直しをしなければならない状態）との認定を受け、1,560棟が1／60以上1／20未満の傾斜があると判定されて大規模半壊（大規模な補修を行わなければ居住・再利用が困難となった状態）との認定を受けました（平成24年3月16日時点）。

　地中構造物の場合は、地中の水による浮力が発生し、これにより地中の軽い構造物（マンホール等）が浮き上がり、地面から飛び出し、通行の障害になる、排水管の勾配が逆になる等の問題につながります。一部に地下室のある建物では、地下室部分が浮力を受け、地下室のない部分は沈下して大きく傾く被害になります。

　さらに、擁壁や護岸に作用する土の圧力が増加して、擁壁や護岸の移動や破損で、背後の土が沈下したり滑ることで擁壁や護岸近くの建物の基礎が沈下・移動します。

　側方流動や地面の沈下・陥没により地中に埋設されたガス管・給水管・下水道管が破損し使用できなくなります。下水道の完全復旧まで約1か月を要したケースもあります。

2　法規制

(1)　「地盤」に係る法規制

　湿潤な土地、出水のおそれの多い土地またはごみその他これに類する物で埋め立てられた土地に建築物を建築する場合においては、盛土、地盤の改良その他衛生上または安全上必要な措置を講じなければなり

第3章　欠陥類型別のトラブル　　　363

ません（建基19②）。

　(2)　「地盤」を生産する宅地造成面での法規制

　宅地（造成地盤）造成行為については、宅地造成等規制法（以下「宅造法」といいます。）・都市計画法・公有水面埋立法などの法令に基づいて、都道府県知事の許可や免許を受けなければならないという制約を受けます。これらの許可や免許を受けるために宅地（造成地盤）について講じるべき措置や手続に関しては、以下のような規定が定められています。

　　　ア　都市計画法33条1項7号

　開発区域内の土地が、地盤の軟弱な土地、がけ崩れまたは出水のおそれが多い土地その他これらに類する土地であるときは、地盤の改良、擁壁の設置等安全上必要な措置が講ぜられるように設計が定められていること。

　　　イ　宅造法施行令5条3号

　盛土をする場合においては、盛土をした後の地盤に雨水その他の地表水または地下水の浸透による緩み、沈下、崩壊または滑りが生じないように締固その他の措置を講ずること。

　(3)　「地盤」の液状化対策にかかる法規制

　「宅地防災マニュアル」（宅造法に基づく宅地造成工事の許可や、都市計画法に基づく開発行為の許可に関する審査マニュアル）は、開発事業に際しては、開発事業区域内およびその周辺部において、地震時の液状化対策に対する検討を行い、必要に応じて適切な対策を行うものとするとして液状化地盤の確認・調査・判定、液状化対策工法の各規定を置いています（国土交通省「宅地防災マニュアル」Ⅸ−11）。しかし、これらの規定は平成7年発生の阪神・淡路大震災による宅地の被災実態等を踏まえた耐震対策、宅地防災に係る新技術・新工法を加えたものとして平成10年に改定されたものですので、それ以前に許可された

宅地造成工事や開発行為には適用されません。

　また、宅造法に基づく宅地造成工事の許可が必要とされるのは宅地造成工事規制区域内に限られるところ、宅地造成工事規制区域に指定されていない区域において「液状化が予測される宅造地」が存在する可能性も否定できません。

3　液状化対策・判定の現状

　以前から液状化危険度マップ・微地形区分などによる概略判定や、震度5強程度の地震を対象とした土質と地下水位による簡易判定法などがありました。さらに液状化判定法（液状化の可能性を判定する方法）および液状化対策の研究が進められ、平成25年4月2日、国土交通省は、「宅地の液状化被害可能性判定に係る技術指針」（同指針は、「中地震発生時に懸念される地盤の液状化現象に対し、戸建て住宅地の液状化被害の可能性を判定することを目的と」しています。）として具体的な液状化判定法・対策を公表するに至っています。

　指針の液状化被害可能性の判定は、一次判定：地形データ等の既存資料により、二次判定の要否を判定、二次判定：地盤調査を行い、その結果に基づき、顕著な被害の可能性を3ランクで判定、三次判定：必要に応じて詳細な調査・解析により、顕著な被害の可能性を3ランクで判定（二次判定と同じ「判定図」等に基づいて行うことを基本とし、液状化対象層の液状化抵抗比あるいは地震時せん断応力比は、一次元地盤応答解析で算定することを基本としています。）の手順で行われます。

(1)　地盤調査

　地盤調査方法としては、スウェーデン式サウンディング（SWS）試験、ボーリング調査等がありますが、本来SWS試験は支持力を求めるための試験で、土質を確認する必要がある場合にはボーリング調査を

第3章　欠陥類型別のトラブル　　365

行うことが必要になります。また、どのような調査を選択するとしても、液状化の可能性を判定するためには、地盤の支持能力を確認するだけでは不十分であり、その地盤の土の粒度試験や地下水位を調べる試験は必須です。

　指針の判定手法は、「ボーリング調査結果に基づいて」、宅地の液状化被害の可能性を比較的簡易に判定可能な方法で定めるものです。

（2）　液状化判定法

　代表的な液状化判定法としてFL法があります（ボーリング調査結果から、各層の液状化安全率（FL値）を算定し、これを基に算定される非液状化層厚（H1）と地表変位量（Dcy値）または液状化指標（PL値）から「判定図」等を使用して液状化被害の可能性を判定するものです。）。国土交通省が平成23年8月31日に発表した「液状化対策技術検討会議」の検討成果によると、現在一般的な液状化判定方法として利用されているFL法による判定結果と東日本大震災での液状化現象の発生現象はおおむね整合しています（実際に液状化現象が発生していながら判定ではシロとされていたケースはないとされています。）。

（3）　液状化対策工法

　地盤の液状化に対する工法は、①地盤の液状化そのものを防止・軽減する対策工法と、②液状化の発生は許すが、施設・構造物等の被害を軽減する対策（構造的対策工法）とに大別されます。

　①地盤の液状化そのものを防止・軽減する対策工法は、土壌を締め固めるなど地盤の性質を変えたり、地下水位を低下させる工事を実施することにより、液状化現象の発生そのものを防止するものです。具体的には、サンドコンパクションパイル工法、グラベルドレーン工法、シートパイル工法等があります。②液状化の発生は許すが、施設・構造物等の被害を軽減する対策（構造的対策工法）としては、先端が液状化を生じない深さに達する杭を打つ、基礎底面下の表層土を建築物

第3章 欠陥類型別のトラブル

位置全体にわたって2m程度の厚さ（液状化層の厚さにより深くなる
場合もあります。）に地盤改良するなどです。

アドバイス

　上記3(3)①の各工法は、戸建て住宅の場合は、施工条件（狭い宅地
では無理）や費用の点から実施が困難な場合があることに留意する必
要があります。

　そのため、液状化の可能性の高い土地を避ける、地域として液状化
対策がなされている土地を選ぶ、液状化による損害をカバーする保険
でリスクをヘッジするなどの対策が必要です。

第3章　欠陥類型別のトラブル　　367

第13　接合部

62　接合金物

相談内容

　木造軸組工法で自宅の建築をしています。先日、上棟式がありましたが、金物が不足しているように感じます。職人さんに聞いたところ、「大きいホールダウン金物を使っているから丈夫な家です。」というばかりで心配です。金物が必要な箇所、必要な金物について教えてください。

回　答

1　接合金物とは

　伝統的な木造建築工法（伝統工法）では、継手（部材をその材軸方向で継ぐ方法またはその箇所を示します。）、仕口（2つ以上の部材がある角度をもって接合されることまたはその箇所を示します。）の組合せによって、2種類の部材を継ぎ合わせていました。すなわち、伝統工法においては、基本的には金物を使わず、木組みだけで軸組を作っており、それが高度な職人技となっていました。

　しかし、継手、仕口は大工職人の技術に頼るところが大きく、大工職人によって構造上の強度にばらつきが生じることが避けられないこと、接合金物が比較的安価になったことから、現在では、接合部の緊結には金物（接合金物）を使用するのが一般的です。後述するように、建築基準法施行令47条、平成12年5月31日建設省告示1460号でも、接合金物の使用を義務づけています。

2　接合金物の重要性

　木造住宅は、柱、梁、筋かい、大引き、根太などの組合せで構成されています。この中で、柱、梁などは積載荷重を基礎まで伝える役割を持っています。

　他方、地震力や風圧力のような水平力に対しては、筋かいや構造用合板を張った耐力壁で対抗します。しかしながら、筋かいや構造用合板がバランスよく使用されていれば足りるというものではありません。

　阪神・淡路大震災において、下図のような大きな引き抜き力がかかったことにより倒壊した木造住宅が散見されたことから、平成12年に、柱ごとに耐力壁の種類と配置によって使用する接合金物が規定されました。

図1　接合金物と引き抜き力

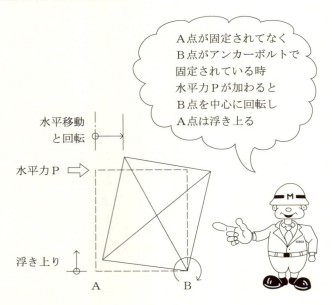

3　接合金物の種類

　このような経緯から、平成10年改正建築基準法施行令47条、平成12年5月31日建設省告示1460号により、どこに、どのような接合金物を使

第3章 欠陥類型別のトラブル

用しなければならないかが規定されました。したがって、この規定に適合するように接合金物が使用されなければならず、この規定に反する場合は原則として欠陥となります。ただし、構造計算により安全性が確かめられた場合や、N値計算という壁の耐力を個別に検討する計算を行って金物の耐力を確認した場合（簡易計算法）は、告示どおりに金物が使用されていなくても欠陥にはなりません。

図2　接合金物の種類

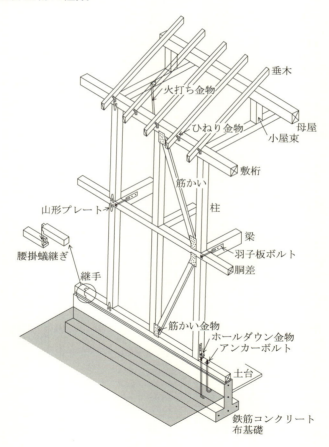

4 大きいホールダウン金物について

ホールダウン金物は、柱と基礎を緊結し、地震によって柱が土台から引き抜けてしまうのを防ぐ重要な接合金物の1つです。大きな強さをもつ耐力壁には、大きな引き抜き力が加わります。そのため、大きな耐震金物が必要となります。

しかし、大きいホールダウン金物を使用すれば安全かといえば、必ずしもそういうわけではありません。大きい力を1か所に集中させるよりも、分散させる方が耐震性能が上がる場合もあります。

なお、筋かい金物（筋かいを柱と横架材に取り付ける金物）は、筋かいと柱・土台・胴差し等を緊結するものであって、柱とコンクリートの基礎または上下階の柱同士を緊結するホールダウン金物とは別の機能を持つものですので、柱にホールダウン金物は別途必要です。筋かい金物があってもホールダウン金物が不要になるわけではありませんのでその点ご注意ください。

アドバイス

接合金物は、法律上、使用金物や使用箇所が明確に定められています。金物が足りているのか不安になった場合には、施工者に説明を求めたり、必要に応じて専門家に調査を依頼するとよいでしょう。しかしながら、施工後だと、床下や天井裏の調査はできても、壁をはがさないとわからない箇所について調査するのは調査も困難で費用もかかります。施工中に接合部分の現場写真をとっておくことが重要です。

第3章　欠陥類型別のトラブル　　　371

【参考となる判例】

○京都地裁平成14年7月15日判決（欠陥住宅判例3・252)
ホールダウン金物の未施工事例。

○京都地裁平成15年9月3日判決（欠陥住宅判例3・96)
ホールダウン金物の未施工事例。

○京都地裁平成16年2月27日判決（欠陥住宅判例3・116)
ホールダウン金物、筋かいプレートの未施工事例。

372　　第3章　欠陥類型別のトラブル

63　金物の施工不良、大臣認定工法

相談内容

(1)　3階建ての我が家の前面道路を大型トラックが走るたびに、家が大きく揺れることから、壁を剥がしたところ、継手に金物のボルトがなかったり、ナットがなかったり、耐力壁の留めつけ釘がめり込んでいるのですが、これは欠陥ではないですか。

(2)　また、1階駐車場部分は、鉄骨構造なのですが、鉄骨柱のベースプレートの穴がアンカーボルトと合わず、現場で穴を大きく広げていました。問題はありませんか。

(3)　この建物は大臣認定工法で構造上安心だという説明を受けたのですが、大臣認定工法とは何ですか。

回　答

1　ご相談(1)

(1)　継手に金物のボルトがない点

　土台の継手や胴差、敷桁等の横架材の継手では、材木の複雑な凹凸加工で継ぐ場合があります。その場合はボルトなどの金物は使いません。しかし、柱と柱、柱と梁などの仕口は平成12年5月31日建設省告示1460号の規定に従って、必ず羽子板ボルトなどの金物で緊結しなければなりません。そのような部位で金物の不足が認められたときは重大な構造上の欠陥の可能性があります。ただし、例外的にN値計算とい

う方法で壁の耐力を確認した場合、告示による金物より数を少なくできる場合もあります。

したがって、工事中であれば、ジョイント部に金物のボルトがない場合、工事を一時中断して信頼できる建築士に現場を確認してもらうことが必要です。

(2) 耐力壁の留めつけ釘がめり込んでいる点

耐力壁を構造用合板仕様とした場合、合板と柱、土台、胴差等の軸組みが構造上一体とならなければ耐力壁としての性能を確保できません。標準的な仕様では釘を150mm間隔で打って、合板を軸組みに固定すると定められています。構造用合板には厚さ7.5mm、9mm、12mmなどがありますが、実験の結果では厚さ7.5mmの構造用合板に釘を打ちつけた場合、めり込み量が3mmあると強度が70%も低下し30%の強度しか有しないという報告もあります（日本建築学会大会学術講演梗概集（東海）2003年9月「木質耐力壁の面内せん断耐力に及ぼす釘打ちめり込み深さの影響」）。一般的には2mm以上のめり込みがあった場合、既存の釘の中間にめり込みの少ない釘を打ち直す必要があります。

2　ご相談(2)　ベースプレートの穴がアンカーボルトと合わない点

鉄骨の柱と基礎を繋ぐ部材がベースプレートです。柱にかかる力を均等に基礎に伝えるためにアンカーボルトがあります。

図　ベースプレート

　アンカーボルトの位置とベースプレートの位置関係は構造上非常に重要な事項です。したがって、建築基準法施行令66条においても、構造耐力上主要な部分である柱の脚部は、国土交通大臣が定める基準に従ったアンカーボルトによる緊結その他の構造方法により基礎に緊結しなければならないとしています。さらに、重ねてベースプレートの厚さ、アンカーボルトの穴の径についてまで定められています（平12・5・31建告1456）。

　このように、アンカーボルトの位置とベースプレートの位置関係は構造上非常に重要な事項であることから、構造計算もこの位置関係によって結果が大きく変わってしまいます。それゆえ、ベースプレートの穴を現場で開けなおすと、構造計算を改めてし直さない限り、構造上の安全性が担保されないことになります。

第3章　欠陥類型別のトラブル　　　375

3　ご相談(3)

(1)　大臣認定工法とは

　建築基準法68条の10に規定されている「型式適合認定」のことです。実験データなどをもとに、ある特定の工法について、その構造上の安全性や、材料の防火性能、遮音性能、有害物質放散量などが各種法規制に適合していることを認定するものです。本来、建築物はその安全性を担保するために法令に則った材料、工法で建てられなければなりません。しかしながら、大手ハウスメーカーなどは、効率的に住宅を建設するために独自の工法を採る場合もあり、この場合建物の安全性能を担保すべく、事前に国土交通大臣の認定を受けることが必要となります。プレハブ工法も広く採られている工法ですが、大臣認定工法の1つです。

　したがって、大臣認定工法は認定どおりに施工された場合においては安全性が検証されていますが、認定どおりの施工がなされていないときは、安全性が検証されているとはいえません。

　以上より、認定工法が採られた建物の場合、まずはその工法に沿った施工がされているか否かを検討することが必要となります。

(2)　大臣認定工法は安全か

　大臣認定工法は、認定どおりに施工されて初めて安全性が担保されます。したがって、認定工法から外れた施工がされた場合、構造躯体の安全性は検証されていないことになりますから、原則として欠陥に当たると考えられます。

アドバイス

　柱・梁の緊結に関する欠陥は、不具合現象が生じてから、壁を剥がして調査してはじめて顕在化するのが通常です。構造安全上重大な欠

陥に相当する場合も多く、専門家に詳細に調査してもらった上、補修方法を検討する必要があります。

【参考となる判例】

　○札幌地裁平成13年1月29日判決（欠陥住宅判例2・72）

　　公庫仕様と異なる施工がなされた場合に、売主に当該施工が公庫仕様の施工と同等あるいはそれ以上の構造安全性を有するとの立証責任を課した判決。

第3章　欠陥類型別のトラブル　　　377

第14　その他

64　柱の割れ

相談内容

　押入れの柱の裏側に縦方向に大きな割れがあるのですが、欠陥ですか。木造の柱の4面に大小様々な縦方向の割れがあるものもあります。柱が折れてしまいそうで不安です。自分でコーキング材で亀裂を塞いでよいのでしょうか。

　また、柱に集成材が使用されているのですが、強度が低いということはありませんか。柱といえば、無垢のものを考えていたので、心配です。

回　答

1　木材の性質

（1）　木材とは

　木材とは、従来は樹木を伐採し削って形を整えた無垢のもの（製材）を指していましたが、近年はそれを加工した集成材や合板が多く用いられています。

　針葉樹材は主に構造用、広葉樹材は主に各種仕上用と造作用に使用されます。

（2）　木材の性質

　ア　軽　い

木材は、コンクリートと比較して、比重が小さく軽い建築材料です。

したがって、木造住宅は、鉄筋コンクリート造より、自重（建物自体の重さ）が軽いという特長があります。

イ　収縮と膨張

木材は、大気中の湿度の変化に対応して吸湿・脱湿を行うために、収縮・膨張を繰り返します。

乾燥している木材ほど強度が高く、割れにくいため、木造建築に用いられる木材は、通常よく乾燥させたものが使用されます。他方、伐採直後の木材（生材、グリーン材）は、その後の木材の乾燥によって多数の割れを生じる場合が少なくありません。

ウ　熱伝導率が小さい

木材は、鉄骨やコンクリートに比して熱伝導率が低いという特質があります。したがって、比較的断熱性が高いといえます。

エ　耐火性能

木材は可燃性の材料ですが、空気を含んでいるため、熱を伝えにくく、表面からゆっくり燃えて徐々に強度が落ちるため鉄骨のようにある段階で溶けて急に強度が落ちることはありません。燃え代（注）を考慮すると、準耐火建築物とすることができます。

（注）　燃え代：木材は、燃えると表面は炭化するが、内部に燃え広がるには時間がかかる性質を有しているので、柱を太くすれば柱の周辺部が燃えても中心部で建物を支えることができる。そこで火災の際でも一定時間以上一定の強度を保つことのできるように柱の太さを設計することを燃え代を考慮した設計という。

　　　燃え代として3.5cm考慮すると燃え代を考慮した設計とされる。

オ　腐朽性、虫害

温度、湿度、酸素、養分の条件が整ったとき、菌類が繁殖し、木材を分解吸収して、破壊腐朽させます。

また、シロアリなどの虫害も、暗く風通しの悪い場合は発生します。

第3章 欠陥類型別のトラブル　　　　　　　　　　　379

　カ　方向と強度
　木材は、方向性のある材料であり、繊維方向の強度は大きく、繊維に直角方向が弱い性状を示します。

２　背割り
　柱の裏側にある人為的な縦方向の割れは、背割りと呼ばれるもので、心配には及びません。
　木材の1つの面の中央に樹心に達する鋸目地を縦に入れ、一定間隔にくさびを打ち込むことで、木材の他の部分の乾燥に伴う割れの発生を防ぎます。通常、背割りした面は目立たないように裏側に回します。
　背割りは、乾燥により割れやすい心持ち材（注）でよく行われます。
図　背割り

　背割りは、木材の他の部分の乾燥に伴う割れの発生を防ぐ目的から行われるものですから、補修の必要はありません。コーキングを施したりすると、かえって木材の自然の調湿機能を妨げることにもなりかねません。

したがって、コーキングはしない方がよいでしょう。

　（注）　心持ち材：心材といわれる樹心に近い内部の部分を有する木材

3　柱の割れ

　木材は、前述のように大気中の湿度に応じて吸湿・脱湿を行っているため、大気中の湿度の変化によって、木材の表面に割れが生じる場合があります。

　木材に割れが生じると、見た目も悪く、割れによっては強度が低下する場合もあります。そこで、木材をあらかじめ建築される場所と同等な環境の大気中で長期間放置し十分乾燥させて（あるいは、人工的に乾燥させて）、使用することが原則です。また、前記2の背割りを入れたりして、木材の割れを防ぐ工夫がなされることもありますが、それでも木材の割れを完全に避けることは困難です。

　木材に縦方向（繊維方向）に少々割れがあっても、強度が急激に低下するようなことはなく、安全性に影響することはほとんどありません。柱がバランスよく配置されていれば、木材の繊維方向の強度は大きいので柱が受ける垂直方向の圧縮力に対して座屈することは通常考えられないからです。

　したがって、木造の柱に多少の縦方向の割れがあってもまずは問題ありません。

　これに対し、木材に斜めあるいは横方向に割れが生じている（ケサ切り状態）場合は、強度低下が深刻である可能性があります。

　また、ご相談のように柱の裏側のみならず、4面に大小様々な縦方向の割れがある場合は、割れが貫通している可能性も否定しきれませんので、専門家による詳細な調査が必要です。

第3章　欠陥類型別のトラブル　　　381

4　集成材について

　集成材とは、厚さ2.5〜5cmの木材の板を、繊維方向に平行に組み合わせて、合成樹脂接着剤で剥ぎ合わせて1つの材としたものをいいます。集成材によって、均一な材を供給することが可能となりました。

　集成材は以下の点に、特色があります。

① 　強度のばらつきが少ない

　　木材の強度は、前述したように含水率に影響されます。

　　太い生木の場合、乾燥が十分にできない場合があるのに対し、細い木材の板の組み合わせである集成材の場合、乾燥させやすいというメリットがあります。

　　また、集成材を構成する個々の木材に反り・曲がりが生じても、全体としてみると反り・曲がりが少なくなるというメリットもあります。

　　したがって、集成材の場合、生木と比べて強度のばらつきが少なく、一様の強度が期待できます。よって、きちんと作られた集成材の場合、無垢材より高い強度を有しています。

② 　大断面の建築可能性

　　大断面の建築物を建築するのに、太い生木を調達するのはコスト的にも難しいものがありますが、集成材の場合、これが容易に可能になります。

　以上のように、柱が集成材だからといって強度に問題があるとはいえません。

アドバイス

　木材には様々な特質があります。その特質を踏まえた上で建築する建物を木造とするか否か検討する必要があります。

65　構造計算

相談内容

平成17年の耐震偽装事件以来、構造計算が建築物の強度を数値化したものとして重要だと叫ばれ、「許容応力度計算では足りなかったが、他の計算方法だと強度が十分だった。」というような話も聞きました。構造計算の方法は1つではないのですか。

また、築8年の木造2階建ての自宅が構造計算を満足しているものであるかどうか確認をしたいのですが、構造計算書を入手することはできますか。

回　答

1　構造計算

建築物に作用する荷重や外力によって、建物の各部材に生じる応力（ストレス）を計算し、当該建物が安全か否か検証するのが構造計算です。

宮城沖地震を経て、昭和56年に大幅に建築基準法令が改正されました。この法によって定められた設計法は俗に新耐震設計法と呼ばれています。従来までは、許容応力度計算法（現在の許容応力度等計算法）が軸になっていましたが、この時から別途に保有水平耐力計算法が併用されるようになりました。また、阪神・淡路大震災を経て、平成10年にも建築基準法令が改正され平成12年から全面的に施行されました。この改正によりさらに限界耐力計算法が導入されました。

許容応力度計算法（現在の許容応力度等計算法）はまれに発生する

第3章　欠陥類型別のトラブル　　　　383

地震（一般的に震度4強から5程度と考えられています。）に対してほとんどひび割れを起こさないかあるいは地震後に建物に歪を残さないように考えられた設計法です。かなり安全性を重視した設計法ですので、大地震に対してもその余力でほぼ安全であろうと考えられていました。

保有水平耐力計算法は、実際の建物が具体的にどれ程の地震に対してまで倒壊せずに耐えられるかを数値的に明らかにする必要性があることから考えられた設計法です。したがって、この計算によって、大地震時に当該建物が倒壊しないことを数値的に検証できるようになりました。

限界耐力計算法は、地盤と建物の相性により建物個々にかかる地震力が異なることを考慮する必要性があることから考え出された設計法です。本来、地震力を正確に計算するには、地震波形に合わせた建物の揺れ具合等を精細に検証する振動解析（時刻暦応答解析法）が必要となります。ところが、この時刻暦応答解析法の計算はコンピューター内部で数値処理をしているので結果が正確かどうかを見分けるのが大変難しいという難点があり、そのため第三者の専門家による検証が必要でした。これをもう少し簡易な計算とするために、地震波に対し統計的な処理をして保有水平耐力計算法と時刻暦応答解析法の中間的な計算法としたのが限界耐力計算法です。

限界耐力計算法は建物が受ける地震力をかなり正確に検証できますが、統計的な処理の結果を利用していることから、当該建物が整形からはずれるほど誤差が大きくなります。

このように構造計算にはいろいろな方法がありますが、現状では許容応力度計算は最低限行う必要があります。

設計者は安全を確かめるために原則的に必ず構造計算を行わなければならないわけですが、平屋建ておよび2階建ての通常規模の木造住

宅の場合は、簡易的な計算（壁量計算等）で安全性を確認してよいことになっています。

2 構造計算の方法 （建基令81）

　建築物の構造計算の方法としては、前述のとおり大別して許容応力度等計算、保有水平耐力計算、限界耐力計算等があります。ただし、これらは同一レベルにあるものではなく、保有水平耐力計算は一次設計として許容応力度等計算をクリアした大規模物件について、特に構造上の安全性を確保するために二次設計として求められるものです。

　(1)　許容応力度等計算・保有水平耐力計算

　　ア　許容応力度等計算（一次設計（建基令82の6））

　許容応力度等計算は、外力によって柱や梁などの構造耐力上主要な部分に発生する応力（ストレス）を算出し、その値が当該部材の耐力（許容応力度：材料の最終耐力に安全率を見込んだ耐力）以下であることを確認する方法で、一次設計といわれています。

　許容応力度等計算は、骨組みがほぼ弾性範囲（地震が終了すると元どおりになる範囲）にあることを検証し、建築物の使用期間に数度起こると予測されるまれに発生する地震に対して、被害を受けないようにすることを目的としています。

　木造で3階建て以上または延面積500m²以上で、高さ13mもしくは軒高9mを超えるものと、非木造で2階建てまたは延面積200m²を超えるものは、構造計算によってその構造が安全であることを確かめなければなりません（建基6①二・三）。なお、木造建築物の多くは2階建てですが、これらにおいて本格的な構造計算をすることはまれであり、これらの耐震性能は建築基準法施行令46条の壁量規定という簡易な計算方法によって確保されることになります。

第3章　欠陥類型別のトラブル　　　　385

　　イ　保有水平耐力計算（二次設計（建基令82～82の3））

　規模の大きい特定建築物については、極めてまれな大地震（一般的に震度6強から7程度と考えられています。）に対して、建築物の重大な損傷・崩壊を防ぐことを目的として二次設計が義務づけられています（一次設計のみで足りる建築物：平19・5・18国交告593参照）。

　すなわち、一次設計で検討した建築物が、大きな地震が起こったときに安全かどうかを、その骨組みの終局耐力を検討することで検証します。具体的には、層間変形角（注1）、剛性率（注2）、偏心率（注3）、建物の粘り強さの度合いを検討して、それに基づき必要保有水平耐力を計算します。

　次に、建物が最終耐力としてどの程度の強さを有しているかを数値的に表す保有水平耐力の計算を行います。保有水平耐力とは、各階の水平力に耐えられる限界力をいい、各材料の強度から計算します。この数値が必要保有水平耐力以上であることを確認するのです。

　ただし、高さが31m以下の建築物については、剛性率、偏心率に問題がない場合は、一定の要件を満たせば二次設計が省略できる場合もあります（建基令81②二）。

　高さが31mを超えるものについては、保有水平耐力を計算し、極めて大きな地震に対して十分に安全であることを確かめることが必要となります（建基令81②一）。

（注1）　層間変形角：地震によって各階に生じる柱の傾斜角

（注2）　剛性率：各階の水平方向の変形のしにくさが、建物全体のそれと比べてどの程度かという指数。地震時に柱の傾斜角が上下方向で均一になれば（剛性率1）地震エネルギーが分散されるが、各階の剛性が著しく異なり、バランスが悪くなると、剛性率の小さな階に大きなせん断力（地震エネルギー）がかかる。剛性率は0.6以上とする。

（注3）　偏心率：建築物の重心と剛心（水平力に対抗する力の中心）のずれをいう。偏心率が大きいほど建物全体のねじれが大きくなる。偏心率は0.3以下が望

ましい。現在では、木造では保有水平耐力計算は運用されていないが、非木造では偏心率が0.15を超えると必要保有水平耐力が割り増しされる。

(2)　限界耐力計算（建基令82の5）

限界耐力計算においては、まず建物を設置する地盤の特性による地震力の増大率および建物に入力される地震力（建物の重さと剛性から決定されます。）を決定します。

地震力は「まれ」に発生する地震と「ごくまれ」に発生する地震の2つのケースについて考えます。ここでいう「まれ」に発生する地震とは建物の耐用年数中に数度遭遇するであろうと思われる地震と定義されていますが、具体的には気象庁震度階では震度4強から5程度です。「ごくまれ」に発生する地震とは建物の耐用年数中に一度遭遇するかどうかの地震力と定義されています。具体的には震度6強から7程度です。ここではまれに発生する地震を中地震とし、ごくまれに発生する地震を大地震と表現します。

次に、中地震に対して建物内の構造部材が弾性限度以内であることを確認します。具体的には、地震に対して建物にほとんど被害がない状態であることを計算により確かめます。この限界を損傷限界と呼んでいます。さらに大地震に対して建物が倒壊あるいは部分的な崩落がないことを確かめます。この限界を安全限界と呼んでいます。

このようにして建物の耐震安全性を確かめる方法が限界耐力計算法です。限界耐力計算法では、暴風時や積雪時についても同様に検証することが必要です。

(3)　許容応力度等計算と限界耐力計算

保有水平耐力計算は許容応力度等計算の二次設計としての計算方法です。

許容応力度等計算は、変形を正確に把握できない場合に、仕様規定への適合を前提として必要な耐力を計算するのに対し、限界耐力計算

は建築物の変形を数値で算出し、安全性を算出する方法で、仕様を条件としません。

建築物は、許容応力度等計算（大規模物件では、加えて保有水平耐力計算が必要な場合もあります。）か限界耐力計算により安全性が確保されれば構造上問題ないとされます。したがって、一方の計算方法では安全とされても、他方の方法では安全性が確保されない場合も生じることになります。どちらかの方法で安全とされれば問題ありません。

3 構造計算書の入手方法

木造2階建ての場合、構造計算をしている場合がまれですので、まずは設計者に構造計算をしたか否かの問合せが必要です。

その上で、構造計算書あるいは壁量の計算書類（注）の交付を求めてみてはいかがでしょうか。

通常の木造2階建ての場合、確認申請に構造計算書の添付は不要ですので、確認機関に交付を求めることはできませんが、設計者は、施主から要望があった場合は何らかの形で構造上の安全性を説明する責任があります（建基20）。

特殊な形態の木造2階建てでは構造計算書を作成しているケースもありますが、現状では木造2階建てにおいては構造計算書は作成されていない場合が一般的です。この場合は、構造計算書に代わるものとして、簡易的な壁量計算書の交付を求めることになります。壁量計算書の耐力壁の種類（壁の耐力倍率）と位置に関して図面と実際に施工されたものが合致しているかどうか、壁量計算書の内容を照査することにより安全性が確認できます。壁量計算は構造計算が不要な建物でも必要とされています（建基令46）。

（注） 必要壁量（軸組長さ）：階数が2以上または延面積が50m²を超える木造建築

物は、各階の梁間方向および、けた行き方向に配置する壁の長さか、筋かいを入れた軸組の長さが、各階の床面積に応じて算出された構造耐力上必要な壁の長さ以上にする必要があります（建基令46④）。なお、壁の長さは、実際の長さに耐力倍率を乗じて計算します。構造計算をして安全を確認する方法以外に、壁の長さが必要壁量をみたしているか、バランスよく配置されているか確認して安全性を確かめることもできます。

アドバイス

　昭和56年以前の建物については、ご心配であれば構造上の安全性につき専門家に調査を依頼するとよいでしょう。

【参考となる判例】
　○大阪地裁堺支部平成18年6月28日判決（欠陥住宅判例5・68）
　　木造2階建ての建物の安全性の確認につき、構造計算も判断基準の1つであると判示した事例。

第3章　欠陥類型別のトラブル　　389

66　耐震強度

相談内容

　地震が心配で、築40年木造2階建ての自宅の耐震診断をしてもらったところ、0.7とのことでした。この数値だと建物崩壊の危険性がありますか。危険だとした場合の補修方法を教えてください。

　また、そもそも耐震強度とは何ですか。

回　答

1　耐震調査

　ご相談の建物は、築40年ということですので、昭和56年に施行された新耐震設計法（昭和56年施行の改正建築基準法に規定された設計法をいいます。）によって設計されたものではありません。新耐震設計法は、宮城沖地震を契機に耐震技術を集中的に検討した結果を利用して作成されました。一般に新耐震設計以前の建物は壁量が少ない、鉄筋量が少ない、接合金物が少ない等で比較的地震に弱いといわれています。

　また、築年数が経っている建物は、土台の腐食、シロアリの害、木材の老朽化なども考えられますので、専門家に耐震調査をしてもらった方がよいでしょう。

　自分でもできる耐震診断としては、一般財団法人日本建築防災協会のホームページ等に耐震診断の簡易な方法が掲載されていますので、これらを利用するのも1つです。しかし、これらはあくまでも目安で

390 第3章 欠陥類型別のトラブル

すから、心配であれば専門家の診断を受けることが必要です。

2 耐震強度と耐震指標

(1) 耐震強度(Qu／Qun)

耐震強度は、次の算式で表されます。

$$耐震強度 \ = \ \frac{保有水平耐力(Qu)}{必要保有水平耐力(Qun)}$$

保有水平耐力(Qu)とは、当該建物がどの程度の力に対し、倒壊しないで耐えられるかを表した数値です。

これに対し、必要保有水平耐力(Qun)とは、ごくまれに発生する地震（一般に震度6強から7程度が想定されています。）によって当該建物が受ける地震力を表します。地震動と建物の揺れやすさには相性があり、地震動が同じでも、建物の重さと剛性により建物ごとに受ける地震力は異なります。

上記より、「耐震強度＝保有水平耐力(Qu)／必要保有水平耐力(Qun)」は、「地震に耐える力／地震力」によって耐力比を表し、耐震強度1以上の建物は想定されている大地震に対して倒壊しないことになります。

耐震強度という言葉は、非常にわかりやすい表現であったために、世間に定着したようです。耐震強度の考え方によれば、計算上は1.0が倒壊のボーダーラインであり、0.7であると倒壊することになります。しかしながら、耐震強度が1.5以上でも地盤の状況等により、絶対倒壊しないということにはなりません。

(2) 耐震指標(Is)

耐震強度とは別の考え方として、耐震指標という考え方があります。耐震指標(Is)とは、既存建物の耐震診断を行った際に耐震性を数値で表すために工夫されたものです。

耐震指標の場合は、Is＝0.6がボーダーラインであり、0.6を超えていれば震度6強の地震に対しても倒壊の危険性は少ないとされています。

耐震指標は、従来から建築業界で定着していた考え方でしたが、既存建物に対して耐震診断をしたときの指標として考え出されたものであるため、新築建物には適用されず、設計図書に記載されることもありませんでした。新築建物では、昭和56年以降の一定規模以上の建物に対して耐震強度（Qu／Qun）を設計図書に記載しなければならなくなり、そちらばかりが注目されていますが、既存建物の耐震診断では、耐震指標を用いるのが一般的です。

また、住宅の場合は耐震強度を計算していることはまれで、耐震診断による耐震指標を算出しているケースがほとんどです。

（3） 数値のとらえ方

上記より、耐震性能を判断する数値としては、耐震強度と耐震指標があり、それぞれボーダーラインが前者は1.0、後者は0.6と異なるので、両者を混同しないことが重要です。

ご相談の場合では、耐震強度が0.7とのことですが、木造2階建てであり構造計算を行っている可能性が低いこと、既存建物の耐震診断での数値であることから耐震指標である可能性の方が大きいといえます。まずは、耐震強度が0.7なのか、耐震指標が0.7なのかを確認することが先決です。その上で、耐震強度が0.7であるならば、耐震補強の要否の検討が必要になりますが、耐震指標が0.7であるならば、一般的には安心ということになります。

ただし、このような数値は、統計的に処理されて確率的に決定されたもので、あくまでも1つの目安にすぎず、ボーダーラインを超えているから絶対大丈夫といえないことはもちろんです。

3　耐震補強の方法

　一般的には、計算上必要である量まで耐震壁を増やしたり、強度の弱い既存の壁に構造用合板を釘で打ち付けて耐力壁を増やしたり、また、筋かいを設置したり鉄骨フレームを挿入するなどして補強する方法が一般的です。ただし、これらの耐力壁を新設する場合は基礎の補強もあわせて検討する必要がありますので、注意してください。

　また、瓦屋根の場合には、屋根を軽くして負担を少なくする方法も考えられます。

アドバイス

　耐震性の判断には、耐震強度と耐震指標があります。既存建物の耐震診断をした場合、その結果の数値が耐震強度か耐震指標かを確認することが重要です。

　その上で、耐震補強が必要か否かを検討する必要があります。

　ただし、耐震診断をして耐震補強が必要ないにもかかわらず、改築を勧める悪質業者もいますので、信頼できる設計者などに耐震診断を依頼するようにしましょう。

　また、地方自治体によっては、耐震診断や耐震改修に助成金を出す地域もありますので、耐震診断・耐震改修を行うときは役所にその旨を問い合わせてみるとよいでしょう。

【参考となる判例】

　〇京都地裁平成12年2月3日判決（欠陥住宅判例2・332）

　　構造計算の結果、地震力・風圧力に対する構造強度が著しく不足している木造3階建住宅について、建築基準法令の要求する安全性に欠けるとして、建替えの必要性が認められた事例。

第3章　欠陥類型別のトラブル　　　393

67　かぶり厚、筋かいの位置

相談内容

　昨年木造3階建ての自宅を建築しました。雨漏りがあったため、外壁を剥がして調査したところ、構造計算書に記載のある筋かいが入っていませんでした。施工業者に言うと、図面にも記載がないから入れていないとの回答でした。

　また、基礎にひび割れが生じているため基礎の調査をしたところ、基礎の鉄筋のかぶり厚も3cm足りないことが判明しました。かぶり厚が足りないと施工業者に言っても、これくらいの誤差はやむを得ないものと取り合ってくれません。どうしたらよいでしょうか。

回　答

1　構造計算書と設計図との違い

　柱、土台、梁等の横架材で構成された軸組は、地震力などの水平力が加わると、平行四辺形につぶれて倒壊する危険性があります。そこで、水平力に対抗するために耐力壁（構造用合板や筋かい）が必要となります。

　木造3階建て住宅の耐力壁は、構造用合板と筋かいの両方を使っている例が多いです。

　耐力壁（構造用合板や筋かい）は、耐震性に大きく影響する重要な構造部材ですから、本来は、構造計算書のとおりに図面を作成すべきです。

しかし、後の設計変更で、設計者が、筋かい（ナナメ材）の位置をずらして別の場所に設置していることもあります。

いずれにせよ、他の筋かいも含めて再調査し、実際に施工された筋かいの数・配置で構造計算をやり直した上、安全性を確認する必要があります。

構造計算上も安全を確認できなかった場合は問題となります。

2　基礎のかぶり厚

(1)　建築基準法

鉄筋コンクリートのかぶり厚は、建築基準法施行令79条によって必要最低限の数値が定められています（基礎の場合、布基礎の立ち上がり部分にあっては4cm以上、その他の部分では捨コンクリートの部分を除いて6cm以上）。これは、鉄筋のかぶり厚が足りないと、コンクリートの中性化（注）により、鉄筋に錆が発生し、鉄筋の耐久性が著しく減少して、当該建物の安全性に大きな影響を及ぼすからです。

かぶり厚をめぐる訴訟は少なくありません。建物に不具合が生じて、基礎のかぶり厚を調査すると、かぶり厚が足りなかったということも往々にしてあります。

（注）　鉄筋コンクリートの中性化：鉄筋コンクリートはセメント、骨材（砂、砂利）、混和剤と鉄筋で形成されますが、セメントは水と接する（水和反応）ことで水酸化カルシウムを生じ、強アルカリ性（pH12〜13）を示します。しかし、セメントが硬化した後は、経年的にコンクリートの表面から徐々に水酸化カルシウムが空気中の炭酸ガスと反応して中性の炭酸カルシウム（pH8.5〜10）になっていきます。これを中性化と呼びます。中性化によってコンクリートの強度は落ちませんが、鉄筋コンクリートの中性化が鉄筋表面まで進んで酸化してしまうと鉄筋が錆びて劣化につながります。

第3章　欠陥類型別のトラブル

(2)　かぶり厚不足と契約不適合

建築基準法は、1条で最低限の基準を定めていることを言明しています。

したがって、かぶり厚が不足する場合、厳密にいえば僅かであっても契約不適合に当たることになります。

日本建築学会規定の建築工事標準仕様書では最小かぶり厚の項目で、施工誤差として10mmが許容されていますが、これはあくまで基準法を満たした上での施工誤差です。法が問題とするのは施工結果としての最小かぶり厚なので、理論上はかぶり厚が少しでも足りなければ契約不適合に当たります。したがって、設計者は、施工誤差を見込んだ上で、かぶり厚にゆとりをもって設計すべきであり、施工者は施工精度を高めることが必要です。15cmのコンクリート厚でも、その内部に直径1cmの鉄筋を交差させ、上下に6cmのかぶり厚を確保すると、ほとんど施工誤差が許されなくなるので、注意が必要です。

他方で、建築物は、木材等の生の素材を用いて、手作業により加工し、現場で人間の手によって構築されていくものであって、ある程度の施工誤差は不可避です。本来は設計段階でゆとりをもった設計をすべきなのですが、コストとの関係で、しばしばぎりぎりの厚さで設計されています。

(3)　補修方法

補修方法を考えるに当たっては、かぶり厚不足の程度、コンクリートの品質、建物の建築場所等を総合考慮して、当該かぶり厚で建築物の安全性・耐久性にどのような問題があるかを考察する必要があります。しかし、かぶり厚が足りない場合の補修方法について、100%満足できる補修方法はありません。

補修をする場合、コンクリートは最小でも50〜60mm以上の厚さを確保しないと、満足な打設はできません。さらに、後から打設したコ

ンクリートと既存コンクリートとの打ち継ぎ部分の接着性の問題もあります。したがって、手間のかかる工事であるにもかかわらず、満足のいく補修はできないという結果にもなりかねません。若干のかぶり厚の不足に対しては、磁器質タイルをエポキシ樹脂で接着するのも一方法ですが、それで十分ということはありません。最終的に修補し尽くせない点については、金銭で解決するのも選択肢となります。

【参考となる判例】

○神戸地裁平成14年11月29日判決（欠陥住宅判例3・296）
建物基礎の設計上の瑕疵。

○仙台地裁平成15年12月19日判決（欠陥住宅判例3・368）
かぶり厚不足の事例。

○名古屋地裁平成17年3月31日判決（欠陥住宅判例4・78）
かぶり厚不足の事例において、施工誤差を考慮してコンクリート厚さを確保しなければならないとした判決。

○仙台地裁平成18年8月9日判決（欠陥住宅判例4・234）
基礎のかぶり厚不足の事例。

第3章　欠陥類型別のトラブル

68　制震・免震・耐震

相談内容

　自宅の建築を計画しています。このところ、頻繁に各地で大きな地震があり、地震に強い家の建築を考えていますが、個人住宅用にも免震構造、制震構造、耐震構造があると聞きました。これらの違いはどこにあるのでしょうか。戸建住宅の場合、どの方法をとるのがよいのでしょうか。

回　答

1　耐震構造

　耐震構造とは、建物自体の強度を強くすることで地震力に対抗する構造をいいます。

　具体的には、柱・梁・筋かい・壁によって、地震エネルギーをこれらの要素の歪みエネルギーとして吸収して、地震に抵抗する構造です。

2　免震構造

　免震構造とは、地震エネルギーを絶縁して、当該エネルギーが建物に影響を及ぼさないようにする構造をいいます。

　具体的には、ローラー支承、滑り支承等の免震装置を基礎の下に設置し、地盤から建物に地震が伝わるのを少なくして、建物に生じる応力を抑える構造です。

　免震構造は、地震力をいったん免震装置へ集中させ、免震装置自体を大きく変形させて、建物を水平にゆっくりと揺らすことにより、建

物自体の層間変位を減少させ、建物の損壊を防ぎます。

しかしながら、免震構造は地震の水平力に対しては大きな効果を期待できるものの、直下型の地震の垂直方向の力に対しては、意外に弱いとの報告もあります。すなわち、下から突き上げられることで、建物が免震装置から離脱し、損傷した例もあるようです。免震装置によっては、離脱しない形式のものもあります。

免震構造は、地盤が弱い場合は不適当であり、また建物全体が動くため周囲に建物が動けるスペースが必要になります。さらに、充分な配慮がないと大風で大きく揺れるというクレームもあるようですし、配管類なども特殊な配慮がないと地震時に外れてしまうため、免震構造を熟知した設計者、施工者による設計、施工が必須です。

他方、他の構造より大地震の際の建物の損傷が少ないことが多く、また家具類の転倒も少ないというメリットがあります。

図1　耐震・免震

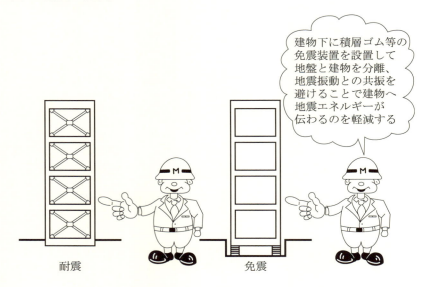

第3章 欠陥類型別のトラブル

3 制震構造

住宅における制震構造とは、ゴム、金属、オイルなどを利用したダンパーなど地震力を減衰させる装置を付けて、地震力を熱エネルギーや歪みエネルギーに変換し吸収することで、建物に及ぼす地震力を制御する構造をいいます。

免震構造は、建物において地震力を吸収する特定の層を造る構造ですが、制震構造は、地震力を垂直方向にバランスよく入った制震装置が分散して吸収する構造です。したがって、制震装置は既存建物にも適用しやすいという特徴があります。

図2 制 震

4 選択方法

耐震、免震、制震、どの方法でも、設計・施工がしっかりされていれば、地震による建物の倒壊の防止が期待できます。

ただし、地震時の建物自体の揺れ方は耐震構造の場合では大きく、

免震構造では小さくなります。地震時に、建物内の家具や什器の下敷きとなる危険性を考慮すると、免震構造の方が安全性が高いとも考えられます。

免震構造の工事費は、耐震構造より10〜20％増える傾向にあります。

アドバイス

地震大国日本にあっては、地震に強い建物は誰しも望むことです。近年、戸建住宅においても免震構造がとられることも珍しくなくなってきました。

しかしながら、これらの構造をとれば絶対大丈夫ということはなく、費用もかかります。耐震構造をとった場合とでどの程度の違いが期待できるかについて、設計者に説明を求めた上で、費用等の観点から検討すべきと考えます。

近年の大規模地震によって、建物の倒壊より、家具の下敷きによる身体の危険がクローズアップされています。建物の倒壊だけでなく、家具を壁などに固定するなど家具の倒壊に備えることも必要と考えます。

第4章　建築法規の概要

第4章　建築法規の概要

69　建築基準法および建築基準関係規定の概要

相談内容

　建築基準法とは、どういう目的で作られた法律ですか。建築基準法の体系には、単体規定と集団規定があると聞きました。これはどういう内容ですか。

　また、建築関連の法律にはどのようなものがありますか。

回　　答

1　建築基準法

（1）　体　系

　建築基準法とは、昭和25年に制定された法律です。建築物の敷地、構造、設備および用途に関する最低の基準を定めたもので、国民の生命、健康および財産の保護を図り、もって公共の福祉の増進に資することを目的としています（建基1）。

　建築基準法の法体系は3つの要素から成っています。法令運用上の制度規定、単体規定、集団規定の3つです。

　法令運用上の制度規定とは、適用の範囲、原則、制度、手続、罰則等を定めたものです。

　単体規定とは、個々の建築物の構造耐力、防火や避難施設、衛生設備などに関する安全確保についての規定です。

　集団規定とは、建築物の集団である街や都市において、安全で合理的な秩序を確保するための規定です。

第4章　建築法規の概要

(2)　単体規定

単体規定は、個々の建築物が備えていなければならない安全確保のための技術基準を定めたもので、次の7つの項目から成っています。

① 　建築物の敷地の衛生と安全性

② 　構造耐力上の安全性

③ 　建築物の用途、規模による使用上の安全性

④ 　防火性や耐火性

⑤ 　耐久性や耐候性

⑥ 　建築材料に対する規制

⑦ 　特殊建築物に対する避難や消火に関する技術基準

この単体規定は、ただ単に強固で壊れにくい建築物を造るというだけでなく、その建築物を使用する人の立場に立って、その人の健康や財産に損害を与えないようにすることを目的としています。

(3)　集団規定

集団規定は、原則として都市計画区域および準都市計画区域内に限り適用される規定で、無秩序な開発行為を防ぎ、土地の利用に関して大きな枠組みを決めるために定められており、建築物をどこに、どれくらいの大きさで、どんな形で建ててもいいかを決めたものといえます。

建築基準法は、その土地の上にその地域に定められた基準に沿った建築物が建てられるかどうかを技術的な面からもチェックする法律でもあります。

具体的には次の5つの規定から成っています。

① 　敷地と道路との関係と建築の制限

② 　建築物の用途地域に関する規定

③ 　建築物の形態に関する規定

④ 　防火地域等に関する規定

⑤ 　その他

2 建築基準関係規定

　建築主は、建築物を建築しようとする場合や建築物の大規模の修繕をしようとする場合などにおいて、当該工事に着手する前に、その計画が建築基準関係規定に適合するものであることについて、確認の申請書を提出して建築主事の確認を受け、確認済証の交付を受けなければならないとされています（建基6①）。

　建築基準関係規定とは、建築基準法ならびにこれに基づく命令および条例の規定（以下「建築基準法令の規定」といいます。）その他建築物の敷地、構造または建築設備に関する法律ならびにこれに基づく命令および条例の規定で政令で定めるものとされ、具体的には建築基準法施行令9条に定める16種類の法律の規定およびこれらの規定に基づく命令および条例の規定で建築物の敷地、構造、設備に係るものをいいます。その他、高齢者、障害者等の移動等の円滑化の促進に関する法律（バリアフリー法）14条1項〜4項、都市緑地法35条・36条・39条1項・41条および建築物のエネルギー消費性能の向上に関する法律（建築物省エネ法）11条も建築基準関係規定とみなされています。

アドバイス

　法律や施行令、施行規則などの法令に準ずるものとして、告示や通達、指針（ガイドライン）、要綱（要項、要領）、内規などがあります。

　告示は法令の補則として行政が国民に表示するもので、官報に掲載されます。

　通達は上級行政機関より下級行政機関に対して法令の解釈、運用方法、職務執行上の細目事項を指示したもので、現在では（平成12年の地方分権一括化法および新自治法の施行より）、専ら国の考え方の参考資料という性格となり、拘束力はないとされ、住宅・建築行政に関

第4章　建築法規の概要

する通達については、地方自治法に基づく「技術的助言」とみなされています。

　なお、通達に代わるものとして、全国の行政庁、指定確認検査機関等で組織される「日本建築行政会議（JCBA）」により法の運用についての意見統一が図られ、冊子などを発出し、情報が発信されています。

　また、指針（ガイドライン）、要綱（要項、要領）なども、強制力はありませんが、公の機関が出している基準として参考になります。内規は、一般に行政指導と呼ばれるもので、原則非公開とされています。しかし、行政手続法により例規という形で整理・公開されることが多くなっているようです。

406　　第4章　建築法規の概要

70　敷地の後退

相談内容

　敷地の前面道路の幅員が3.6mしかありません。設計事務所に計画をお願いしたら、0.2m敷地を後退しないといけないと言われました。その分、敷地面積も小さくなってしまいます。

　自分の土地なのに敷地面積が削られるのは納得できません。

回　答

1　接道義務と道路の定義

　建築をする場合の大前提として、建築敷地は道路に2m以上接していなければなりません（建基43①）。したがって、道路に接していない敷地や接していてもその部分の幅員が2m未満の敷地では建築をすることができません。

　そして、建築敷地が接する道路の幅員は4m以上と定められています。ここでいう道路には様々な定義があります。道路法の道路、都市計画法などにより計画的に作られた道路、この規定が適用される前からあった道路、特定行政庁が位置を指定した道路（位置指定道路）などです（建基42①）。

　当然ながら、日本では建築基準法ができる前から道路がありました。昔はメートル法ではなく尺や間で幅が決められたところもあり、2間（約3.64m）の幅しかない道路もたくさんあります。

第4章 建築法規の概要 407

2 4m未満の道路の場合

そこで、それらの幅員が狭い道路でも建築ができるように、建築基準法42条2項では、この規定ができる前から建物が建ち並んでいる幅員4m未満の道路で特定行政庁が指定したものについては、建築基準法43条の道路とみなすという規定を設けています。いわゆる42条2項道路です。これは4m未満の道路でも、道路の中心から2m後退して道路境界を設定すれば、4m道路と同等に扱うという規準です。

なお、道路の反対側ががけ地や川、線路などの場合は、がけ地等の道の境界線から4mの線が敷地境界とみなされます。また、土地の状況によりやむを得ない場合は緩和規定があります（建基42③）。

ここで注意が必要なのは、その道路にこの規定ができる前（昭和26年）から建物が建ち並んでいることと、それを特定行政庁が指定する必要があることです。それについては、事前に特定行政庁に確認する必要があります。

ご相談の例では、前面道路の幅員が3.6mしかないので、道路境界から0.2m後退すると、道路中心からは2mは下がることになり、42条2項道路として建築の許可が下りることになります。

3 敷地面積からは除外

この42条2項道路は、道路の反対側の敷地も建替えのときに同じ距離を後退するので、将来は4m道路になるということで認められています。したがって、後退した部分に塀を作るなどして占有することは認められません。特定行政庁によっては、建築工事が終了した時点で、L型側溝を入れて、道路境界を明示するところもあります。

この規定は、建築を行うための大前提である接道義務を満たすための緩和規定となります。したがって、接道のために後退した敷地は、建築基準法上は敷地面積から除外しなければなりません。

第4章　建築法規の概要

アドバイス

　これは土地の所有権とは別なので、道路として後退した部分でも所有権はそのまま持つことができます。ただし、敷地として利用することができません。そこで、特定行政庁によっては、その部分の敷地を、無償で使用承諾するか、特定行政庁に寄付するか選択できるようにしているところもあります。また、所有権を移動させない場合も、固定資産税は減免できるように条例で定めているところもあります。

　このように都市部では狭い道路を拡幅整備しようという政策を掲げている特定行政庁が多く、指導部署として「狭あい道路整備課」などがあります。最寄りの役所に説明を聞いてみるとよいでしょう。

第4章　建築法規の概要　　409

71　容積率

相談内容

　私の家がある地域は建蔽率60％、容積率200％の地域と聞いています。しかし、隣で工事中のマンションは、建蔽率は60％近くあるのに、4階建てとなっています。どうみても容積率は200％を超えているように思います。これは違反建築ではないですか。

回　答

1　建蔽率と容積率

　建蔽率とは建築面積の敷地面積に対する割合を表します（建基53）。容積率とは延面積の敷地面積に対する割合を表します（建基52）。どちらも、地域の実情を考慮しながら、用途地域ごとに特定行政庁が指定しています。

　建蔽率には、敷地が角地の場合は10％、防火地域にある耐火建築物等の場合は10％、両方に該当する場合は20％の加算が認められています。ただし、建蔽率限度が80％に指定されている地域には適用されません（建基53③）。

　容積率には、地域ごとの法定容積率の定めと同時に、前面道路幅員による制限があります。前面道路幅員が12m未満の敷地では、住居系用途地域では道路幅員×0.4、商業・工業系用途地域では道路幅員×0.6の数値と比較して小さい方がその敷地における容積率となります（建基52②）。例えば、第一種住居地域で4mの道路に接する敷地では、4×0.4＝1.6となり、法定容積率が200％であっても、指定容積率は160％となります。

410 第4章 建築法規の概要

　一方、後記3で述べるように、特定の地域で一定の要件を満たせば、容積率の割増しが認められる制度もたくさんあります。

2　容積率に入らない部分

　床面積の算定方法については、通達で定められています。それを元に建設省住宅局建築指導課が監修した「床面積の算定方法の解説」に、より細かく規定されています。

　それによると、次の部分は原則として床面積に算入しないこととされています（昭61・4・30建設省住指発115）。

① ピロティ（十分に外気に開放され、かつ、屋内的用途に供しない部分）

② ポーチ（屋内的用途に供しない部分）

③ 吹きさらしの廊下・バルコニー・ベランダ（外気に有効に開放されている部分の高さが1.1m以上であり、かつ天井の高さの1／2以上である廊下については、幅2mまでの部分）

④ 屋外階段（外気に有効開放されているもの）

⑤ 着床できない階であることが明らかである階のエレベーターシャフト（原則として、エレベーターシャフトは各階において床面積に算入）

⑥ 給水タンクまたは貯水タンクを設置する地下ピット（タンクの周囲に保守点検用の専用の空間のみを有するもの）

⑦ 出　窓

⑧ 体育館等のギャラリー（保守点検等一時的な使用を目的としている場合）

3　容積率の緩和

　床面積に算入しなくてもよい場合のほか、容積率算定の際、延べ面積の算入から外してよい床面積が決められています（建基令2①四）。具

第4章　建築法規の概要　　411

体的には次の項目です。

①　自動車車庫、駐輪場部分の床面積（その敷地内の床面積の合計の5分の1を限度とします。）

②　備蓄倉庫部分（床面積の50分の1を限度とします。）

③　蓄電池設置部分（床面積の50分の1を限度とします。）

④　自家発電設備設置部分（床面積の100分の1を限度とします。）

⑤　貯水槽設置部分（床面積の100分の1を限度とします。）

⑥　宅配ボックス設置部分

⑦　建築基準法52条3項・4項の規定による住宅や共同住宅の地階部分（その住宅部分の床面積の3分の1を限度とします。）

⑧　建築基準法52条6項の規定による共同住宅における共用部分である、玄関、ロビー、廊下、階段等の用に供する部分

　実際の床面積と容積率の対象となる床面積には、大きな差が出てくることがあります。特に共同住宅の場合は、バルコニーと共用廊下、階段なども延べ面積や容積率からは除外されますので、さらに差が広がってみえます。ご相談の容積率がオーバーして大きく見える建物も、建築基準法上は違反していない可能性もあると思われます。工事中のマンションでしたら、建設会社か事業主に直接説明を求めるか、特定行政庁（市役所や区役所）の建築課に行って調べるとよいでしょう。

アドバイス

　一般的にマンションでは、共用廊下や階段の面積は延べ面積の15〜25％くらいになります。

　したがって、指定容積率が200％の地域でも、建て方によっては実際の容積率は250％くらいになることは十分に考えられます。

72 道路斜線

相談内容

35年前に私の家を建てたときには、道路斜線にかかると言われて3階部分を斜めにするしかなく、とても使いにくい家になっています。ところが最近、隣の家が建替えをしたところ、我が家が斜めになっている部分から大きく飛び出して、3階でもまっすぐに建てています。これは違反建築ではありませんか。

回　答

1　高さを規制する道路斜線

建物を建てる場合、様々な高さの制限がかかります。道路斜線もその1つです（建基56①・別表3）。

道路斜線は、敷地の向かいの道路端から立ち上げる一定角度内に建物を建てなければならないという制限です。その角度は、商業系用途地域や工業系用途地域では前面道路の幅員の1.5倍の角度、住居系の用途地域では前面道路幅員の1.25倍の角度となっています。

この道路斜線は、日照、採光や通風を確保し、環境を保護するために制定されています。火災の時の消防活動、消防自動車の梯子の角度も関係しているという説もあります。しかし、建物の高さを斜めに制限するため、少しでも大きく建てたいという場合には、壁を斜めにして建てることになり、相談者が感じられるように、使いにくい建物を生み出す原因ともなってきました。

第4章　建築法規の概要　　　413

2　道路斜線の緩和

　そこで現在では2つの緩和方法を使うことができるようになりました。

　1つめは、建物を道路境界から後退して建てる場合には、後退した距離の2倍を前面道路の幅員に足すことができる制度です（建基56②、昭62・11・16施行）。例えば、住居系用途地域における6m道路では、道路境界部分では6×1.25＝7.5mの高さしか建てることができません。しかし、建物を0.6m後退して建てると、（6＋0.6×2）×1.25＝9.0mの建物とすることができ、3階建ての建物をまっすぐに建てることができます。

　この緩和を受ける場合には、道路沿いに建てる塀の高さ制限や建築の道路側への突出部分の割合などが制限されます。

　2つめは、天空率という方法を使うことによって、道路斜線の制限を受けずに建てることができるものです。天空率とは、平成15年1月1日に施行された改正建築基準法で追加された制度です。道路による高さ制限、隣地高さ制限または北側高さ制限を、採光・通風などが低下せず周辺の環境が悪化しないように定型的に評価する規準を用いて緩和することができる制度です（建基56⑦、建基令135の5～135の11）。

　道路斜線の場合は、敷地の反対側の道路境界線から見て、道路斜線制限を受けて建つ建物が建った場合の天空の率（天空率）と、道路斜線制限を受けないで建つ建物が建った場合の天空率を比較し、後者の天空率が大きいなら、採光や通風は悪化しないという考え方で作られた制度です。道路斜線をオーバーする建物でも、道路に面する部分の建物の幅を小さくすると、天空率は大きくなるため、道路斜線の影響を受けないで建物を建てることができるようになります。

　さて、ご相談の方は35年前に建てたということです。当時は基本となる道路斜線制限しかなく、これらの緩和規定はありませんでした。

第４章　建築法規の概要

　隣の家では、3階までまっすぐに建っているということですから、いずれかの道路斜線の緩和規定を使って建てている可能性があります。

アドバイス

　これらの道路斜線の緩和規定は、設計する場合にその方法を使うかどうかを選択することができるようになっています。そして、どちらの場合も細かい技術的な規準が決められています。それらの緩和規定を使っているかどうかは、役所に保管してある建築計画概要書でわかる場合もあります。違反建築でないかを確認するときは、役所に問合せしてみるとよいでしょう。

第４章　建築法規の概要　　　　　415

73　住宅性能表示制度

相談内容

品確法とはどういった内容の法律ですか。

回　答

1　品確法の概要

「住宅の品質確保の促進等に関する法律」（品確法）は、平成12年4月1日に施行された法律で、住宅の品質を確保することと、住宅購入者の利益を保護すること、住宅にかかわる紛争の迅速かつ適正な解決を図るために作られたもので（品確1）、大きく、次の3点が定められています。

① 　住宅の性能に関する表示基準およびこれに基づく評価の制度を設けること

② 　住宅に係る紛争の処理体制を整備すること

③ 　新築住宅の請負契約または売買契約における瑕疵担保責任について特別の定めをすること

本稿では、①の内容である住宅性能表示制度と、③の内容である瑕疵担保責任の特例について扱います（②は、「83　指定住宅紛争処理機関」を参照してください。）。

2　住宅性能表示制度とは

住宅性能表示制度とは、国土交通大臣が定めた日本住宅性能表示基準（平13・8・14国交通告1346、最終改正　令元・6・28消費・国交告1）に基づ

いて、指定住宅性能評価機関が「住宅性能評価書」を交付するものです。

なお、「住宅性能表示制度」は任意の制度です。

評価書には、新築の戸建住宅、共同住宅を対象とした「設計住宅性能評価書」と「建設住宅性能評価書」、既存住宅を対象とした「現況検査・評価書」があります。

「設計住宅性能評価書」は設計段階で受ける性能評価であり、目的とした性能が得られる設計仕様になっているかが評価されます。

「建設住宅性能評価書」は工事段階で受ける性能評価であり、性能が得られる設計仕様どおりに工事が行われているかが評価されます。

したがって、「設計住宅性能評価書」で評価された内容が実際の建物に実現されているかを確認するためには、「建設住宅性能評価書」も合わせて受ける必要があります。

その意味で、「設計住宅性能評価書」は着工前に、このようにつくりますと宣言したいわば"マニフェスト"であって、その"公約"が守られていることを証明するのが「建設住宅性能評価書」といえるかと思います。

請負契約において、「設計住宅性能評価書」を請負契約書に添付し、または注文者に交付したときは、評価書に表示されている性能の住宅の工事を行うことを契約したものとみなされます。

また、売買契約に関して、工事完了前に売買契約書に添付し、または買主に交付したとき、評価書に表示された性能の住宅を引き渡すことを契約したとみなされます。

工事完了後に「建設住宅性能評価書」を売買契約書に添付し、または買主に交付した時も同様です。

「住宅性能表示制度」に際して交付される、設計段階での「設計住宅性能評価書」と施工中および完成後の検査に合格して交付される「建

第4章　建築法規の概要　　　　　　　　417

設住宅性能評価書」の両方を受けていないと、「指定住宅紛争処理機関」
に持ち込むことはできません（指定住宅紛争処理機関については、「83
指定住宅紛争処理機関」を参照してください。）。

　したがって、「設計住宅性能評価書」だけでは性能評価としての意味
はほとんどありません。

　ところが「設計住宅性能評価書」を交付された戸建住宅の約2割、共
同住宅の約3割が「建設住宅性能評価書」を交付されていないと推定さ
れる（平成17年5月）ので注意を要します。

　これは、建築確認は受けていても、工事完了検査を受けていないよ
うなものです。

3　性能表示事項

　新築住宅における性能表示事項は後述の　メモ　にあるように10分
野33項目に区分されています（平13・8・14国交通告1346）。性能項目は、
等級や数値などで表示されます。等級は数字が大きいほど性能が高い
ことを表すように設定されています。住宅性能は様々な要因によって
予測の難しいものもありますので、住宅全体の性能を直接の対象とす
るものではなく、住宅のうち特定の部分の性能や、具体的な対策の程
度に置き換えて、基準を設定している場合があります。住宅の性能は
地域の環境や住まい方、維持管理の仕方の違いによって大きく影響を
受けます。評価方法基準では、標準的な気候条件や一般に行われる維
持管理条件などを想定して、何らかの前提を設けている場合もありま
す。

　また、性能表示事項が工事契約書に反映されていなければ、施工者
はそれに拘束されないという点も注意を要します。

4 瑕疵担保責任の特例

　工事請負契約には、通常、瑕疵担保の項目があります（改正民法では、「瑕疵」の用語は廃止されましたが、品確法では用語の廃止はないため、本稿では便宜上「瑕疵」「瑕疵担保責任」といった旧民法上の用語を使用します。）。

　品確法施行前は、（もちろん契約書によっても異なりますが）瑕疵担保期間は1年または2年、ただし、その瑕疵が施工者の故意または重大な過失によって生じたものであるときは1年が5年、2年が10年とされているものが多かったといえます。

　この点、品確法では、欠陥住宅を未然に防ぎ住宅を取得する人を守るために、住宅を供給する側（請負人、売主）に対して、瑕疵担保期間を一定の条件のもとに10年間の義務化とし、合意によっても10年間を短縮できないという強行規定を設け、注文者、買主に不利になる契約を無効としています（品確94・95）。

　なお、上記のとおり、品確法上は、「瑕疵」を「種類又は品質に関して契約の内容に適合しない状態」と定義し（品確2⑤）、引き続き、「瑕疵」の用語が使用されます。

　上記瑕疵担保期間の10年義務化の対象となるのは、「構造耐力上主要な部分」と「雨水の浸入を防止する部分」の瑕疵に限定されます（品確94①）。対象となるのは新築の戸建住宅と共同住宅となります。ただし、仮設住宅などは除かれます（品確96）。新築住宅とは、新たに建設された住宅で、まだ人の居住したことのないもので、かつ工事の完了から1年を経過してないものに限られます（品確2②）。

　「構造耐力上主要な部分」とは、住宅の骨組となる部分で木造の場合なら基礎、土台、柱、梁、床組、小屋組、金物などが対象となります（品確令5①）。

　「雨水の浸入を防止する部分」とは、屋根、外壁、開口部、換気口

第4章　建築法規の概要　　　419

などが対象となります（品確令5②）。

　なお、改正民法において契約不適合責任の追及は「不適合を知った時から1年以内」という期間制限が新たに設けられましたが、品確法においてもこれによるとされていますので（品確94③）、構造耐力上主要な部分についても、不適合を知ったら、速やかに通知することが必要です。

　この瑕疵担保責任は請負人（建設会社等）と売主（販売業者等）が義務を負います。注文住宅では建設会社等が建築主に対して義務を負い、建売住宅では売主が買主に対して義務を負い、かつ建設会社が売主に対して義務を負うことになります。また新築住宅の取得契約（請負・売買）において、基本構造以外も含めた瑕疵担保責任が、特約を結べば20年まで伸長することが可能です（品確97）。

　他方、事業者（請負人・売主）が瑕疵担保責任を負うとしても、事業者が倒産をしてしまうこと等も考えられます。そこで、平成21年10月、新築住宅を供給する事業者に対し、瑕疵の補修等が確実に行われるよう、「特定住宅瑕疵担保責任の履行の確保等に関する法律」（住宅瑕疵担保履行法）が施行されています。この法律は、修補等を確実に行えるような資力の確保を目的とし、新築住宅を供給する事業者に対し、保険や供託を義務づけるものです。万が一、事業者が倒産した場合等でも、2000万円までの補修費用の支払が保険法人から受けられます（履行確保2⑥⑦）。

アドバイス

　品確法は、住宅の品質を確保するために作られた法律です。構造耐力上主要な部分と雨水の浸入を防止する部分についての瑕疵担保期間は義務化されています（品確94・95）。しかし、性能評価制度は任意で利

用できるもので、義務づけられるものではありません。また、建設住宅性能評価書を交付された住宅にかかわるトラブルに対しては、弁護士会が指定住宅紛争処理機関となり、住宅紛争処理支援センターのバックアップをもらいながら、対応することになっています。裁判外の紛争処理体制を整備し、万が一のトラブルの場合にも紛争処理の円滑化、迅速化を図っています。

メモ　　性能表示事項（平13・8・14国交通告1346別表1）

(1)　構造の安定
①　耐震等級（構造躯体の倒壊等防止）
②　耐震等級（構造躯体の損傷防止）
③　その他（地震に対する構造躯体の倒壊防止及び損傷防止。表示方法は、評価対象が免震建築物であるか否かを明示する。）
④　耐風等級（構造躯体の倒壊等防止および損傷防止）
⑤　耐積雪等級（構造躯体の倒壊等防止および損傷防止）
⑥　地盤または杭の許容支持力等およびその設定方法
⑦　基礎の構造方法および形式等
(2)　火災時の安全
①　感知警報装置設置等級（自住戸火災時）
②　感知警報装置設置等級（他住戸等火災時）
③　避難安全対策（他住戸等火災時・共用廊下）
④　脱出対策（火災時）
⑤　耐火等級（延焼のおそれのある部分（開口部））
⑥　耐火等級（延焼のおそれのある部分（開口部以外）））
⑦　耐火等級（界壁および界床）
(3)　劣化の軽減

第4章　建築法規の概要　　421

　① 劣化対策等級（構造躯体等）

(4)　維持管理・更新への配慮

　① 維持管理対策等級（専用配管）

　② 維持管理対策等級（共用配管）

　③ 更新対策（共用排水管）

　④ 更新対策（住戸専用部）

(5)　温熱環境・エネルギー消費量

　① 断熱等性能等級

　② 一次エネルギー消費量等級

(6)　空気環境

　① ホルムアルデヒド対策（内装および天井裏等）

　② 換気対策

　③ 室内空気中の化学物質の濃度等

(7)　光・視環境

　① 単純開口率

　② 方位別開口比

(8)　音環境

　① 重量床衝撃音対策

　② 軽量床衝撃音対策

　③ 透過損失等級（界壁）

　④ 透過損失等級（外壁開口部）

(9)　高齢者等への配慮

　① 高齢者等配慮対策等級（専用部分）

　② 高齢者等配慮対策等級（共用部分）

(10)　防　犯

　① 開口部の侵入防止対策

第5章　私道・近隣トラブル

424　第5章　私道・近隣トラブル

74　隣地のマンション建設工事の騒音・振動

相談内容

　隣地で、地下1階地上5階建てのマンションを建設中です。この建設工事による騒音や振動がひどく、建設業者に何度も苦情を言いましたが、まともに取り合おうとしません。どうしたらよいでしょうか。

回　答

1　騒音規制・振動規制

　ご相談は、隣地のマンション建設工事の騒音と振動がひどいというものですが、このような建設工事による騒音と振動に対しては、騒音規制法、振動規制法という法律によって規制されています。

　騒音規制法は、建設工事などに伴って発生する相当範囲にわたる騒音について必要な規制を行うことなどにより、生活環境を保全し、国民の健康の保護に資することを目的とした法律です。

　騒音が規制されるのは、各都道府県知事が指定する地域（指定地域）において、建設物の解体・破壊作業、掘削作業、くい打設作業などの政令で定められた「特定建設作業」です（騒音規制2③、騒音規制令2・別表2）。通常の住宅地域はほとんど指定地域になっています（騒音規制3）。

　規制の基準は、建設作業場所の敷地の境界線において、85dBを超える大きさのものでないこと、特に静穏の保持を必要とする住居区域などの地域では、作業禁止の時間帯を午後7時から翌日午前7時まで、作業許容時間を1日10時間（その他の地域では午後10時から翌日の午前6

第5章　私道・近隣トラブル　　　425

時までを除く1日14時間）に制限すること、などが定められています（騒
音規制15、昭43・11・27厚・建告1）。さらに、地方公共団体によっては、必
要な規制を条例で定めて、規制を強化していることもありますので、
具体的な規制対象地域、規制基準の内容については、各地方公共団体
のホームページを参照したり、直接問い合わせるなどして確認される
とよいと思われます（騒音規制法における「特定建設作業」以外の作
業にも条例で規制がなされている場合もあります。）。

　振動についても、騒音規制法と同様の規制が行われており（振動規制
2③・3・15、振動規制令2・別表2、振動規制則11・別表1）、各地方公共団体に
おいて別途の規制がなされていることがあることも騒音と同様です。

2　対応策について

（1）　建設業者との交渉

　このように、法律や条例によって、建設工事の騒音や振動は規制さ
れていますが、できれば、マンションの建設工事着工前に、建築主（事
業主）や建設業者との間で、騒音や振動についての条項を含んだ工事
協定を結んでおくとよいでしょう。

　マンションを建設する場合、事前にマンションの建築主、建設業者
などが、マンションの建設に関する説明を行います。その際、騒音や
振動に関する説明もされるはずです。その後、建設業者などと周辺住
民との間で工事協定を結ぶことが多いです。工事協定を結んでおけ
ば、工事着工後、建設業者が工事協定を無視して騒音や振動を起こし
ているような場合には、工事協定書を遵守するように求めていくこと
ができます。

　なお、騒音や振動については、個人個人によって感覚の相違があり
ますので、個人で建設業者に要望を申し入れるよりも、騒音の程度、
感じ方を近隣の何人かに聞き、数人がまとまって要望等を建設業者に

申し入れる方法もあります。

(2) 行政を通した解決方法

　工事協定を結んでいない場合や、工事協定を結んでも建設業者が協定に違反しているような場合など、当事者同士での話合いを続けることが難しい場合には、行政に相談し、法律や条例に反していないかどうか調べてもらうことも考えられます。

　騒音や振動があまりにも激しい場合には、行政の公害課などに、数値の測定依頼をしてもよいでしょう。そこで、法律や条例に反していた場合には、市町村長は、作業時間変更の勧告や変更命令、騒音防止や振動防止の方法について改善命令をすることができます（騒音規制15、振動規制15）。法律や条例に反していない場合でも、条例（例えば、「東京都中高層建築物の建築に係る紛争の予防と調整に関する条例」など）によって手続が定められている紛争解決手続（あっせんや調停）を利用して、解決を図ることも1つの手段です。各地方公共団体の建築指導課などの担当部署で相談するとよいでしょう。

(3) 裁判による解決方法

　今まで述べてきたような対応策を講じても、事業主や建設業者が応じず、騒音や振動が改められないような場合には、裁判所に対して、建築工事禁止の仮処分を申し立てることが考えられます。

　ただし、騒音や振動は工事期間中の一時的なものですので、工事禁止の仮処分が認められるのは難しいといえるでしょう。

　また、建設工事の騒音・振動によって建物に損傷が生じた場合や、生活妨害、精神的な苦痛、健康上の被害が生じた場合には、損害賠償請求訴訟を提起することも考えられます。建物の損傷や健康上の被害の場合には建設工事と被害との因果関係が問題となることが多く、前にも述べました事前調査（着工前現況調査）などの証拠が重要になってきます。また、建設工事にはある程度の騒音や振動は避けられませ

んので、その騒音や振動が我慢できる範囲（受忍限度）を超えたものであるかどうかが問題となります。受忍限度を超えているかどうかは、騒音や振動の具体的な内容、程度、継続時間、被害内容、程度などの諸事情が総合的に考慮されて判断されます。

　例えば、マンション建設工事にて、町内会等との約定等、防音シートの機能が不十分であったこと、原告ら（近隣住民）が工事中にも騒音について苦情を述べていたこと、一軒家が多い閑静な住宅街であること、工事期間等を考慮し、大規模工事による騒音が受忍限度を超える違法な騒音であったと判断した裁判例（京都地判平22・10・5判時2103・98）があります。その他、建物解体工事の騒音が、原告ら（近隣住民）の敷地までの距離減衰、壁等の透過減衰を考慮しても、原告らに対する騒音は受忍限度を超えているとした裁判例（さいたま地判平21・3・13判時2044・123）、居住または共有している本件建物の隣地で宅地造成および住宅建築等の工事が行われた事案につき、本件工事により一定の振動や騒音が生じたことは窺われるものの、その程度は明らかでないから、これが社会生活上受忍限度を超える程度のものであったとは判断できないとした裁判例（東京地判平28・11・29（平27(ワ)15867））などもあります。

アドバイス

　振動によって外壁に亀裂が入るなど建設工事によって建物が損傷した場合に備えて、近隣建物の状況を写真（日付入り）撮影するなど事前調査をしておくことは重要です。このような事前調査は、争いを防止するために、建設業者自らが、住人に個別確認を求め、建物内外および外構部分の現況写真を撮影することも多いです。

第5章　私道・近隣トラブル

【参考となる判例】

　○さいたま地裁平成21年3月13日判決（判時2044・123）

　○京都地裁平成22年10月5日判決（判時2103・98）

　○東京地裁平成28年11月29日判決（平27(ワ)15867）

| メモ | 近隣マンション建設における交渉 |

　マンション建設における事業主や建設業者など相手方関係者が多い一方で、想定される被害や利害状況は近隣の住民に共通な点も多いので、できるだけ近隣住民で協力し合い、共同で交渉に当たっていくと大変有効です。

　交渉に必要な資料は、事業主や建設業者に要求して入手するか、それが難しいようでしたら、各自治体の建築関係の部署（建築指導課など）で、建築確認に関する資料（建築計画概要書および添付された図面（案内図、配置図）など。なお、平面図、詳細図等は含まれません。）を閲覧・謄写ができます（ただし、謄写ができない自治体もあります。）。行政機関に出された建築確認申請物件だけでなく、当該自治体内の建築物であれば民間の指定建築確認検査機関へ申請された物件も閲覧可能です。

第5章 私道・近隣トラブル 429

75 境界線ぎりぎりの建物に対する対応

相談内容

　隣地の所有者が境界線ぎりぎりに建物を建築しようとしていたため、再三にわたり中止を申し入れましたが、「自分の土地をどう利用しようと勝手だ。」と、無視されて工事が進められてしまいました。

　この場合、どのように対処したらよいでしょうか。

回　答

1　境界から離すべき距離

　確かに、隣地所有者のいうとおり、自分の土地なのですからどのように建築しようとも自由であるのが原則です。

　しかし、境界線ぎりぎりの建築が許されるとすると、例えば、隣地との通風、日照、プライバシーの確保、更には災害の場合の避難経路の確保などに支障をきたすことになります。

　そこで、民法234条1項で、「建物を築造するには、境界線から50cm以上の距離を保たなければならない。」と規定し、境界より50cm後退することを定めているのです。

　なお、「50cm」の意味については、建物の外壁またはこれと同視できる出窓等と敷地境界線との距離が50cmなければならないということであり、屋根または庇の先端から50cmなければならないという意味ではないとした判例があります（東京高判昭58・2・7判タ495・110）。

2　例　外

　もっとも、民法234条1項の例外として以下の3つが考えられます。

　第1に、民法236条は「異なる慣習があるときは、その慣習に従う」と規定しています。つまり、ある地域では境界線に接して建物を建築してもかまわない、という慣習が認められる場合には境界線ぎりぎりでの建築が許されることになります。

　第2に、建築基準法54条は、第一種および第二種低層住居専用地域内においては、建築物の外壁またはこれに代わる柱の面から敷地境界線までの距離が、当該地域の都市計画で定められた1.5mまたは1mの限度以上でなければならないと規定し、「外壁の後退距離」が定められている場合もあります（ただし、多くの場所では定められていません。）。

　ちなみに、第一種低層住居専用地域とは、低層住宅に係る良好な住居の環境を保護するため定められた地域をいいます。また、第二種低層住居専用地域とは、第一種低層住居専用地域と同様に低層住宅の専用地域ですが、小規模の店舗の立地も認められています。建築基準法54条が、50cmよりも広く境界線からの後退を求めているのは、この住居の良好な環境を守る趣旨です。

　なお、建築基準法54条と民法234条の関係については、争いがありましたが、最高裁が建築基準法54条を民法234条の特則とする「特則説」を採用し（最判平元・9・19判時1327・3）、前記で決着した状態です。

　第3に、建築基準法63条は、「防火地域又は準防火地域内にある建築物で、外壁が耐火構造のものについては、その外壁を隣地境界線に接して設けることができる。」と規定し、接境建築を認めています。これは、防火地域における土地の高度利用を確保する趣旨です。

　なお、建築基準法63条と民法234条の性質についても争いがありますが、建築基準法63条を民法234条の特則とする説が有力です。

　まとめてみると、問題となっている土地が、異なる慣習もなく、第

第5章　私道・近隣トラブル　　431

一種・第二種低層住居専用地域、防火・準防火地域でないならば、原則に戻り、境界線から50cm後退することが必要になります。ただし、民法234条1項が適用される場合でも、隣人が承諾したのであれば、50cm離す必要はありません。民法234条は、隣人同士の権利関係を調整するための規定であるため、隣人が承諾しているのであれば、その承諾が優先されるのです。

3　距離保持規定の違反に対する対応

　境界線ぎりぎりに建築がされようとしている場合、隣地所有者はその建築の中止または変更を請求することができます（民234②）。この請求は裁判所を通さなくてもできます。なお、境界線ぎりぎりに建物が建築されると、基礎工事などで地盤を掘削した際に隣地（隣家基盤、塀等を含みます。）に被害を与えることもあり、こうした観点からも速やかに中止、変更を求めるべきでしょう。

　この中止・変更の請求は建築に着手してから1年を経過した場合あるいは建物が完成してしまった場合には許されず、そのときは損害賠償の請求ができるのみです（民234②）。これは、建築がある程度進んだ段階で中止・変更を認めると相手方の負担があまりに大きくなってしまうためです。

　着手後1年以内に請求すれば相手方がこれに従わず建物を完成させても請求権は消滅しませんが（大判昭6・11・27民集10・12・1113）、もし、中止・変更を求めたにもかかわらず建築がそのまま続行されるような場合には、裁判所に建築禁止の仮処分を申し立てておくべきでしょう。

4　越境建築の場合の対応

　もし相手方が境界線を越えて建築している場合（越境建築）には、越境した部分について土地の所有権に基づき、妨害排除請求をするこ

とができます。

　ただし、建物が完成した場合にも、常に妨害排除請求が許されるとすれば、相手方の負担が大きくなりますし、社会経済にも反します。

　そのため、判例には権利の濫用の法理（民1）を適用するなどし、請求を制限するものもあります。なお、請求を制限するかを判断するための要素として、①越境された側の被害の程度、②越境の程度、③越境した部分の撤去の難易、費用の程度などがあげられます（東京地判昭38・2・5判タ146・73、東京高判昭55・12・23判時993・48）。

　ただし、建物が完成していなくても、被害の程度などによっては同様に権利の濫用とされることもあります。

　前記のように請求が制限されてしまう場合もあるため、境界を越えて建築されそうな場合にも、速やかに建築工事禁止の仮処分を申し立てるべきでしょう。

5　誠実交渉義務違反

　人家が密集する地域において、建築をしようとする者は、隣家所有者の生活利益を侵害しないよう配慮しなければならず、境界線からの距離等について隣家所有者から交渉を求められたら合理的な理由がない限り、誠実に交渉をしなければならない義務がある（誠実交渉義務）とした裁判例もあります。もし、隣地の所有者が協議に全く応じない場合は、隣地の所有者に対し、誠実交渉義務に違反したことを根拠に、慰謝料を請求できる可能性があります（大阪高判平10・1・30判時1651・89）。

アドバイス

　相談者は、まず自分の土地が民法234条の例外に該当しないかを調べる必要があります。前記例外に該当しない場合、民法234条より境

第5章 私道・近隣トラブル   433

界線から50cm後退することが必要です。

　ご相談の場合、中止を申し入れても無視されているとのことですので、特定行政庁（区役所、市町村）に相談をしてみて、それでも対策が講じられない場合は、建築禁止の仮処分を裁判所に申し立てることも可能です。

【参考となる判例】

　　○大審院昭和6年11月27日判決（民集10・12・1113）

　　○東京地裁昭和38年2月5日判決（判タ146・73）

　　○東京高裁昭和55年12月23日判決（判時993・48）

　　○東京高裁昭和58年2月7日判決（判タ495・110）

　　○最高裁平成元年9月19日判決（判時1327・3）

　　○大阪高裁平成10年1月30日判決（判時1651・89）

【参考文献】

　　○齋藤隆編著『建築関係訴訟の実務〔三訂版〕』260頁〜268頁（新日本法規、2011）

第5章　私道・近隣トラブル

76　目隠しの設置要求

相談内容

　私はこの度、3階建てのアパートを建築したのですが、覗き見されるとして隣地の住民たちがアパートの面している窓全部と2、3階のベランダの手すり部分についても目隠しを設置するよう求めてきました。

　窓にはブラインドをするなどの対応はしているのですが、目隠しまで必要でしょうか。目隠しを設置しなければならないとして、どのようなものを設置したらよいのでしょうか。

回　答

1　目隠しの設置について

　特にマンションやアパートが建築された場合、そこから近隣住民の家が丸見えになってしまうといったトラブルが生じることがあります。

　そこで、プライバシー等の保護を図るため、民法235条は、境界線から1m未満の距離の間で他人の宅地を見通すことができる窓または縁側を設ける者は、目隠しを設置しなければならない旨を定めています。

2　目隠し設置の要件について

　まず、目隠しの設置義務を負う者は、境界線から1m未満の距離で、他人の宅地を見通すことのできる窓、縁側を設けた建物の所有者です。目隠しの設置の費用も、設置義務者が負担することになります。

第5章　私道・近隣トラブル 435

　「他人の宅地を見通すことができる窓又は縁側」とは、設置の目的いかんを問わず、他人の宅地を見渡すことが物理的に可能であるような位置・構造を有するものを指し、単に通風と採光のために設置された窓であってもこれに当たります（京都地判昭42・12・5判時506・26）。そうでなければプライバシー保護という民法235条の趣旨を全うすることはできないからです。

　なお、民法235条の「縁側」にベランダが含まれるかは、以前は不明解な部分ではありましたが、平成16年度の民法改正によりベランダも明文で盛り込まれています。

　民法235条の「1m」という距離は、窓、ベランダの最も隣地に近い点から隣地の境界線に向かって直角に線を引き、その線が境界線と交わるまでを測ったものです。もっとも、1m以上離れていても、そこからの見通しにより隣地居住者のプライバシーが侵害される特段の事情があるならば、本条を類推適用すべきとする考え方もあります。

　なお、目隠しが必要な場合であっても、窓を塞ぐ、覆う、目隠しを取り付けることにより建築基準法に定められた採光面積等や、防災上の避難等の問題が生じる可能性もあるため、注意が必要です。

3　例外について

　前記の要件を満たすからといって全ての場合に目隠しを設置しなければならないわけではありません。ことに高層マンションなどでは、どの範囲にまで目隠しを要求することができるかが問題となります。それは、見下ろす見通しの程度、生活状況や建物の使用状況、目隠しを設置した場合の当事者の利害得失などについての、マンション・アパートと近隣の家との、相互の具体的状況において判断されることになります。

　例えば、2階のベランダには目隠しを認め、3階のベランダには認め

ないとした判例（東京地判平5・3・5判タ844・178）、6階建てのマンション
の2階から4階のベランダについては設置を命じ、5、6階については設
置要求を権利の濫用として排斥した判例（名古屋地判昭54・10・15判時952・
105）などがあり、東京地裁平成3年1月22日判決（判時1399・61）では、
1階部分の窓は位置的にみて隣家の内部を観望できるので目隠しを認
めるが2階部分の窓からは隣家の屋根がみえるだけなので認めない、
としています。そのほか、サービスバルコニーが民法235条のベラン
ダに該当することを前提に、隣家が要求できる目隠しは、設置の位置、
大きさ、材質等が観望をさえぎるに足るものであれば、必要かつ十分
というべきであって、これを越えて必要以上の目隠しを設置すること
まで要求できないとした上で、3階のバルコニーについては手すり上
部に1mの高さの限度での目隠しを設置し、建物4階および5階のバル
コニーについては、バルコニー床面から2mの高さの限度での目隠し
を設置することで足りるとした判例もあります（東京地判平19・6・18判
タ1256・113）。

　また、前記とは別に、民法236条は、地方において民法235条と異な
る慣習がある場合はそれに従うことを認めています。

4　目隠しの素材

　設置を要求できる目隠しの材質ですが、それが見通しをさえぎるに
足るものでなければならないことはもちろんです。ブラインドについ
ては、住民が自由に開けたりできるものですし、「目隠し」には該当し
ません（東京地判昭61・5・27判タ626・154）。

　判例上認められた素材としては、不透明な塩化ビニール板で足りる
としたもの（東京高判昭59・3・28判時1116・61）、ベランダの手すりに高さ
1.5m、幅1.2mのアルミまたはステンレス製の格子状フレーム付きの
不透明アクリル樹脂製波板またはこれに類するものの設置を命じたも

の（東京地判平5・3・5判タ844・178）があり、窓を型ガラス（すりガラス）にすることを命じた事例もあります（熊本地決平6・12・15判時1537・153）。

その他、窓にフィルムを貼る方法は、とりあえずの目隠しとはいえますが、窓を開ければ目隠しの用が果たせないため、問題が残ることとなります。

5　目隠しを設置しなかった場合

設置義務者が任意に目隠しを設置しなかった場合には、設置請求の訴訟を提起される可能性があります。ただし、近隣住民は、既存の窓、ベランダの撤去までは原則として要求することができません。

その上で、目隠しの設置を命ずる判決が出れば、設置義務者の費用をもって第三者に設置工事をさせる代替執行がなされる可能性もあります（民414②、民執171）。

また、目隠しを設置しないことによるプライバシーの侵害を理由として、慰謝料を請求されることもあるでしょう（東京地判昭61・5・27判タ626・154）。

アドバイス

あなたに目隠しの設置義務があるかどうかは、まず、目隠しを求められている窓が民法235条1項の要件に該当するものかどうかによります。

境界線から1m未満の距離の窓だったとしても、「見通すことができる」か否かは、各個別の窓や隣家の位置関係によって判断が変わりうるところです。

例えば、1mの範囲内に宅地があっても、3階の窓ないしベランダからは屋根が見えるだけといった事情があれば、少なくとも3階部分に

ついては目隠しが不要とされる可能性があります。なお、目隠しの設置義務がある場合、ブラインドは「目隠し」に当たりませんから、別途目隠しを設置する必要があります。

以上より、境界線からの距離や見通しなどがどの程度のものか、まずは調査してみてください。その上で話し合い、解決できない場合には調停（「85　弁護士会の仲裁」参照）などの手続を利用することも考えられます。

【参考となる判例】
　○京都地裁昭和42年12月5日判決（判時506・26）
　○名古屋地裁昭和54年10月15日判決（判時952・105）
　○東京高裁昭和59年3月28日判決（判時1116・61）
　○東京地裁昭和61年5月27日判決（判タ626・154）
　○東京地裁平成3年1月22日判決（判時1399・61）
　○東京地裁平成5年3月5日判決（判タ844・178）
　○熊本地裁平成6年12月15日決定（判時1537・153）
　○東京地裁平成19年6月18日判決（判タ1256・113）

【参考文献】
　○齋藤隆編著『建築関係訴訟の実務〔三訂版〕』268頁（新日本法規、2011）

メモ　目隠しを検討する際には

　現在、「目隠し」については素材、価格、デザインも実に様々なものが販売されています。どのようなものが一番よいか、工務店などに一度聞いてみるのもよいでしょう（ただし、見通しをさえぎるに足りるものであることは必要ですし、設置場所によっては耐風上の強度等の考慮も必要となります。）。

第5章　私道・近隣トラブル　　　439

77　隣地使用権・導管設置権

相談内容

　私の家を建てる際、隣の土地上に足場を組まなくてはならない
のですが、隣地を利用することは可能でしょうか。また、ガス・
上下水道について隣地の下を通すことはどうですか。

回　　答

1　隣地の使用に関する民法の規定

　民法は、隣接する不動産所有権相互の権利関係（相隣関係）を調整
するために、209条から238条までの規定を置いています。隣地の使用
に関する規定は、民法209条に規定されています。これによれば、1項
で「土地の所有者は、境界又はその付近において障壁又は建物を築造
し又は修繕するため必要な範囲内で、隣地の使用を請求することがで
きる。ただし、隣人の承諾がなければ、その住家に立ち入ることはで
きない。」と規定し、2項で「前項の場合において、隣人が損害を受け
たときは、その償金を請求することができる。」と規定しています。

　この規定は、土地を有効に活用するために、隣接する土地について
も一定限度の利用を認めたものです。当該利用権は、地上権者にも認
められ（民267）、さらに永小作権、土地賃借人（東京地判昭60・10・30判時
1211・66）、土地所有者と使用貸借契約を締結して同地上に建物を建築
しようとしている者（東京高判平18・2・15判タ1226・157）についても類推
適用されると考えられています。

440 第5章 私道・近隣トラブル

2 隣地使用権の内容

(1) 「必要な範囲内」(民209①) とは

　隣地を使用することができる場合は、「必要な範囲内」に限定されます。この「必要な範囲内」は、民法209条が相隣関係の規定であることに鑑み、使用する側の事情（隣地使用の必要性）と使用される側の事情（隣地使用により被る不利益の程度）を利益衡量して判断することになります。

　まず、使用する側の事情としては、「境界又はその付近において障壁又は建物を築造し又は修繕するため」(民209①) もしくはそれに類する合理的な事情に基づき、しかもそれが自己の土地内だけでは行うことができないか困難であることが求められます。

　次に、隣地使用の必要性が認められても、どんな使用でも認められるわけではありません。使用される側の不利益に配慮して、使用する隣地の範囲、使用方法、使用期間、使用する時間帯を必要な限度に限らなくてはなりません。その際には、地域性や、隣地の使用状況、緊急性、代替手段の有無なども考慮して具体的に判断することになります。一般的には、隣地への立入り、足場を組むこと、材料を一時的に置くことなどが想定されます。事案によっては、穴を掘るなど土地の形状を変更することも考えられますが、大幅な形状変更には、高度の必要性が認められなければならないと解されます。

(2) 隣地使用を承諾しない場合

　隣地使用権が認められても、承諾を得ないまま隣地使用をすることはできないと解されています。承諾が得られない場合には、裁判所に訴えを提起して承諾に代わる判決（民執174（令元法2による改正後の民執177））を得ることになります（前掲東京地判昭60・10・30、東京地判平11・1・28判時1681・128、東京地判平22・3・18判タ1340・161）。

　承諾を求める相手方は、現に隣地を占有している土地所有者・地上

第5章　私道・近隣トラブル　441

権者あるいは賃借権者であると解されています（高松高判昭49・11・28判時771・53参照）。

（3）　住家への立入り（民209①ただし書）

なお、隣地使用権の内容として、隣人の住家への立入りが認められる場合もありますが（民209①ただし書）、この場合には、プライバシー保護の観点から必ず隣人の承諾を得る必要があり、判決をもってこの承諾に変えることはできないと解されています。

前掲東京地裁平成11年1月28日判決では、ビル屋上や非常階段への立入りが「住家」への立入りに該当するか問題とされましたが、生活の平穏を害するとはいえないことから、該当しないと判断されています。

（4）　償金の支払（民209②）

隣地使用権の行使に伴い、隣人が損害を受けたときは、その償金を請求することができます。「償金」には、損害についての補償だけでなく、隣地使用者が使用料相当額の利得を得たことの償還が含まれると解されています。

3　ガス、上下水道、電気および電話等の配管、配線権

（1）　配管・配線権に関する法律の規定

ガス、上下水道、電気および電話等の配管、配線について隣接地の地下または空中を通すことができるか否かについて民法は規定を置いていません。原則として、地下・空中にも土地所有権等の効力が及ぶため、承諾を得ずに他人所有の隣接地の地下・空中に配管・配線をすることはできません。しかし、隣接地の地下または空中を利用しなければ配管・配線ができない土地（導管袋地）については、生活に必要な配管・配線をする権利（法定導管設置権といわれることもあります。）が認められると考えられています。

第5章　私道・近隣トラブル

　下水道法11条は、1項で「前条第1項の規定により排水設備を設置しなければならない者は、他人の土地又は排水設備を使用しなければ下水を公共下水道に流入させることが困難であるときは、他人の土地に排水設備を設置し、又は他人の設置した排水設備を使用することができる。この場合においては、他人の土地又は排水設備にとつて最も損害の少い場所又は箇所及び方法を選ばなければならない。」と規定し、他人の土地に排水設備を設置する権利を認めています。下級審の裁判例では、下水道法11条および民法の相隣関係規定（民209（隣地使用権）・210（囲繞地通行権）・220（余水排出権））を類推適用して、ガス、上下水道、電気および電話等の配管、配線権が認められています（大阪高判平10・6・30判タ999・255（ガス、上下水道、電気、電話）、大阪高判昭56・7・22判時1024・65（電気、電話）、東京地判平4・4・28判時1455・101（ガス、上水道、電気、電話）、東京地判平3・1・29判時1400・33（排水管）、東京地判昭61・8・27判時1223・68（排水管）、大阪地判昭60・11・11判タ605・60（排水設備）、大阪地判昭60・4・22判タ560・169（排水管、電気線）、東京地判昭57・4・28判時1057・77（下水道管、ガス管））。

　なお、法定導管設置権そのものではありませんが、最高裁平成14年10月15日判決（判時1809・26）は、「宅地の所有者は、他の土地を経由しなければ、水道事業者の敷設した配水管から当該宅地に給水を受け、その下水を公流又は下水道等まで排出することができない場合において、他人の設置した給排水設備をその給排水のため使用することが他の方法に比べて合理的であるときは、その使用により当該給排水設備に予定される効用を著しく害するなどの特段の事情のない限り、民法220条及び221条の類推適用により、当該給排水設備を使用することができるものと解するのが相当である。」と判示しており、参考になります。

第5章　私道・近隣トラブル　　443

(2)　配管、配線権の要件および内容

　　配管、配線権が認められる場合には、当該権利の確認請求や当該権利に基づく妨害排除請求が認められます。実務上、承諾請求も併せて訴訟提起されることがありますが、裁判上は、承諾がなくても権利行使は認められています（前掲大阪地判昭60・4・22参照）。

　　配管、配線権は、相隣関係規定に基づくものですから、配管、配線が可能な複数の隣接地が存する場合には、通常生ずると考えられる損害を比較し、最も損害の少ない場所および方法によるべきとされ、また、隣地所有者が損失を被る場合には、償金を支払う義務が生じると解されています（民211・212、下水道11参照）。検討に当たっては、工事の程度と費用、隣接地に生ずる損害の内容・程度、周辺地の従来の利用状況等を総合して判断することになります（隣接地の被る損害の程度が大きいことなどから排水管の利用を否定した事例として東京地判平9・7・10判タ966・223があります。）。

　　なお、配管、配線を要する建物が建築基準法上の違法建築物である場合は、建物所有者が隣接地の所有者に対し下水管の敷設工事の承諾および同工事の妨害禁止を求めることが権利の濫用に当たるとされる場合があるので注意が必要です（最判平5・9・24判時1500・157）。

アドバイス

　　法律上は、一定限度で隣地の利用が認められますが、承諾が得られない場合には、訴訟手続をとらざるを得ず、相当の時間と費用がかかることになります。円滑に承諾を得るには、権利を振りかざすのではなく、早めに利用の目的・時期・範囲等の情報を相手方に伝え、例えば、工事に用いる材料・寸法を正確に示した図やその予定を示した工程表を渡して説明する必要があります。そして、撤去するときの清掃等を十分に行い、近隣との関係を円滑に保つ配慮が必要です。

第5章 私道・近隣トラブル

【参考となる判例】

○高松高裁昭和49年11月28日判決（判時771・53）

○大阪高裁昭和56年7月22日判決（判時1024・65）

○東京地裁昭和57年4月28日判決（判時1057・77）

○大阪地裁昭和60年4月22日判決（判タ560・169）

○東京地裁昭和60年10月30日判決（判時1211・66）

○大阪地裁昭和60年11月11日判決（判タ605・60）

○東京地裁昭和61年8月27日判決（判時1223・68）

○東京地裁平成3年1月29日判決（判時1400・33）

○東京地裁平成4年4月28日判決（判時1455・101）

○最高裁平成5年9月24日判決（判時1500・157）

○東京地裁平成9年7月10日判決（判タ966・223）

○大阪高裁平成10年6月30日判決（判タ999・255）

○東京地裁平成11年1月28日判決（判時1681・128）

○最高裁平成14年10月15日判決（判時1809・26）

○東京高裁平成18年2月15日判決（判タ1226・157）

○東京地裁平成22年3月18日判決（判タ1340・161）

【参考文献】

○滝澤孝臣編著『最新裁判実務大系4　不動産関係訴訟』532頁（青林書院、2016）

○齋藤隆編著『建築関係訴訟の実務〔三訂版〕』250頁（新日本法規、2011）

第5章　私道・近隣トラブル　　445

78　排水トラブル

相談内容

（1）　家を建てたところ、屋根の雨樋の排水口の一部が隣地に向いており、雨が降ると隣地に雨水が流入するとして、隣地所有者から文句を言われています。雨水が流れ込まないようにする義務はありますか。

（2）　隣の空き地から流れてくる雨水について、せき止めたり、隣地所有者に防止策を要求することはできますか。

回　答

1　排水に関する法令の規定

（1）　民　法

民法は、隣接する不動産所有権相互の権利関係（相隣関係）を調整するために、209条から238条までの規定を置いています。とりわけ水流に関しては、民法214条から222条と比較的多くの規定があります。

ご相談に関係があるのは、民法218条「土地の所有者は、直接に雨水を隣地に注ぐ構造の屋根その他の工作物を設けてはならない。」および民法214条「土地の所有者は、隣地から水が自然に流れて来るのを妨げてはならない。」です。

いずれの規定も、地上権に準用されており（民267）、また明文はないものの、利用権の調整という相隣関係規定の趣旨からは、土地の賃借人にも類推されるものと考えられます。

(2) 建築基準法施行令

建築基準法施行令129条の2の4第3項は、「建築物に設ける排水のための配管設備の設置及び構造は、第一項の規定によるほか、次に定めるところによらなければならない。」として、建物の排水設備に以下のような規制を置いています。

① 排出すべき雨水または汚水の量および水質に応じ有効な容量、傾斜および材質を有すること
② 配管設備には、排水トラップ、通気管等を設置する等衛生上必要な措置を講ずること
③ 配管設備の末端は、公共下水道、都市下水路その他の排水施設に排水上有効に連結すること
④ 汚水に接する部分は、不浸透質の耐水材料で造ること
⑤ ①～④に定めるもののほか、安全上および衛生上支障のないものとして国土交通大臣が定めた構造方法を用いるものであること

2 雨水を隣地に注ぐ工作物の設置の禁止 (民218)

ご相談内容(1)について、民法218条は、雨水が直接隣地に注ぐような工作物を設置することを禁止しています。

工作物には、条文で例示されている屋根以外に、広く盛土、コンクリート等も含むと解されています。雨樋も含みますので、雨樋からの雨水が直接隣地に流入する状態であれば、同条が禁止する状態にあるといえます。

直接隣地に注ぐというのは、雨水が、地面、その他の工作物または樹木などに当たってはねかえるのではなく、直に隣地に注ぎ込む状態をいうと解されます (我妻ほか『我妻・有泉コンメンタール民法 (総則・物権・債権)』〔第5版〕440頁 (日本評論社、2018) 参照)。したがって、雨樋から一旦自己の土地上に雨水が流れ出て、それが隣地に流入している状態の

第5章　私道・近隣トラブル　447

場合は、雨樋の排水口が隣地に向いていたとしても、民法218条が禁止した状態ではないと考えられます。ただし、前述の建築基準法施行令の規定では、自己の敷地内に排水をたれ流すことを認めていないため、同施行令に違反していることになります。また、自己の敷地上に施した盛土、コンクリート等の工作物を伝って雨水が隣地に流入していれば、民法218条が禁止する状態にあるものといえます。

　民法218条は、工作物により隣地に直接雨水を流入させることを禁止しているだけで、それにより隣地の利用者がどのような手段がとれるかは明示していません。一般論としては、損害賠償請求や相当な改善要求をすることが可能だと考えられます。裁判例では、隣家の屋根から直接雨水が飛散・流入する事案で、占有の妨害を予防するため、相当の設備として雨樋の設置が命じられた事例があります（佐賀地判昭32・7・29判時123・1）。

　ただし、民法218条に形式的に違反したからといって、直ちに損害賠償請求や改善要求が認められるものではありません。同条は近隣相互の円滑な生活を目的とした相隣関係の規定ですから、雨水の流入により一定の受忍限度を超えていることを要すると解されています。裁判例でも、建物に降った雨水が隣地に直接流入する事実を認めながら、既に一定の防止策が採られたことにより雨水が流入する機会が限定されたことなどから、社会生活上受忍すべき限度を超えて雨水が土地に流入した事実を認めることができないとして、屋根の切除請求を棄却した事例があります（東京地判平4・1・28判タ808・205）。

　ご相談においても、雨水が雨樋から直接隣地に流入し、その程度が一般的に受忍できないという場合に限り、民法218条に基づいて雨水が流れ込まないようにする義務が生じると考えられます。

なお、屋根、雨樋などの工作物が隣地との境界線を越えているために、隣地に雨水が注いでいる場合には、越境自体が違法で、越境部分を撤去する必要がありますので注意してください。

3　自然水流に対する妨害の禁止 (民214)

相談内容(2)について、民法214条は、土地の所有者に、隣地から水が自然に流れてくるのを妨げることを禁止しています。前述の民法218条と矛盾するようですが、民法218条は人工的な水流であるのに対し、民法214条は自然水流に関する規定である点が異なります。水が土地の上を高いところから低いところへ向かって流れるのは当然のことで、この自然の水流を妨げることはできないというのが民法の基本的な考え方です。

ご相談においても、隣の空き地から自然に流れてくる水をせき止めることはできず、また隣地所有者に防止設備を要求することはできないのが原則です。自然水流を妨げた場合には、妨げられた土地の所有者から、損害賠償請求、妨害排除請求等がされることが考えられます。自己の所有地に流れ込んだ自然水流が他の土地に自然に流れ出ない場合には、民法220条により、公の水流または下水道に至るまで低地に水を通過させることができます。この場合は、低地のために損害が最も少ない場所および方法を選ばなくてはなりません。

もっとも、隣地を地盛したために流れてくる雨水は、自然水流にあたらず、これを妨げることができるし、隣人はその防止設備をしなければならないと解されています (我妻ほか・前掲439頁)。現代の一般的な住宅地は、盛土されたり、コンクリートで覆ったり等の人工的な処理がされていることがほとんどですが、この上を雨水が流れて隣地に注

第5章　私道・近隣トラブル　　　449

ぎ込む場合は、自然水流には当たらず、民法218条に基づき高地の所有
者に防止措置を要求できることが多いと思われます。このため、例え
ば、高低差がある隣地境界に擁壁を設ける場合には、擁壁の下部に、
擁壁から流れ出る雨水を処理する排水溝を設置するなどの配慮が必要
です。

アドバイス

　排水に関する問題については、建築基準法施行令により、配管設備
の末端は、公共下水道、都市下水路その他の排水施設に排水上有効に
連結することとされていることから、適法に建築された建築物におい
て、排水が問題になることは少ないと考えられます。ただし、傾斜地
で敷地の表面をコンクリートで覆った場合には、周辺に降った雨水が
コンクリートを伝って低い隣地に流入してトラブルになるということ
は十分考えられます。建物を建築する前に雨水の処理について建築士
等の専門家に相談し、必要に応じて排水設備を設置するようにしまし
ょう。また、日頃から近隣とコミュニケーションをとっておき、気軽
に話し合えることもトラブルを防止するのに有効です。近隣トラブル
が起こってしまった場合は、まずは隣人同士でよく話し合って、お互
いが合意できる解決策を探ることが重要です。隣人同士だけでは解決
が難しいときは、法的手続の中で中立の第三者に入ってもらうことも
有効ですが、法律的に白黒をつける裁判よりも、話合いによる解決を
中心とする調停や仲裁がふさわしいと思われます。

【参考となる判例】
　○佐賀地裁昭和32年7月29日判決（判時123・1）
　○東京地裁平成4年1月28日判決（判タ808・205）

メモ　排水計画と雨水量

　建築士は、敷地内の時間当たりの降水量を算定し、敷地条件に応じた排水計画を立ててくれます。

　例えば、建物屋根から来る雨水量については、おおむね次のとおりとされています。

　0.355（m³）／坪×屋根等の面積（坪）

　また、建物外敷地の雨水量については、おおむね次のとおりとされています。

　0.079（m³）／坪×建物外敷地面積（坪）

第5章　私道・近隣トラブル　　　　451

79　日照・通風トラブル

相談内容

　南側隣地に大きなマンションの建築計画が進んでいます。マンションができると、日照が遮られ、風通しも悪くなってしまいます。建築を計画している会社に中止または計画変更を申し入れましたが、建築確認済証は取れているとして話合いに応じようとしません。どのような手段がとれますか。

回　答

1　日照の保護

　日照は、快適で健康な生活に必要な生活利益であることは最高裁において認められており、法律上も保護されます（最判昭47・6・27判時669・26）。

（1）　行政法規による保護

ア　日影規制

　建築基準法は、いわゆる日影規制（建基56の2）で日照を保護しています。日影規制（建基56の2）は昭和52年から施行されており、都市の発展に伴って社会問題化していた日照に関する近隣紛争を一気に減少させたという効果がありました。詳細は次表のとおりですが、概略としては、地方公共団体の条例による指定区域内において、高さが10mを超える建築物（低層住居専用地域、田園住居地域においては、軒の高さが7mを超える建築物または地上3階以上の建築物（建基別表4））を建築する場合に、条例で指定する一定時間以上の日影を敷地境界線から一

定の距離を超える範囲に生じさせないように建築物の形態を規制します。

■ 日影による中高層建築物の高さの制限（建基56の2・別表4）

地方公共団体が条例で指定する「対象区域」内の日影規制対象建築物と日影が規制される水平面（「対象区域」外、高層住居誘導地区内、都市再生特別地区内とその建築物の敷地内を除く。）		冬至日の真太陽時による8：00am～4：00pm（北海道の区域内では、9：00am～3：00pm）の間における日影時間の制限				
		条例で指定する日影時間の制限の区分	水平面Ⓐ		水平面Ⓑ	
			時間	時間 北海道	時間	時間 北海道
用途地域の指定のない区域	田園住居地域 第二種低層住居専用地域 第一種低層住居専用地域	（一）	＜3	＜2	＜2	＜1.5
		（二）	＜4	＜3	＜2.5	＜2
		（三）	＜5	＜4	＜3	＜2.5
	第二種中高層住居専用地域 第一種中高層住居専用地域	（一）	＜3	＜2	＜2	＜1.5
		（二）	＜4	＜3	＜2.5	＜2
		（三）	＜5	＜4	＜3	＜2.5
	準工業地域 近隣商業地域 準住居地域 第二種住居地域 第一種住居地域	（一）	＜4	＜3	＜2.5	＜2
		（二）	＜5	＜4	＜3	＜2.5

第5章　私道・近隣トラブル　　　453

注1：「平均地盤面」とは、その建築物が周囲の地面と接する位置の平均の高さにおける水平面をいう（建基別表4）。

注2：同一敷地内に、2以上の建築物があるときは、これらは1つの建築物とみなされて、日影規制が適用される（建基56の2②）。

注3：敷地が道路、川、海等に接する場合、敷地と隣地に著しい高低差がある場合等、特別の条件のある場合についての緩和措置は資料図表260〔省略〕参照。

注4：「対象区域」外にある建築物（高さ＞10m）でも、冬至日に「対象区域」内に日影を生じさせるものは、「対象区域」内の建築物と見なされて、日影規制が適用される（建基56の2④）。

注5：①制限対象（上表の図参照）の建築物が日影時間の制限の異なる区域の内外にわたる場合、または、②冬至日に対象区域のうち当該建築物がある区域外の土地に日影を生じさせる場合にはそれぞれ制限対象建築物が日影を生じさせる各区域内にあるものとして、日影規制を適用する（建基令135の13）。

（出所　国土交通省住宅局建築指導課編『2019図解建築法規』386頁（新日本法規、2019））

イ　北側斜線制限

　北側斜線制限（建基56①）は、南側に建築される建物によって北側の日照が妨げられないように配慮した規制であって、住居専用地域内（ただし、中高層住宅専用地域については、日影規制の適用されている区域を除きます。）に限って適用されます。北側の隣地境界線（北側に前面道路がある場合には、前面道路の反対側の境界線）から真南方向に勾配1.25／1の斜線を引きそれに低層住居専用地域内では5mを、中高層住居専用地域内では10mを加えたものを建築物の高さの限度とする規制です。地域によっては、さらに厳しい規制がかかっている場合がありますので、当該地域の役所の建築課で確認してください。

ウ　行政法規による規制の効果

　前記のような法規制は、建築確認申請における確認手続（建基6）、中間検査（建基7の3等）、完了検査（建基7）等の各種検査時にチェックされます。また、違法建築に対する工事停止命令・除却命令（建基9①）などによっても実効性が担保されています。建築確認済証の交付を受けていても、前記法規制に違反していると考えられる場合には、建築確認

454　　　　第5章　私道・近隣トラブル

処分の取消しを求める不服審査請求を申し立て（建基94）、または訴訟で争うこともできます。

(2)　私法（民法等）上の保護

上記の行政的規制は日照の保護という視点からは完全ではありません。上記の行政的規制には対象外区域がありますし、自治体が条例を作らなかったり、特定地域を条例の規制外とした場合は行政的規制は働きません（齋藤隆編著『建築関係訴訟の実務〔三訂版〕』211頁（新日本法規、2011））。そこで、私法上の手段を検討する必要があります。

ア　受忍限度論

行政法規による保護に加えて、当該日照被害が私法上違法と評価される場合には、日影を生じさせる建物（加害建物）の建築主に対して、損害賠償、建築差止等の私法上の保護が認められる場合があります。

私法上違法と評価される場合とは、日照被害の程度が社会生活上一般に受忍すべき限度を超えた場合であると解されています（前掲最判昭47・6・27参照）。

受忍限度の判断に当たっては、加害建物の建築基準法違反の有無、地域性、日照被害の程度等を中心とし、加害回避の可能性、被害回避の可能性、加害建物の用途、先住関係、交渉経緯など総合的な考慮がされます（宮崎富哉「日照妨害に関する仮処分事件」判例タイムズ327号39頁参照）。建築基準法に適合していることは、私法上の違法性がないことの重要な判断材料の1つですがそれだけで違法性がないということにはなりません。例えば、東京高裁平成3年9月25日判決（判時1407・69）は、「控訴人らは、建築基準法の規制に適合している2階建の建物による日影等は都市生活者間においては原則的に受忍限度の範囲内にあるというべきである旨主張する。しかし、建築基準法等による公法的規制における利益衡量は一般的・概括的であり、そこで定められた基準は最低の基準であって、私法上の受忍限度とは必ずしも一致するもの

第5章　私道・近隣トラブル　　455

ではない。公法的規制に適合していることは受忍限度の判断に当たって尊重されなければならない1つの要素ではあるが、それをもって直ちに、あるいは原則的に受忍限度を超える被害を生じさせることを否定するのは相当とはいい難い。右主張をそのまま是認することはできない。」と判示しています。東京地裁昭和61年11月28日判決（判タ640・187）も、日影規制に適合している事案で損害賠償を認めています。

　　イ　日照被害の程度

　日照被害の程度は、受忍限度の判断において、中心的な判断資料となります。しかし、日照を阻害する建物と敷地との関係、建物の形状、居住関係および季節によって様々であり、日照被害を厳密に把握することは非常に困難です。そこで、一般的には、冬至日の午前8時から午後4時までの時間帯を基準として、当該建物の主要開口部の日照被害を中心に被害の程度が把握されるのが通常です。

　これらの日照被害を立証する資料としては、加害建物の影の状況を示す日影図が重要となります。訴訟においては、原告となる被害者側がこの日影図を提出する必要があります。ただし、建築の専門家でない被害者側が日影図を作成することは困難なことも予想されます。マンションのような大規模な建物が建築される場合には、建築業者は、日影図を作成していますので、これを訴訟に提出させた方が簡便なこともあります。

　なお、日照被害の程度に関して、加害建物以外の建物との日影が複合している日影（複合日影）の場合が問題となることがあります。複合日影は、建築基準法で考慮されていませんが、私法上は「新たな建物によって生じる日影が全体の中で占める割合を時間で算出し、複合日影によって規制値を超える日影時間のうち、右割合によって算出される限度で、日照を回復させるようにすることが公平にかなう」（東京地決昭54・5・29判時933・97）との考え方が一般です。ただし、加害建物

により、わずかに残された日照まで奪うことが常に許されるべきではなく、地域性、被害回避の可能性、加害回避の可能性、交渉経緯等も十分踏まえて、被害者に苛酷な結果を生じさせないよう配慮すべきです。

　　ウ　損害賠償請求

　受忍限度を超えると判断される日照被害については、加害建物の建築主に対して、民法709条、710条の不法行為に基づく損害賠償請求が認められます。

　ここで、損害額の算定が問題となります。まず、日影による土地建物の価格の下落については、立証が困難という問題点があります。また、暖房器具購入や光熱費の増大という主張もありますが、これは金額がそれほど大きくなく立証も困難です。このため、ほとんどが日照被害により被った精神的肉体的苦痛に対する慰謝料として検討されており、その中で、財産的な損害も多少考慮されるというのが実情です。

　　エ　差止・撤去請求

　私法上の救済として、損害賠償請求の他に、加害建物が完成する前には、建築の差止請求が、建物完成後には撤去請求が認められる場合があります。差止請求においては、実務上、迅速な審理が期待できる仮処分がよく利用されます。

　差止・撤去請求できる権利者は、侵害された権利の法的構成の仕方により、違ってくる場合があります。実務上は、日照被害は所有権等に対する侵害と考える物権的請求権説と、日照を享受することは個人の生命、身体、精神および生活に関する利益としての人格権の一内容と理解して、人格権侵害と考える人格権説が有力です。人格権説の方が、請求権者を同居人も含めて広く捉えられるといえます。

　差止・撤去請求においても、既に述べました、受忍限度論によって判断されますが、影響の大きさから、損害賠償請求よりも差止・撤去

第5章　私道・近隣トラブル　　457

を認める方がより強い違法性（受忍限度）を要求されると考えられています。

2　通風の保護

通風もまた、快適で健康な生活に必要な生活利益であることは最高裁において認められており、法律上も保護されます（前掲最判昭47・6・27）。

しかし、通風は、日照と比較して、生活にとっての切実性が低く、通風妨害のみで独自に主張される例はほとんどありません。一般的には、日照被害の主張と併せて主張され、受忍限度の判断において考慮されます。

アドバイス

日照・通風被害においては、行政法規の理解や受忍限度の判断など専門性が必要とされる分野です。また、加害建物が完成してしまうと、被害回復が困難になります。したがって、加害建物の建築計画を知った場合には、速やかに特定行政庁（市役所や区役所）の建築課等に行き行政法規を遵守しているか確認・相談してみることが必要です。マンションのような大きな建物については、近隣住民への説明会などがありますので、そこで情報収集をしたり、要望を申し入れたりすることができます。建築確認が取れている場合、裁判上も受忍限度を超えると判断されることは少ないのが現状ですが、被害が深刻な場合には、弁護士に相談し、行政不服審査や仮処分などの法的手続も検討するべきでしょう。完全に建築を止めることができなくても、形状変更に相手が応じる場合も考えられます。

第5章　私道・近隣トラブル

【参考となる判例】

　○最高裁昭和47年6月27日判決（判時669・26）

　○東京地裁昭和54年5月29日決定（判時933・97）

　○東京地裁昭和61年11月28日判決（判タ640・187）

　○東京高裁平成3年9月25日判決（判時1407・69）

メモ　　日照トラブルの予防策

　日照を重視して住宅を購入（建築）する際には、建築基準法の日影規制等を調査して、行政法規により、当該地域においてどの程度の日照が保護されているか確認することもトラブルの予防策となります。

【参考文献】

　○滝澤孝臣編著『最新裁判実務大系4　不動産関係訴訟』551頁（青林書院、2016）

　○齋藤隆編著『建築関係訴訟の実務〔三訂版〕』210頁（新日本法規、2011）

第5章　私道・近隣トラブル　　　459

80　眺望トラブル

相談内容

　庭から海が見えるのが気に入って、戸建住宅を購入したところ、前にマンションが建って、海が見えなくなりました。マンションの建築主に損害賠償請求はできますか。

回　　答

1　眺望の保護利益と価値

　風物が眺望価値をもつとされるのは、その風物がこれを観る者に美的満足感や精神的安らぎ等を与える点において人間の生活上少なからぬ意義ないし価値を有することに基づくものです。眺望の価値は、ある場合には経済的価値として、ある場合には社会的、文化的価値として、またある場合には日常生活の次元における私的価値としてとらえられます（東京高決昭51・11・11判時840・60参照）。

2　法的保護の有無

　眺望について、公法的に規制する法律は整備されておらず（自治体が条例や指導要領などで保護を図っているのが現状です。）、主に私法上の保護（損害賠償請求や差止請求等）が論じられています。前掲東京高裁昭和51年11月11日決定は、「特定の場所がその場所からの眺望の点で格別の価値をもち、このような眺望利益の享受を1つの重要な目的としてその場所に建物が建設された場合のように、当該建物の所有者ないし占有者によるその建物からの眺望利益の享受が社会観念上

からも独自の利益として承認せられるべき重要性を有するものと認められる場合」は、眺望利益を法的保護の対象とするものとしています。

その根拠として、同決定は、「元来風物は誰でもこれに接しうるものであって、ただ特定の場所からの観望による利益は、たまたまその場所の独占的占有者のみが事実上これを享受しうることの結果としてその者に独占的に帰属するにすぎず、その内容は、周辺における客観的状況の変化によっておのずから変容ないし制約をこうむらざるをえないもので、右の利益享受者は、人為によるこのような変化を排除しうる権能を当然にもつものということはできない。もっとも、このことは、右のような眺望利益がいかなる意味においてもそれ自体として法的保護の対象となりえないことを意味するものではなく、このような利益もまた、一個の生活利益として保護されるべき価値を有しうる。」としています。他の裁判例もおおむねかかる見解を採るものと考えられます。

また、観る者に美的満足感や精神的安らぎ等を与える点で眺望利益に類似した生活利益である景観利益について、最高裁平成18年3月30日判決（判時1931・3）は、「良好な景観に近接する地域内に居住し、その恵沢を日常的に享受している者は、良好な景観が有する客観的な価値の侵害に対して密接な利害関係を有するものというべきであり、これらの者が有する良好な景観の恵沢を享受する利益（以下「景観利益」という。）は、法律上保護に値するものと解するのが相当である。」と判示しています。このことからも眺望に一定の客観的価値が認められる場合には、法的保護を受けうるものと考えられます。

3　眺望利益侵害の判断基準

(1)　判断の枠組

眺望利益侵害の判断基準について、前掲東京高裁昭和51年11月11日

第5章　私道・近隣トラブル　　461

決定は、いわゆる受忍限度論の考え方（「79　日照・通風トラブル」参照）
を述べた上で、「特定の侵害行為が右の要件をみたすかどうかについ
ては、一方において当該行為の性質、態様、行為の必要性と相当性、
行為者の意図、目的、加害を回避しうる他の方法の有無等の要素を考
慮し、他方において被害利益の価値ないしは重要性、被害の程度、範
囲、右侵害が被害者において当初から予測しうべきものであったかど
うか等の事情を勘案し、両者を比較考量してこれを決定すべく、なお
その際には、眺望利益なるものが騒音や空気汚濁や日照等ほどには生
活に切実なものではないことに照らして、その評価につき特に厳密で
あることが要求されるといわなければならない。」と判示しました。
　また、景観利益に関する前掲最高裁平成18年3月30日判決は、「建物
の建築が第三者に対する関係において景観利益の違法な侵害となるか
どうかは、被侵害利益である景観利益の性質と内容、当該景観の所在
地の地域環境、侵害行為の態様、程度、侵害の経過等を総合的に考察
して判断すべきである。そして、景観利益は、これが侵害された場合
に被侵害者の生活妨害や健康被害を生じさせるという性質のものでは
ないこと、景観利益の保護は、一方において当該地域における土地・
建物の財産権に制限を加えることとなり、その範囲・内容等をめぐっ
て周辺の住民相互間や財産権者との間で意見の対立が生ずることも予
想されるのであるから、景観利益の保護とこれに伴う財産権等の規制
は、第一次的には、民主的手続により定められた行政法規や当該地域
の条例等によってなされることが予定されているものということがで
きることなどからすれば、ある行為が景観利益に対する違法な侵害に
当たるといえるためには、少なくとも、その侵害行為が刑罰法規や行
政法規の規制に違反するものであったり、公序良俗違反や権利の濫用
に該当するものであるなど、侵害行為の態様や程度の面において社会
的に容認された行為としての相当性を欠くことが求められると解する

のが相当である。」と判示しています。

　景観利益と眺望利益とではその利益の内容を若干異にしますが、今後最高裁が眺望利益に対しても、侵害態様が公序良俗違反や権利の濫用に該当する程度というかなり厳格な判断基準を採ることも予想されます（なお、眺望の良さを強調して住宅を販売した売主が自ら眺望を阻害する建物を建てる場合は、売買契約関係における説明義務違反等の問題となるため、ここでの検討対象外とします。）。

(2)　眺望利益の侵害を認めた裁判例

①　東京高裁昭和38年9月11日判決（判タ154・60）

　猿ヶ京温泉で温泉旅館を経営する申立人が、相手方が新たに建築し始めた建物により、赤谷湖の眺望が妨げられるとして建築続行禁止の仮処分を申し立てた事案。裁判所は、相手方の建物建築を権利の濫用に該当すると判断し、仮処分を認めました。

②　横浜地裁横須賀支部昭和54年2月26日判決（判時917・23）

　横須賀の海岸沿いの丘陵中腹に居住する原告らが、南側隣接地に2階建ての建物を建築した被告に対し、2階部分の撤去などを求めて提訴した事案。裁判所は、被告の敷地所有権の行使に権利濫用があり、違法であるとして慰謝料1人100万円の損害賠償請求を認めました。

③　大阪地裁平成4年12月21日判決（判時1453・146）

　被告の建築した高層リゾートマンションにより、原告所有の別荘からの眺望が阻害され資産価値が減少したとして損害賠償請求がされた事案。裁判所は、被告の行為は不法行為に当たるとした上で、損害賠償として、資産価値の減少を認めて、約237万円の賠償を認めました。

(3)　損害賠償請求

眺望利益侵害を理由とする損害賠償請求は、眺望の保護利益が、精

第5章　私道・近隣トラブル　　463

神的なやすらぎを得るといった生活利益ですから、精神的苦痛に対する慰謝料となることが多いと考えられます。

　また、景観を売物とするホテル等の眺望が阻害されたときは、その結果生ずる営業利益の減少が損害となり、さらに、眺望利益侵害の結果不動産自体の財産的価値が低下したことも損害といえますが、損害額の立証は困難なことが多いと考えられます（財産的損害が認められた事例として、前掲大阪地判平4・12・21）。

（4）　差止・撤去請求

　差止・撤去請求については、日照通風トラブルと同様の議論が妥当します。しかし、日照よりも切実な生活利益といえないことから、その要件は相当厳格なものと考えられます（建築続行禁止の仮処分を認めた事例として、前掲東京高判昭38・9・11）。

アドバイス

　眺望を害されるおそれがある場合には、早めに相手方と協議をし、計画変更を求めるべきです。1軒だけでなく、眺望を害される数軒で共同して申入れをすることも効果的です。建築計画の詳細が分からない場合は、特定行政庁（市役所や区役所）の建築課に行って、情報収集をします。マンションのような大きな建物については、近隣住民への説明会などがありますので、そこで情報収集をしたり、要望を申し入れたりすることができます。裁判上、眺望利益の侵害が認められたのはごくわずかな事案だけですが、どうしても交渉がうまくいかない場合には、仮処分を申し立て、その中で裁判官を交えて話合いを行うこともあります。仮処分を申し立てる場合は、弁護士に相談してください。

【参考となる判例】

〔眺望利益侵害を認めた裁判例〕

○東京高裁昭和38年9月11日判決（判タ154・60）

○横浜地裁横須賀支部昭和54年2月26日判決（判時917・23）

○大阪地裁平成4年12月21日判決（判時1453・146）

〔眺望利益侵害を認めなかった裁判例〕

○和歌山地裁田辺支部昭和43年7月20日判決（判時559・72）

○長野地裁上田支部平成7年7月6日判決（判時1569・98）

○大阪高裁平成10年11月6日判決（判時1723・57）

○東京地裁平成20年1月31日判決（判タ1276・241）

○大阪地裁平成24年3月27日判決（判時2159・88）

メモ　　眺望トラブルの予防策

　眺望を重視して住宅を購入（建築）する際には、建築基準法の用途地域等を調査して、周辺地域においてどの程度の高さの建築が許されるかを確認しておくことも眺望トラブルの予防策となります。

【参考文献】

○齋藤隆編著『建築関係訴訟の実務〔三訂版〕』231頁（新日本法規、2011）

第6章　建築紛争処理

第6章　建築紛争処理

81　紛争解決手段

相談内容

　隣地に14階建てのマンションの建築が予定され、民間の指定確認検査機関により建築確認申請はおりたと聞いています。しかし、マンションの敷地は、不自然な分筆がされ、建築基準法の道路斜線規制を脱法的な分筆によって回避した疑いがあります。防災・日照等で生活環境に影響を受ける近隣住民が、訴訟で建築確認の取消しを求めることはできるでしょうか。

回　答

1　建築確認の取消しを求める方法

(1)　訴　訟

ア　処分の取消し

　建築に関する行政処分に対しては、行政訴訟を裁判所に提起する方法があります。

　そして、建築確認とは、都道府県または市町村の建築主事等が、一定の建築物の建築計画について法令に適合するものであることを確認する行政処分です。そこで、建築確認の取消訴訟（行訴3②）を提起することが考えられます。

(ア)　訴訟を提起できる者（原告適格）（行訴9）

　訴訟を提起できる者は、行政処分の取消しを求めるにつき法律上の利益を有する者とされています。法律上の利益とは、法律が特定個人に対し個別具体的に保護している利益をいい、事実上の利益ではありません。近隣住民にこの法律上の利益が認められるかどうかは、それ

第6章　建築紛争処理　　　　467

ぞれの事情によって判断されます（最判平9・1・28判時1592・34、最判平14・1・22判時1781・82、最判平14・3・28判時1781・90等）。

　　（イ）　期　　間
　訴訟を提起することができるのは、原則として、行政処分があったことを知った日から6か月以内もしくは行政処分のあった日から1年以内となっています（行訴14）。

　　（ウ）　管轄等
　管轄は、原則として、被告の普通裁判籍の所在地を管轄する裁判所または処分もしくは裁決をした行政庁の所在地を管轄する裁判所の管轄となります（行訴12①）。
　被告は、原則として、処分または裁決をした行政庁が国または公共団体に所属する場合には訴えの区分に応じて異なり、処分の取消しの訴え提起では、当該処分をした行政庁の所属する国または公共団体となります（行訴11①）。
　訴訟の進行については、通常の訴訟と同じです。
　なお、訴訟提起をしても、処分の執行は停止しません（行訴25①）。そこで、訴訟を提起した者は、当該処分について、その執行の停止を申し立てることができます（行訴25②）。

　　イ　その他の訴訟類型
　後記の審査請求を行い、裁決がでれば、裁決の取消訴訟（行訴3③）を提起することもできます。なお、裁決の取消訴訟も行政処分取消訴訟と同様の要件があります。
　また、不作為の違法確認の訴え（行訴3⑤）や無効確認の訴え（行訴3④）を提起することも考えられます。

　(2)　審査請求の申立て
　　ア　審査の対象
　審査請求の対象となる行政処分は、特定行政庁、建築主事もしくは建築監視員または指定確認検査機関の処分もしくは不作為です（建基

94①)。

　イ　審査できる者（審査請求人適格）

　審査請求ができる者は、行政処分の不服申立てをする法律上の利益を有する者、すなわち、行政処分により自己の権利もしくは法律上保護された利益を侵害されまたは必然的に侵害されるおそれのある者とされており、行政処分の取消訴訟における原告適格と同じと解されています（最判昭53・3・14判時880・3）。つまり、審査請求ができるかどうかも、行政処分の取消訴訟の場合と同様に、近隣住民のそれぞれの事情によって異なります。

　ウ　審査請求の時期

　審査請求は、処分のあったことを知った日の翌日から3か月以内もしくは処分があった日の翌日から1年以内にしなければなりません（行審18①②）。

　(3)　審査手続の流れ

　審査請求は、請求書を管轄の建築審査会に直接提出するか、または処分庁を経由して提出します。

　審査請求書は、確認処分をした処分庁に送られ、処分庁は弁明書の提出を求められます（行審29）。これに対して、審査請求人は反論書を提出することもできます（行審30）。また、建築審査会がなす裁決の結果に利害関係を有する者は、審査請求に参加して意見を述べることができます。

　審査は、書面審査以外にも、審査請求人、建築主事、建築監視員などの関係者またはその代理人の出頭を求めて、公開による口頭審査を行わなければならないことになっています（建基94③）。

　審理手続を経た上で、建築審査会の裁決がなされます。裁決は、審査請求を受理した日から1か月以内にしなければならないことになっています（建基94②）。裁決の種類は、却下、棄却、認容などです（行審45・46）。この裁決に対しては、国土交通大臣に再審査請求をすること

第6章　建築紛争処理　　　　469

ができます（建基95）。

　なお、審査請求をしても、処分の執行は停止しません（行審25①）。そこで、当該処分について、審査請求人はその執行の停止を申し立てることができます（行審25②）。

アドバイス

　ご相談の場合、日照権を著しく害する、ないし建築基準法の日影規制に反するとして、建築確認の取消訴訟もしくは建築審査会に審査請求をすることが考えられます。いずれの手段でも、近隣住民に法律上の利益があるかを検討する必要があるでしょう。また、訴訟提起もしくは審査請求ができる期間は限られていますので注意が必要です。

【参考となる判例】
　○最高裁昭和53年3月14日判決（判時880・3）
　○最高裁平成9年1月28日判決（判時1592・34）
　○最高裁平成14年1月22日判決（判時1781・82）
　○最高裁平成14年3月28日判決（判時1781・90）

メモ　建築審査会とは

　建築審査会とは、建築主事を置く市町村および都道府県に設置され、市町村長または知事が任命する有識者5人から7人の委員で構成されています（建基78・79）。建築審査会は、行政処分の審査請求に対する審査・裁決をするほか、特定行政庁の諮問に応じて、重要事項を調査審議をしたり、特定行政庁がする一定の処分についての同意をする権限を有しています。

82　建設工事紛争審査会

相談内容

　新築住宅に入居直後、外壁に亀裂が複数入っていることを発見しました。住宅を建設した工務店に修理をお願いしましたが、なかなか誠実に対応してくれません。紛争解決機関として建設工事紛争審査会という機関があると聞いたことがありますが、そちらに申し立てることはできるでしょうか。

回　答

　建設工事紛争審査会（以下「建設審査会」といいます。）は、建設業法25条に基づいて、建設工事の請負契約に関する紛争の解決を図るために設置された裁判外紛争解決（ADR）機関の1つです。

　建設審査会は、建設工事の請負契約に関する紛争について、①あっせん、②調停、③仲裁を行う権限を持っています（建設25②）。

　そして、国土交通省に中央建設工事紛争審査会が置かれ、各都道府県に、都道府県建設工事紛争審査会が置かれています（建設25③）。建設審査会の組織は、人格が高潔で識見の高い者の中から、国土交通大臣または都道府県知事によって任命された15名以内の委員で構成されています（建設25の2①②）。

（1）　対象となる紛争

　建設審査会は、「建設工事」の「請負契約」に関する紛争の解決を図るためのものですから（建設25①）、建売住宅のような不動産の売買契約の瑕疵や、専ら設計に関する紛争、設計監理の紛争、直接の契約関

係にない建設工事業者とビル建設予定地の近隣住民との紛争、元請・孫請間の紛争などは取り扱うことができません。

(2) あっせん・調停・仲裁

ア あっせん

建設審査会が行うあっせんは、当事者の合意によって紛争の解決を図ることを目的としています。あっせんの場合は原則として1人のあっせん委員により進められます。

イ 調 停

建設審査会が行う調停は、あっせんと同じく当事者の合意によって紛争の解決を図ることを目的としており、3人の調停委員によって進められます（建設25の13①）。建設審査会は、当事者に対して調停案の受諾を勧告することができます（ただし、当事者がこの調停案に不服であれば調停は不成立となります。）（建設25の13④）。この点が、主に当事者の話合いを促すあっせんと異なります。

ウ 仲 裁

建設審査会の仲裁は、当事者の仲裁合意に基づいて、3人の仲裁委員（そのうち1人は弁護士でなければなりません。）によって行われます（建設25の19①・③）。建設審査会の仲裁を申請するには、前提として当事者の仲裁合意があることが必要です。この仲裁合意とは、紛争の解決を第三者の仲裁に委ね、裁判所への訴訟提起はしないことを約する当事者間の契約をいい、書面によらなければなりません。仲裁合意が成立していると、訴訟を提起しても、相手方から仲裁合意の成立を主張されてしまえば、訴訟が不適法となり、訴えは却下されます。

請負契約書に、「当事者間の紛争は建設工事紛争審査会の仲裁手続において解決する」旨（いわゆる「仲裁条項」）が記載されていた場合に、この仲裁合意といえるのかが問題となることがあります。裁判例では、事情によって仲裁合意が成立していたとされた事案と否定され

た事案がありますが、仲裁条項の存在だけではなく、契約締結の経緯などの具体的な事情を総合判断しています。

建設審査会の仲裁は、非公開で行われます。仲裁判断は確定判決と同一の効力が認められており、これに対して不服申立てをすることはできませんので、注意が必要です。

アドバイス

民間（旧四会）連合協定工事請負契約約款には、建設審査会などのあっせんまたは調停によってその解決を図るか、当事者が承認する第三者を選んで解決を依頼するか、仲裁合意書に基づいて建設審査会などの仲裁に付するかを選択できる旨を定める条項が盛り込まれています（民間（旧四会）連合協定工事請負契約約款34）。

第6章　建築紛争処理　　　473

83　指定住宅紛争処理機関

相談内容

　「住宅性能評価書」を取得した建売住宅を購入し、居住して1年半になりますが、不具合がたくさんあります。調べたところ「性能評価制度」は、トラブルが起きたときには「裁判外紛争処理機関」に相談できると聞きましたが、可能でしょうか。

回　　答

　品確法は、住宅性能表示制度の創設、住宅に係る紛争処理体制の整備、瑕疵担保責任の特例、以上の3本の骨子から成り立っています。（住宅性能表示制度については、「73　住宅性能表示制度」を参照してください。）

　上記の品確法に基づき、平成12年10月からスタートした「住宅性能表示制度」を利用した住宅等は、トラブルの処理（「性能表示項目」以外の当事者間の全ての紛争処理を含みます。）を裁判外紛争解決（ADR）機関である全国各地の弁護士会の「指定住宅紛争処理機関」（「住宅紛争審査会」と呼ばれています。）に、1件当たり1万円の手数料で持ち込むことができます。

　なお、この住宅紛争審査会は、「住宅性能評価書」の交付を受けた「評価住宅」のほか、「特定住宅瑕疵担保責任の履行の確保等に関する法律」（住宅瑕疵担保履行法）に基づき住宅瑕疵担保責任保険が付されている「保険付き住宅」も対象とし、請負契約または売買契約（建売住宅）に関する紛争を取り扱っています。

第6章　建築紛争処理

　住宅紛争審査会において、紛争処理に当たる専門家を「紛争処理委員」といいますが、この紛争処理委員には、法律の専門家である弁護士に加え、建築技術について知見を有する一級建築士等の建築専門家が当たっています。これらの紛争処理委員が紛争処理（あっせん、調停、仲裁）を行います。この業務は（公財）住宅リフォーム・紛争処理支援センターがバックアップしています。

　また、住宅紛争審査会の手続は、裁判手続と異なり非公開とされており、さらに、裁判手続と比較して手続が迅速に進められる傾向にあります。

　なお、住宅紛争審査会への申請には時効中断効がありません。そのため、住宅の購入から時間が経っていて債権の消滅時効が問題になりそうな事案の場合には、住宅紛争審査会のあっせんや調停の手続を用いるのは注意が必要です。また、調停が成立した場合、住宅紛争審査会の調停調書で強制執行することはできませんので、この点にも、注意が必要です。

アドバイス

　住宅紛争審査会における紛争処理の形態としては、あっせん、仲裁、調停がありますが、特に調停が多く利用されています。調停ではおおむね3人の委員が関与し、当事者の意思を調整しながら、和解に向けて進めていきます。

　紛争処理委員は、過去の裁判例等を元に、また、建築士から見た技術的な知見も交えて和解に向けて調整をしていきます。もちろん、当事者それぞれ同士の主張意見がどの程度隔たっているかにもよりますが、速やかな解決を得ることも可能な手続となっています。申立てにおいては、争点となっている不具合については、個々に写真を添付して整理する等し、わかりやすく主張することが必要です。

第6章　建築紛争処理　　475

84　住宅性能評価

相談内容

　以前は設計を設計事務所に、施工を地元の工務店にお願いして在来工法の木造住宅を建てました。不満はなかったのですが、今回は、大手ハウスメーカーに設計・施工とも依頼しました。営業マンによると、評価機関が設計内容を細かく審査してくれるから安心という話だったので、「住宅性能評価」も取得してもらいました。

　設計の段階では、特に高齢者に優しく段差の少ない住まいをお願いしたのですが、完成したら玄関の段差（25cm）もテラスの段差（40cm）も大きいなど、多くの不満が残りました。ハウスメーカーはもちろんですが、それをチェックしなかった指定住宅性能評価機関の責任は問えないのでしょうか。

回　　答

　性能評価の項目は現在、①構造の安定、②火災時の安全、③劣化の軽減、④維持管理・更新への配慮、⑤温熱環境・エネルギー消費量、⑥空気環境、⑦光・視環境、⑧音環境、⑨高齢者等への配慮、⑩防犯に関すること、以上10分野33項目（音環境のみ選択項目）について、等級1から等級5（項目による）などのレベルを選択します（平13・8・14国交告1346別表1）。数値が高いほど性能は高くなります。

　この中の、「⑨高齢者等への配慮」が問題の部分になると思われますが、この場合は等級2（最低）～等級5の中から選択して申請することになります。その内容は、設計担当者から確認を求められていませんか。

第6章　建築紛争処理

　もし、その等級どおりつくられていて現場審査に合格していれば評価機関には責任はありません。その点についてメーカーの責任を問うのも難しいでしょう。ただ、打合せに際して具体的な要求を出していて、先方がそれを了解しているということを証明する記述が、設計図や見積書、契約書に書かれていれば、要求することができるでしょう。

　お考え違いがあるようですが、評価機関は、「性能評価」に関して、申請された部分のみを審査するものです。それは、確認検査機関でも同じです。申請されたとおりに、建築法規に違反しないでつくられていれば完了検査に合格します。

　バリアフリーの問題では、「⑨高齢者等への配慮」で申請したとおりであれば、誰も責めることはできません。あなたとハウスメーカーがどのような契約をしたかに依存するのです。

　重要なことは、性能評価を取る以前に、適切な設計をして、適切な施工および工事監理をするかどうかなのです。大切な注文を出す場合には、図面や見積書でしっかりと確認することが必要です。したがって、これは指定確認検査機関や登録住宅性能評価機関よりも、建築主と設計・施工者の間の問題なのです。

アドバイス

品確法の「住宅性能評価」について

　(1)　等級の違い

　前述のように①～⑩の項目には等級が決められています。建築基準法で定められた項目については、その最低基準を等級1としています。

　「①構造の安定」は、さらに7項目に分けられています。

　1-1耐震等級（構造躯体の倒壊等防止）、1-2耐震等級（構造躯体の損傷防止）、1-3その他（地震に対する構造躯体の倒壊等防止および損傷防止）、1-4耐風等級（構造躯体の倒壊等防止および損傷防止。ただし、表示の方法は、免震建築物であるか明示する方法による。）、1-5耐積雪

第6章 建築紛争処理 477

等級（構造躯体の倒壊等防止および損傷防止）、1-6地盤または杭の許容支持力等およびその設定方法、1-7基礎の構造方法および形式等、とあります。

　1-1耐震等級（構造躯体の倒壊等防止）をさらに詳しくみましょう。この項目は等級1、2、3があります。

　等級別に、「地震に対する構造躯体の倒壊、崩壊等のしにくさ」を記しています。

等級1：極めて稀に（数百年に一度程度）発生する地震による力（建築基準法施行令88条3項に定めるもの）に対して、倒壊、崩壊等しない程度

等級2：極めて稀に（数百年に一度程度）発生する地震による力（建築基準法施行令88条3項に定めるもの）の1.25倍の力に対して、倒壊、崩壊等しない程度

等級3：極めて稀に（数百年に一度程度）発生する地震による力（建築基準法施行令88条3項に定めるもの）の1.5倍の力に対して、倒壊、崩壊等しない程度

　これは、等級1が建築基準法で定めている最低の基準、等級2はその1.25倍、等級3は1.5倍ということを表しています。

　（2）　インフォームドコンセント（説明と同意）を求める

　性能評価を受ける場合は上記の等級の違いについて、設計者から説明を受けた上で、等級を選択してください。

　性能評価を受けるためには、設計の手間も増えます。仕様のグレードが上がるほど工事費もアップします。申請手数料も必要です。

　設計・施工の費用が上がり申請費用も加わるわけですから費用対効果を十分に吟味した上で等級をお決めください。

　そして、「設計性能評価書」の内容を必ず、「工事請負契約書」に反映させてください。竣工後は、「建設性能評価書」をもらうことをお忘れなく。

メモ　日本住宅性能表示基準の概要（例示）(平13・8・14国交通告1346)

別表1（新築住宅に係る表示すべき事項等）〔抄〕

	(い) 表示すべき事項	(ろ) 適用範囲	(は) 表示の方法	(に) 説明する事項	(ほ) 説明に用いる文字
1 構造の安定に関すること	1-1 耐震等級（構造躯体の倒壊等防止）	一戸建ての住宅又は共同住宅等（1～3において、免震建築物であるとされたものを除く。）	等級（1、2又は3）による。	耐震等級（構造躯体の倒壊等防止）	地震に対する構造躯体の倒壊、崩壊等のしにくさ
				等級3	極めて稀に（数百年に一度程度）発生する地震による力（建築基準法施行令第88条第3項に定めるもの）の1.5倍の力に対して倒壊、崩壊等しない程度
				等級2	極めて稀に（数百年に一度程度）発生する地震による力（建築基準法施行令第88条第3項に定めるもの）の1.25倍の力に対して倒壊、崩壊等しない程度
				等級1	極めて稀に（数百年に一度程度）発生する地震による力（建築基準法施行令第88条第3項に定めるもの）に対して倒壊、崩壊等しない程度
	1-2 耐震等級（構造躯体の損傷防止）	一戸建ての住宅又は共同住宅等（1～3において、免震建築物であるとされたものを除く。）	等級（1、2又は3）による。	耐震等級（構造躯体の損傷防止）	地震に対する構造躯体の損傷（大規模な修復工事を要する程度の著しい損傷）の生じにくさ
				等級3	稀に（数十年に一度程度）発生する地震による力（建築基準法施行令第88条第2項に定めるもの）の1.5倍の力に対して損傷を生じない程度
				等級2	稀に（数十年に一度程度）発生する地震による力（建築基準法施行令第88条第2項に定めるもの）の1.25倍の力に対して損傷を生じない程度
				等級1	稀に（数十年に一度程度）発生する地震による力（建築基準法施行令第88条第2項に定めるもの）に対して損傷を生じない程度

第6章　建築紛争処理　　　479

85　弁護士会の仲裁

相談内容

　建築紛争を解決する手続として弁護士会の仲裁があると聞きました。建設工事紛争審査会の仲裁や裁判所の調停との違いを教えてください。

回答

1　仲裁センター（ADR）

　仲裁センターは、特別法によらない私的な常設の仲裁機関の1つで、民事上のトラブルを簡単な手続で、早く、安く、公正に解決することを目的として、平成2年に第二東京弁護士会が全国の弁護士会に先がけて設立し、現在は全国34（平成29年10月現在）弁護士会により37か所に設立され、運営されている「裁判外紛争解決手続」を行う機関（Alternative Dispute Resolution, ADR）です。

　ADRは、訴訟手続によらずに民事上の紛争の解決をしようとする当事者のため、公正な第三者が関与して、その解決を図る手続です。「裁判外紛争解決手続の利用の促進に関する法律」（ADR法）は、民間紛争解決手続の業務に関し認証の制度（2章1節）を設け、併せて、紛争当事者の利便の向上を図るため時効の完成猶予(25条)、訴訟手続の中止（26条）、調停の前置に関する特則（27条）の特例を定めています。

　仲裁センターは、「民事紛争一般」を対象としており、あっせん人・仲裁人には10年以上の経験を有する弁護士、学識経験者、裁判実務に精通する者（元裁判官など）がなっています。住宅・建築紛争では、解決のために建築に関する専門知識を必要とすることが多いことか

ら、建築士が仲裁人候補者として配置され、「専門家委員」「補助者」として補助的に手続に関与するなどその特殊性に応じた扱いがされています。

仲裁センターの手続には、「和解あっせん手続」（お互いの話合いで合意を目指す手続）と「仲裁手続」（双方合意の下で仲裁人が判断する手続。なお、仲裁手続で和解をすることもあります。）があります。

「和解」には、民法上の和解と裁判上の和解がありますが、仲裁センターの「和解」は、民法上の和解です。民法上の和解とは、争いをしている当事者が互いに譲歩をしてその間に存する争いをやめることを約束することによって成立する契約です（民695）。

「あっせん」とは、当事者間に紛争が生じた場合に、あっせん員が当事者の間に立って双方の言い分（主張）を確かめて、紛争解決のための仲介役を務めることをいいます。

建築紛争の解決を図るのにふさわしいADRとしては、仲裁センターのほか、特別法により設立されたADRとしての住宅紛争審査会（各単位弁護士会に設置され、品確法による建設住宅性能評価書の交付を受けた住宅の建設工事請負契約または売買契約に関する紛争の仲介を行う機関（「83　指定住宅紛争処理機関」参照）および建設工事紛争審査会（建設業法に基づき中央（国土交通省）、各都道府県に設置され、建設工事の請負契約に関する紛争の解決を図る機関（「82　建設工事紛争審査会」参照））があります。

2　仲裁センターと建設工事紛争審査会との違い

建設工事紛争審査会（以下「建設審査会」といいます。）の紛争処理の対象は「建設工事の請負契約に関する紛争」に限られる点で仲裁センターと異なります。

建設審査会の審査の手続は、委員によって行われ、委員には、建築士、弁護士、建築行政の経験者などから選任されますが、仲裁センタ

第6章　建築紛争処理　　481

ーのあっせん人・仲裁人は、10年以上の経験を有する弁護士、学識経験者、裁判実務に精通する者（元裁判官など）であり、住宅・建築紛争では、建築士が仲裁人候補者として配置され、「専門家委員」「補助者」として補助的に手続に関与するという点で異なります。

　建設審査会の紛争解決の方法には、あっせん、調停、仲裁があり、仲裁センターとは、「和解」でなく「調停」であるという点で異なります。「調停」とは、紛争の当事者間に立って第三者が事件の解決に努力することをいい、当事者間の互譲によって妥当な解決を図ろうとするものです。調停機関の提出する調停案は、仲裁の場合と異なり、当事者が受諾して初めて拘束力を生じます。建設審査会の「調停」と仲裁センターの「和解」は、ほぼ同じものと考えてよいと思います。

3　仲裁センターと裁判所の調停との違い

　裁判所の調停は、民事に関する紛争について当事者の互助により解決を図ることを目的とする民事調停法に基づく手続です。建築紛争の解決には専門的知見を要することが多く簡易裁判所管轄の一般民事調停には限界があることから、建築紛争に係る裁判所の調停は、訴訟を受理した地方裁判所が職権で事件を調停に付す、いわゆる付調停による自庁調停事件によるものがほとんどであるといえます（民調20）。東京地裁の建築専門部である民事第22部では、近時、和解または調停成立による解決は全体の約8割を占めているとのことです（齋藤繁道編著『最新裁判実務大系6　建築訴訟』73頁（青林書院、2017））。

　手続を担当するのは、調停委員会で、調停主任である裁判官と民事調停委員2名で組織されます（民調5・6・7）。東京地裁民事第22部では、一級建築士等の専門家調停委員1名および法律家（弁護士）調停委員1名の合計2名の構成が基本とされ、裁判官（調停主任）の全件常時調停期日立会で民事調停が進行されています（前掲書75・77頁）。

　調停においては、当事者間に合意が成立し、これが調書に記載されたときは、調停が成立したものとして、調書の記載は、裁判上の和解

と同一の効力を有します（民調16）。また、調停が成立する見込みがない場合でも裁判所が調停に代わるべき解決案を定めて当事者に強制できる「調停に代わる決定」という制度があります（民調17）。

仲裁センターの和解あっせん手続は、あっせん人を選べる、時間に縛られない、場所にとらわれない、気軽に現場に出向くなど利用者のニーズに応じた柔軟で機動的な手続が可能ですが、裁判所の調停は、民事調停法などの法律による制約があり、そのため担当委員の指名ができない、現場検証が機動的に行われないなど手続の柔軟性がない点で違いがあります。

4　手続費用

仲裁センター（第二東京弁護士会）の場合、申立手数料は1万800円で仲裁申立て時に支払います。期日手数料は申立人・相手方各自1期日毎5,400円、成立手数料は解決時の紛争の価額に応じて増額されます（例えば、解決額500万円の場合は、標準額32万4,000円で、各当事者の負担割合はあっせん人・仲裁人が決めます（「第二東京弁護士会ホームページ」参照））。

建設審査会の申請手数料は、政令、条例で定められています。中央審査会の場合、あっせん、調停または仲裁を求める事項の価額に応じて手数料が定められており、例えば、請求する事項の価額が750万5,000円の場合、あっせん申請手数料は2万1,765円、調停申請手数料は4万2,275円、仲裁申請手数料は10万5,060円となります（「国土交通省ホームページ」参照）。

裁判所の調停の場合、申立手数料は、調停を求める事項の価額が100万円までの部分はその価額10万円までごとに1,000円、100万円超500万円までの部分はその価額20万円までごとに500円と定められています（民事訴訟費用等に関する法律別表1⑭）ので、例えば、調停を求める事項の価額が500万円の場合は、2万円となります。

5 迅速性

仲裁センターの場合、和解あっせん期日・仲裁期日は、申立てから2、3週間で開かれます。平成29年度の申立件数は996件、解決事件366件、平均審理期間は135.6日、平均審理回数は3.3回です。請負契約（建築以外も含みます。）に関する紛争処理状況は、申立件数92件、解決事件30件で、紛争内容の典型的なものは、建築工事に係る損害賠償請求、建築請負代金の返還請求などとなっています（日本弁護士連合会ADRセンター編『仲裁ADR統計年報（全国版）平成29年度版』参照）。

中央審査会および都道府県審査会の平成29年度の取扱件数は244件、平成29年度の終了件数は131件、そのうち36件であっせん・調停、15件で仲裁判断、3件で期日内和解が成立しています（中央建設工事紛争審査会『建設工事紛争取扱状況（平成29年度)』）。

裁判所の調停の場合は、地方裁判所では、調停既済事件中、審理期間は1月以内、調停期日の実施回数は6～10回、簡易裁判所では、調停既済事件中、審理期間は1月超2月以内、調停期日の実施回数は1回、が最も多いという統計が出されています（最高裁判所事務総局編『平成29年度司法統計年報』参照)。

アドバイス

それぞれ手続に特徴がありますので、弁護士等に相談の上、紛争の状況に応じて、当該紛争を解決するのに最もふさわしい手続を選択するようにするのがよいと考えます。

【参考文献】

〇日本弁護士連合会ADRセンター編『建築紛争解決とADR』（弘文堂、2011）

■ 和解あっせん手続と仲裁手続の流れ

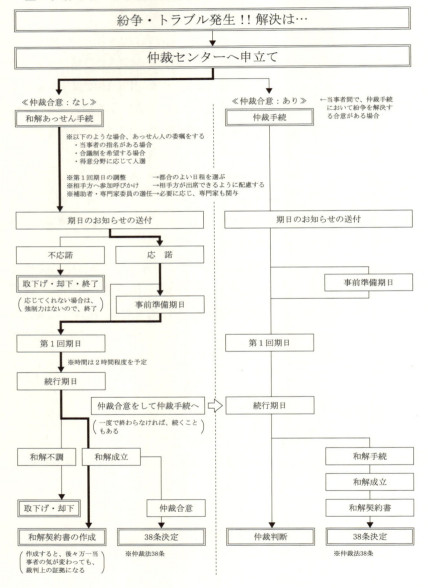

第6章　建築紛争処理　　485

86　建築関係訴訟

相談内容

　建築関係訴訟は、通常の訴訟とどこが異なるのでしょうか。建築関係訴訟の特徴を教えてください。

回　答

1　建築関係訴訟の特徴

　建築関係訴訟では、瑕疵担保責任（なお、改正民法により、「瑕疵」は「契約不適合」という概念として整理されましたが、この相談では、旧民法の「瑕疵」で統一しています。）に基づく損害賠償請求や追加・変更工事代金請求が多く見受けられます。例えば、瑕疵の有無が争点となる事件では、不具合とされる箇所や事象が多岐・多数に及び、事実や争点を整理するのにも時間がかかりますし、当然、瑕疵かどうかの判断には建築に関する専門的な知見が不可欠です。また、追加・変更工事が争点となる事件でも、追加変更工事の合意を証明する書面が取り交わされていない場合も多く、合意の成否についての事実認定に困難が伴う場合も少なくありません。明確な合意がない場合に、追加工事代金額として相当な額を認定するためにも、建築の現場や慣習を熟知した専門家の助力が不可欠といえます。

　そして、建築関係訴訟の審理を困難にさせる原因は次のような点にあるといわれています（日本建築学会編『戸建住宅をめぐる建築紛争』（日本建築学会、2006））。

486 第6章 建築紛争処理

① 契約書、設計図書、見積書、工程管理記録等の不備→事実認定の困難性

② 契約当事者間の情報力格差と説明不足→感情的対立

③ 契約当事者間の認識の相違→多数の瑕疵主張

④ 多重的な下請構造→業者間紛争の発生

⑤ 報酬額に関する合意の欠如→適正報酬額や出来高算定の困難性

　そこで、審理の長期化を防止するために、特に事案の性質に応じた効率的な運営を図ることが重要となります。瑕疵一覧表の作成や追加工事一覧表の作成は、建築関係訴訟における効率的な運営の1つといえます。東京地方裁判所では、瑕疵一覧表など類型ごとのひな形や記載例、作成に当たってのお願い文書を裁判所のサイト上にて掲載しています。

　また、建築関係訴訟は、事案の建築的な理解や建築に関する専門的知見が不可欠といえます。一方で、裁判所や当事者（代理人弁護士）といった訴訟関係者は、必ずしも建築についての専門知識を有しているわけではないこともあり、このような問題点を克服するために、建築関係訴訟では様々な工夫が試みられています。

2　建築関係訴訟の審理

　建築関係訴訟は、複雑化・長期化する傾向にあること、建築に関する専門的知見が不可欠であることという特徴があります。そのため、建築関係訴訟では、次のような方策がとられています。

(1)　専門委員制度の運用

　専門委員制度は、裁判所が適正かつ迅速な審理をするために、その対象となっている事柄を理解するのに専門的知識・経験を必要とする場合に、当該分野の専門的知識・経験を有する者を訴訟手続に関与さ

第6章　建築紛争処理　　487

せ、その説明を聴くことができる制度です（民訴92の2）。

　専門委員は、訴訟関係を明瞭にし、訴訟手続の円滑な進行を図るために、争点・証拠の整理、訴訟手続の進行に関して、関与させることができ、また、当事者の同意を得て、和解に関与させることもできます。

　専門訴訟の1つである建築関係訴訟においては、専門委員制度の利用も専門的知見を補充するための方策として期待されています。

（2）　鑑　定

　鑑定は、裁判上必要な専門的知識や経験則に関し、裁判官の判断能力の補充を目的としたものですので、建築に関する専門的知見が不可欠な建築関係訴訟でも専門的知見を補充するための方策の1つとして、活用されています。

（3）　建築事件専門部・集中部・付調停

　東京地方裁判所では、建築事件の専門的・効率的な処理のために、建築事件を専門的に処理する建築事件専門部が設置されています（民事第22部）。建築事件集中部では、専門的な訴訟運営を行い、急増している欠陥住宅問題などに起因する事件に対応しています。建築事件専門部（または集中部）の設置は、大阪地方裁判所や札幌地方裁判所でも行われています。

　また、建築関係訴訟を提起した後、審理のある段階で、調停手続に付されることがあります。調停は裁判官1名と2名以上の調停委員で構成される調停委員会によって行われますが、建築関係事件の場合、必ず1名は建築の専門家調停委員が指定されます。専門家調停委員が携わることで、複雑化・専門化した事件の争点の整理が円滑に行われ、迅速な紛争解決を図ることが期待できます。

アドバイス

　以上のように、建築関係訴訟は審理が複雑化し、建築に関する専門的知識が不可欠です。また、戸建住宅やマンションなど消費者にとって高額な取引に関わるもので、かつ生活の基盤となる住居が紛争の対象になりますから、紛争が深刻化する傾向にあります。

　したがって、建築関係訴訟を提起しようとする際には、ある程度建築の専門知識を有している弁護士や建築訴訟にかかわったことのある弁護士に相談することが望ましいでしょう。弁護士を通じて、建築訴訟にかかわったことのある建築士を紹介してもらい、建築の専門的なアドバイスを受けることも大変有用です。

事 項 索 引

事 項 索 引

【あ行】

ページ

悪臭	
排水口からの――	326
足音	245
上階の――	245
雨漏り	208,214,219,227,393
結露と――の区別	301
こう配屋根からの――	208
建具からの――	224
マンションの――	214
安全性	85
RC	
――内断熱	306
――外断熱	308
インフォームドコンセント	477
浮床工法	253
請負	112
――金額の決め方	112
請負契約	18,178
液状化現象	361
Sトラップ	327
越境建築	431
N値	246,262
L値	247
音	
――の種類	252,257,261
――の特性	256
空気伝搬――	245
車の――	261
ピアノの――	252
隣戸のピアノの――の騒音	
対策	252
音圧レベル	246,262
A特性――	246,262

【か行】

開口部	98
――の結露	295
――に生じる結露	299
概算方式	112
解除権	15
改築	197
快適性	88
外壁	
――からの雨漏り	227
――のひび割れ	228
――タイル落下	240
――の後退距離	430
界壁の遮音性能	253
外面腐食	323
確認申請書	38,63
確認済証	38,60
ガス、上下水道、電気および	
電話等の配管、配線権	441
風通し	451
風による揺れとその対策	279
型式適合認定	375
金物が不足	367
かぶり厚、筋かいの位置	393
壁	94
壁式工法	80
仮処分	426
換気設備	336
換気扇	336
乾式工法	228
完成建物	
――の所有権	119
――の解除の可否	147
監理	48
管理	48
軋み	292
――とその原因	287

事項索引

491

階段の――とその対策	293
住宅の――	292
建具の――とその対策	292
床の――	288
技術的性能	84
基礎	97
――コンクリートのひび割れ	231
――のかぶり厚	394
独立――	98
基礎構造	
――の種類	347
――の選択	348
北側斜線制限	453
吸音率	254
給排気	335
境界線	429
許容応力度計算法	382
距離保持規定の違反	431
金属造	80
近隣住民	466
杭基礎	347
空間的性能	90
空気線図	301
クーリング・オフ	202
クレジット	204
グレードアップ	153
景観利益	460
契約書	29
契約上の欠陥	4
契約責任説	11
欠陥現象の分類	4
結露	295, 302, 312
――と雨漏りの区別	301
――に関連する基準等	298
――の影響	297
内断熱の熱橋と――	309
夏季――	296
サッシに生じる――	298

外断熱の熱橋と――	310
冬季――	296
トップライトの――	318
内部――	297
熱橋――	312
配管の――	317
表面――	297
木造住宅の――	302
限界耐力計算法	383
検査済証	60, 66
建設工事紛争審査会	7
建設作業振動	283
建設住宅性能評価書	68
建築確認	
――申請	59, 69
――の取消し	466
建築基準法に違反する内容の工事請負契約の効力	139
建築工事途中の契約内容不適合の判明	135
建築構成部位	92
建築士による調査費用	144
建築条件付き土地	44
建築設備	98
建築代金の決め方	112
建築物の強度	382
建築問題法律相談付票	10
建蔽率	409
工事請負契約	112
工事監理	77
工事監理契約	48
工事監理者	77
――に対する責任追及	172
――の法的責任	172
――の役割	49
工事監理報告書	77
工事協定	425
交渉	5
剛性率	385
剛接合	80

構造計算	382
──の方法	384
構造計算書	
──と設計図との違い	393
──の入手方法	387
交通振動と欠陥の判断について	280
抗弁の接続	205
抗弁の対抗	205
工法	79
──を選ぶポイント	82
心持ち材	379
固体伝搬音	245
コンクリートクラック	232

【さ行】

再築建物の登記費用	144
在来工法	80
サッシ	
──と漏水原因	225
──に生じる結露	298
シート防水	220
敷地の後退	406
軸組工法	80
仕口	367
地震	397
自然水流に対する妨害の禁止	448
シックハウス	88
湿式工法	228
実施設計図	39
実費精算方式	112
指定確認検査機関	60
指定住宅性能評価機関の責任	475
指定住宅紛争処理機関	7
ジャッキアップ	358
集成材	381
修繕	198
住宅技術基準規程	274
住宅技術基準実施細則	274

住宅ローン	144
集団規定	403
受忍限度	427,454
ジョイント	
──箇所の施工不良	215
──部分の不具合	209
消音対策	249
衝撃音	
軽量床──	247
重量床──	247
床──の騒音対策	248
消費者契約法	203
──による契約取消	195
消費者に不利な条項	28
消滅時効	23
振動	276,424
──加速度レベル	277
──規制	424
──に関する法令	276
──レベル	277
鉛直──（床──）	276
工場の──	282
建物の──	276
道路交通──	283
スウェーデン式サウンディング	351
すがもれ	212
隙間	354
生産システム上の問題	76
制震構造	81,399
設計	141
一次──	384
二次──	385
設計監理業務の内容	52
設計監理契約	52
設計者	77
設計住宅性能評価書	67
接合金物	367
──の重要性	368
絶対的欠陥	4

事項索引 493

接道義務	406
背割り	379
洗面所の配水管	326
騒音	424
——規制	424
——に係る環境基準の評価マニュアル	274
——に関する法令	268
——レベル	246
空調室外機の——対策	272
工場の——	268
交通——	261
交通の——対策	263
時間率——レベル	262
等価——レベル	262
床衝撃音の——対策	248
用途地域と——	269
隣戸のピアノの音の——対策	252
冷暖房室外機の——	268
増改築	69
層間変形角	385
相対的欠陥	4
増築	197
訴訟	8
損害賠償	
——請求	15
——の範囲	144

【た行】

耐火、防火性能	86
体感領域の振動	276
耐久性	89
代金減額請求権	13
第三者への工事監理の委託	49
耐震	
——偽装	382
——強度	390
——構造	81,397

——指標	390
——性能	85
——調査	389
——補強の方法	392
代替住居費用	144
耐風雪性能	86
耐用年限	89
耐力壁	94
建売住宅購入の注意点	38
建物	
——の完成時期	119
——の基本的な構成部位	93
——の所有権の帰属	120
建物の傾斜	
——と構造上の安全性	356
——の測定方法	355
単価方式	112
単体規定	403
断熱	
RC内——	306
RC外——	308
内——の熱橋と結露	309
外——の熱橋と結露	310
木造内——	306
木造外——	307
断熱工法	
——と結露	305,308
内——	305
外——	307
担保責任	
——の期間制限	17
請負人の——	123
売主・請負人の——	144
地耐力に応じた構造方法の選択	349
地盤	
——調査報告書	39
——の調査方法	351
——の調査義務	352
地盤沈下	354

着工遅延	115		特定行政庁	59
中古住宅の売主に対する責任追及	193		特定商取引法	202
			土台	97
中止・変更の請求	431		塗膜防水	220
眺望利益	460		トラップ	327
沈下	347			
追加・変更工事トラブルの解決方法	151		**【な行】**	
追完請求権	12		臭い	326
通気管	328		トイレの――	335
ツーバイフォー	80		日影規制	451
通風被害	457		日照	451
継手	367		――被害	454
定額方式	112		布基礎	98, 347
D値	253		熱橋（ヒートブリッジ）	312
出入口	98		内断熱の――と結露	309
適切な基礎構造を選択する義務	352		外断熱の――と結露	310
鉄筋コンクリート造	80		冷――	312
鉄骨			覗き見	434
――内側断熱	314			
――造住宅の結露	312		**【は行】**	
――外側断熱	315			
――・柱間への押入断熱	314		配管	
天空率	413		――設備からの水漏れ	322
透過損失	253		――の期待耐用年数	323
導管			――の結露	317
――設置権	439		――の腐食	321
――袋地	441		排水	
法定――設置権	441		――口からの悪臭	326
道路			――トラップ	326
――の定義	406		柱	96
4m未満の――	407		梁	96
42条2項――	407		バリアフリー	87
道路交通			――の問題	476
――振動	283		反対運動	115
――による振動対策	278		非耐力壁	94
道路斜線	412		引越費用	144
――規制	466		必要保有水平耐力	390
特定建設作業	424		避難安全性および消火性能	87

事項索引 495

ひび割れ	231,347
ピン接合	80
封水	327
腐食	
内面──	322
配管の──	321
不同沈下	360
──の原因	350
不法行為責任	178
プライバシー等の保護	434
紛争処理機関の種類	6
べた基礎	98,347
弁護士会の仲裁	7
偏心率	385
防水	
アスファルト──	220
保護──（歩行用──）仕上げ	220
露出──（非歩行用・軽歩行用──）仕上げ	220
法律的欠陥	4
ホールダウン金物	370
保有水平耐力	390
──計算法	383
掘割道路	265

【ま行】

窓	98
水漏れ	321
配管設備からの──	322
民事調停	8
無資格者	141
名義貸しをした建築士の責任	173
目隠し	434
──の設置要求	434
免震構造	81,397
木材の性質	377
木造	80
──住宅の結露	302

──内断熱	306
──外断熱	307
模様替	198

【や行】

約款	29
屋根	93
──別の漏水原因	212
床	97
──衝撃音の騒音対策	248
──鳴り	289
──の軋み	288
揺れ	276,372
容積率	409
用途地域と騒音	269

【ら行】

ラーメン構造	80
陸屋根の特徴	219
リフォーム	69,197
隣地	
──使用権	439
──の使用	439
──のマンション建設工事	424
雨水を──に注ぐ工作物の設置の禁止	446
冷暖房室外機の騒音	268

【わ行】

枠組工法	80
割れ	377

改訂版　住宅建築トラブル相談ハンドブック

平成20年 4 月15日　初 版 発 行
令和元年10月10日　改訂初版発行

編　集	岡	田	修	一 治
	高	橋	謙	
	山	内	容	
	上	床	竜	司
	増	沢	幸	尋
	米	田	耕	司

執　筆　99建築問題研究会

発行者　新日本法規出版株式会社
代表者　星　謙一郎

発 行 所　新日本法規出版株式会社
本　　社　（460-8455）　名古屋市中区栄 1 － 23 － 20
総轄本部　　　　　　　　電話　代表　052(211)1525
東京本社　（162-8407）　東京都新宿区市谷砂土原町 2 － 6
　　　　　　　　　　　　電話　代表　03(3269)2220
支　　社　札幌・仙台・東京・関東・名古屋・大阪・広島
　　　　　　高松・福岡
ホームページ　https://www.sn-hoki.co.jp/

※本書の無断転載・複製は、著作権法上の例外を除き禁じられています。
※落丁・乱丁本はお取替えします。　　　ISBN978-4-7882-8619-1
5100085　改訂住宅相談　　　　　Ⓒ岡田 修一 他 2019 Printed in Japan